20

教育人生卷

于漪全集

上海教育出版社

小学六年级时　　　　　　　　　　中学时代

母亲和她的五个儿女。前排右一为女婿,后排左一为大儿媳

查阅资料,不放过丝毫差错

第三代带来了无穷的快乐

出版说明

《于漪全集》是基础教育领域首部特级教师的全集,也是上海教育出版社为特级教师出版的第一部全集。它的出版,对于传承、弘扬和建设新时代社会主义文化,对于以教育自信创建自信的教育具有重要意义。

《于漪全集》收录了于漪在不同时期发表于全国各类期刊和出版于多种图书的论文、讲话、序跋等作品。难免挂一漏万,故对写作时间和文章出处不一一注明,留待日后修订逐步完善。同时,对原发期刊编辑部、图书出版单位一并致谢。

全集由上海市教师学研究会组织有关教师、专家编辑。于漪的教育思想植根于教学实践,是理论与实践的有机融合和生动阐述。有时一材多用,是为了从不同角度阐释相关问题,为读者呈现丰富的不同历史阶段的思考成果。

全集以"一辈子学做教师"为线索,根据文章内容,共分8卷21册,从基础教育、语文教育、课堂教学、阅读教学、写作教学、教师成长、序言书信、教育人生八个方面多维度展现于漪来自教育第一线的理论研究成果,力求树立当代教育家的典型形象。

目录

我和语文教学	1
追求,孜孜不倦地追求	17
嘤鸣求友　同声相求	
——记香港之行	25
澳门语文教学琐记	31
"给"永远比"拿"愉快	36
谆谆教导永不忘	42
安息吧,生活的强者	46
为人民服务	
——在上海市青年公务员"三诚"宣誓大会上的讲话	48
脚印	50
往事依依	60
青春无价	63
当五星红旗升起的时候	67
求知乐无穷	69
让生命与使命结伴同行	73
学语文的欢乐岁月	80
激情燃烧的人生	
——小传	83
思念	97
永远的情思	102
师风可学,学风可师	106

要有一颗红亮的心	108
永远的良师益友	112
做教师是一篇大文章	117
诚实守信岂是古板的信条	122
青春是无价宝	125
教学生命的第二个春天	128
一辈子做教师,一辈子学做教师	135
金色的记忆　灿烂的前景	146
教海泛舟,学做人师	152
课堂春秋忆恩师	163
复旦精神谱就我生命的底色	166
国歌,永远是我的生命之歌	169
化作春泥更护花	171
一辈子学做语文教师	176

反　思

目中学生知多少	189
保护创造意识的萌芽	193
坐失良机	197
学生实际不可忽略	201
岂能越俎代庖	205
因势利导,难!	209
浑然一体,还是分步走	212
脑海里问题涌动	215
换个角度行不行	218

语文教学切莫边缘化	222
要顺理成章	234
不能总零打碎敲	238
读懂还真不容易	242
岂能只消极地复制文本	245
鼓点一个也不能少	249
生命的赞歌	252
别忘了从大处着眼	255
把握好应有的"度"	259
独立思考勿乱"套"	263
精微之处不可漏	267
千万不能冷落文字	272
"导入"也要会"导"	275
拿什么直指人心	279
要作一点理性思考	282
岂能食而不化	285
该怎样拓展	289
节外生枝要不得	293
答疑也须慎选	297
品尝写作的欢乐	301
"弓足"的波澜	304
要经得起问	307
爱的奉献	310
识字真正不容易	314
习惯成自然	318
从此不借班上课	321

我和语文教学[①]

我和语文教学也许是结下了不解之缘。在学生时代就深深地爱上了它,有时竟达到废寝忘食入了迷的地步。后来当了语文教师,与它朝夕相处,钻研它,理解它,感情就更深了。教中学生语文,成了我终生从事的高尚事业,我为此感到无上的光荣与自豪。

记得第一次拿到描红本时,我是多么的好奇、兴奋。端详着,端详着,我觉得一个个字好像是一幅幅小画,长的、方的、瘦的、胖的,有翅膀会飞的,有两只脚会站的,有四只脚会走的,有趣极了。我按照老师的要求,磨好墨把手洗干净,用空心的长方形铜"镇纸"压住纸,然后用毛笔一笔一笔认真地描。描好以后对着阳光一照,更美了,黑字里透出一丝丝红色,有的字还镶上细细的红边。一次上语文课,一向温和的老师气愤地把一本又皱又脏涂得像大花脸似的描红本给大家看,并用戒尺打了本子的主人——一个小男孩的两只手心。小男孩没有哭,只咬着嘴唇,我们也吓得不敢吭声。课后,大家围上去安慰小男孩,把自己写的本子给他看,比画着,他点点头,笑了。

进小学不久,看到有的高年级学生手里有一本小字典翻来翻去,真是羡慕极了。在我眼里,那本小字典是字的"汪洋大海",奥妙无穷。我

[①] 本文写于1983年,是作者语文人生的一个小传。其中关于语文教育的理解与阐释,可或显或隐地看到作者后来有关语文教育阐释的线索。

多么热望有朝一日自己手里也有一本。可是，在旧社会念书，买一本小字典也不容易。一直盼到小学五年级，有一天，父亲给我买了一本学生字典，当时我那高兴劲儿，确实无法用言语形容。自此，这本小小的字典，就成了我学习中不可须臾离手的好伙伴。

小时候写作文，总是力求写得漂亮，一篇文章用上许多美丽的形容词，头脑里挖空了，就到字典中找。这样又养成了从头到尾翻阅字典的习惯。我为的是找美丽、欢乐的字词，结果翻来翻去，发现字典里悲哀愁苦的字词反而居多。记得那时也曾做过小统计，具体数字早忘了，统计也不可能准确，但似乎"不好"的字眼更多些。于是心里一直翻腾着一个问题：这到底是什么道理？我喜欢"研究"古人、同学的名字，当然名字中大多数字是认识的，但也有一些如"骞""燮""奭""鼐"等字需要查一查，一查，发现原来都是吉庆的字。上街，我喜欢观看招牌上的字，有些念得出的如"亨""豫"等字，也要查一下才能了解确切的意思，原来也都是"好"字眼。想了又想，我渐渐悟出道理来。人名、招牌的字反映人们良好的愿望，而字典中的一大部分字词，则是社会历史、社会现实在语言词汇上的反映。后来随着年龄和知识的增长，我又了解到我国字典中还有一些外来语，如"毛瑟枪""来复线""密丝""马丹""康伯度"等，这当然也有其社会历史原因。传说仓颉造字，弄得鬼神不安，竟至于"天雨粟，鬼夜哭"，可见文字具有极大的魔力。回想幼年与第一本字典打交道时，就开始领受到文字的"魔力"、字典的"魔力"，就觉得其中有无限的趣味。

至今我还清晰地记得几位语文老师给我们上课的情景。我永远忘不了年轻的黄老师教《故乡》一文时的眼神。他穿着长衫，戴着金丝边眼镜，文质彬彬。讲到少年闰土出现在月下瓜田美景之中时，他眼睛睁得大大的，放出异样的光彩。"深蓝的天空，金黄的圆月，碧绿的一望无际的瓜田，少年闰土奋力向猹刺去，手中的钢叉和颈上的银项圈明晃晃的,交相辉映……"他描述得那么生动,那么富于感情,我被深深地吸引住了,犹如身历其境,品尝着其中的欢乐。曾经有人说过,人生最快意的事之一是用家乡音调引吭朗诵诗词。我们的家乡话是很悦耳的,抑扬顿挫,富于音乐性,尤其是读起诗词来具有歌曲的韵味。我永远忘不了高中的赵老师在课堂上大声朗诵岳飞的《满江红》、李后主的《虞美人》等诗词的情景,朗诵时头与肩膀左右摇摆着、摇摆着,读得出神入化,音调十分感人。一室寂静无声,我们全班同学都深深感动了,他教完,我们也都能流畅地背诵了。老师处理学生世界的事也是颇有意思的。有一次上作文课,有个同学恶作剧,课前竟偷偷地把我的凳子搬走,我只好站着写。那次是自由命题,于是我就针对这件事大发议论。其实,事属鸡虫得失,而那时,我竟不知哪里来的那么多意气,也不知哪里来的那么多文思,笔端汩汩滔滔,写下一篇类似"檄文"的东西。写好一看,觉得不妙,大概老师要责怪了。出乎意料的是老师竟然大为欣赏,在文后批上一大段,至今还记得这样几句:"……于生失座,成此佳什,遂使孟嘉落帽韵事不专于前矣!"我们的老师并不是那么"道貌岸然""神圣不可侵犯",相反,师生之间倒是相处得十分融洽。

年华似流水,而今自己已是年逾半百的老教师了。然而,每当以眷念的心情捡拾带着生活露水的朝花时,总觉得还在继续接受老师的教诲,并不断从中获得新的启示。

我是怀着满心喜悦踏上语文教学岗位的。在30多年的语文教学生涯中,耳闻目睹,增长了不少见识,勤奋实践,深味其中的甘苦。为了寻求提高教学质量的途径,使学生学有兴趣,学有所得,我探索着,努力地探索着。

胸中要有教文育人的蓝图

教语文不能无目的无计划,不能只跟着教材转,教一篇算一篇,教一课算一课。胸中要有教文育人的清晰蓝图,既认识学生的现有情况,更规划他们成长的前景,把握准教学的出发点,向着教育计划、语文教学大纲规定的目标有计划、有步骤地辛勤耕耘。

记得初当教师时,眼睛只盯着教科书,以为钻研了教材,教出一点名堂来,就是完成了教学任务。如今想起来,很觉可笑,因为目中只有教材,没有学生。教学,教学,"教"要在学生身上起作用。要把学生培养成为怎样的人,到中学毕业他们能达到怎样的语文水平,教师心中要有谱。我们要把学生培养成为有理想、有道德、有文化、有纪律的社会主义一代新人,这些人能为振兴中华、"四化"建设大业艰苦奋斗,贡献聪明才智。这是我们培养的大目标,教文的任务必须与这大目标结合起来。指导学生学习祖国语言文字,培养他们听、读、说、写能力是语文教师义不容辞的光荣职责,但是,教师的视野不能只局限在"文",教文须服从育人的大目标,为这个大目标服务;也只有心中有活泼的一代新人的生动形象,想得远些,想得深些,才能站在高处认识培养和提高学生语文能力的重要意义,才会在培养学生掌握与运用祖国语言文字的过程中渗透时代的精神,才不至于把语文教学这样那样的活动只单纯做技术上的处理。

教文育人的蓝图由三个部分有机组成。一是如上所述的培养目标。除了总体形象之外,语文能力要考虑得具体周到,如能比较熟练地阅读政治、科技和文艺等读物,能写比较复杂的记叙、说明、议论的文章,能较为敏捷地接受语言和文字信息,能即席发言并言之有物、有序、有理、有情,能有较强的自学能力,等等。二是学生的现状。学生的现状是教学的出发点,对他们的思想、性格、学习心理、学习习惯、学习方法、语文基础、语文能力等方面进行了解与研究,摸准他们的实际,知之准、识之深,蓝图的绘制才有依据,教学才会避免盲目性,加强针对性。我了解学生常用的方法是:望、问、听、阅和材料跟踪。望:目测,课内课外与学生接触中察言观色;问:做口头和书面的询问、调查;听:谛听学生背诵、朗读、说话、讲演;阅:看阅学生各种语文作业及其他书写的有关材料。根据平日了解所得建立每个学生的学习资料,定期填写有关项目,进行材料跟踪,研究他们在语文学习上的发展变化。悉心研究一下,就可发现当代中学生与五六十年代的中学生有不同之处,有今日新的特点。简单说来,他们敏于思索,善于质疑,兴趣广泛,见识宽广,科技知识起点高,看问题尖锐和深刻的程度,往往大大超过他们的年龄。与此同时,他们身上又存在明显的不足,如该具备的爱国主义思想、集体主义观念、社会主义的道德规范、语文学科的基础知识和基本能力不全面、不扎实。认清这些特点,从他们的实际出发,教学时心中就有了底。三是实现培养目标的阶梯。从出发点到目的地有一段路程,在这段路程中要步履清晰,一个一个阶梯上,循序渐进,重点突出。教师心中须有强烈的阶段感,引导学生在一定的学习阶段完成一定的学习任务。语文教学大纲上的要求是全局,是语文教学的"面",这个"面"是由初中、高中两个大阶段、六个年级分年要求的小阶段组成的,每个小阶段又有明确的培养目标。当然,六个小阶段又可划分为12个小小阶段。心中牢记分年要求,牢记每个年级要达到的语文方面的培养目标,就能拾级而上,摆脱教学中混沌笼统、模糊不清的状况。由于每个小阶段有语文知识和听、读、说、写等语文能力各自具体的要求,故而阶段与阶段之间知识的衔接和系统化、能力的一步步提高都要力求有合理的布局,安排好恰当的"序"。

胸中既有教文的近景,又有较长时期的规划,步步踩在实地,就提高了教语文育新人的自觉性,而不是在"暗胡同"里徘徊。

培养学生学习语文的好习惯

叶圣陶老先生曾这样说:"什么是教育,简单一句话,就是养成良好的习惯。"这话非常精辟。对于青少年学生来说,学习绝不是只在学校读书的那几年,不是只学一阵子。人工作一辈子,就要学习一辈子,终生接受教育。因此,趁学生在学校学习期间,一定要着力培养他们良好的习惯。学习语文同样如此,看书、写字、说话、作文,无一不要注意养成好习惯。清人刘蓉在《习惯说》一文中指出"为学贵慎始",确实是这样。初中生来自各小学,语文基础不一,学习习惯不同,因而入学后抓习惯的培养尤为重要。没有规矩,不成方圆。听、读、说、写都应有规矩,有良好习惯,而其中有几点更须注意。

要培养学生自己读书的习惯。大部分学生习惯上课听教师讲,被动承受,不习惯自学,不重视认真阅读教科书、独立钻研。要指导他们认真读书,要求课前自读,养成有准备地听课、上课,改变只带耳朵的不良习惯。课前自读须做到"三看一查一发现",即看课文、看注释、看课文后的"思考和练习",翻阅字典、词典,查检生字难词。要求边阅读边动笔,在课本上根据自己阅读情况圈、点、批、画。学源于思,思源于疑。疑是思之始,学之端。在学生课前自读预习时要求他们发现问题,培养提问题的能力。生活中青少年学生总是活泼泼的,而在课堂上学习时常常显得不灵活,提不出问题,更提不出有分量的问题,这是由于不恰当的教学方法抑制的缘故。发现问题有时比解决问题更重要,解决问题是运用现成的知识,而发现问题却需要思维的深入,想象力的开展。学生发现问题的能力不是天生的,也不是教师一要求,学生就具备了,而是要靠精心点拨、逐步培养的。比如学生开始只会孤立地提一些生字难词的问题,教师在肯定质疑的基础上,指导他们不能只孤立地理解一词一句的含义,要学会把文章前前后后联系起来思考,推敲全局与局部、部分与部分之间的关系,从中发现疑难,发现问题。又比如学生开始质疑常在课文中兜圈子,就文论文,那就指导他们和旧有的知识储存、生活经验等联系起来思考,进行比较,发现疑难。长此以往,学生就有了发现问题的能力。课前自读多半比较粗,课上更要注意认真读书,口到、眼到、心到,做学习的主人,不能只当听众。

要培养学生积极思维的习惯。有些学生习惯于接受教师讲述的现成的结论,忽视推出结论的过程,对寻求结论由来的主动性、积极性不够,如对某些词句的理解,对逻辑段落的划分、中心思想的归纳等,希望听教师作结论,然后记结论,背结论。苏联教育家苏霍姆林斯基说:"在学生的脑力劳动中,摆在第一位的并不是背书,不是记住别人的思想,而是让本人去思考。"思维是学习的基本功。"学"是接收和储存信息,"思"是分析判断,处理信息。学思结合的求知规律和死记硬背的方法迥然不同,通过"思"才能深刻理解,把所学知识变成自己的精神财富。若不注意培养学思结合的好习惯,读,有口无心;说,不得要领;写,词不达意,语文能力的提高就会受影响。在语文教学过程中自始至终要启发学生爱思、会思、多思、深思,对某项知识、某个疑难问题不仅要知其然,而且要力求知其所以然,逢事都问个"为什么""怎么样",培养潜心思考、独立思考的好习惯。

要培养学生认真精细、锲而不舍的习惯。学生学语文常有一种误解,认为现代文一看就懂,不认真咀嚼,不体会文字运用的奥妙,往往一目十行、浮光掠影地读一读。阅读也要讲究速度,一目十行也是可以的,问题在于一知半解,不求甚解,有时连一些常用字的形、音、义都不注意辨析,因而下笔常出现错别字。笔下的漏洞一定程度地反映了阅读的粗疏和肤浅,故而要教育学生识字、辨词、解义等均须认真精细,不可马虎。还有一种误解,认为写字无须花功夫,无须考究,只要别人看得懂、猜得出就行,因而写得潦潦草草,东倒西歪。对这些学生须严格要求,针对他们写字的不同情况,从笔画、笔顺、间架结构,以至握笔姿势、坐的姿势都要具体指导,严格地培养他们良好的书写习惯。学生对语文的工具性、对这个学科的特点、对学习这门学科的规律,缺乏足够的认识,总希望一学就会、一写就提高,不理解积累有个过程,急于求成、立竿见影是行不通的。因而,要反复宣传学语文的韧性,培养他们孜孜以求、锲而不舍的精神,教育他们不因一次考试、一次作文失利而气馁,也不因些微进步而骄傲,要脚踏实地,积词积句积文,一步一个脚印,在打文字功底的同时,不断开拓继续前进的道路。

语文学习良好习惯的培养不是一朝一夕、一蹴而就能成的,教师要精心、耐心、有恒心。比如学生字写得马虎、歪斜,我就到学生中间,观察他们怎么用笔,怎么握笔,簿本放的角度,眼睛和簿本的距离等,分析研究写得歪斜的原因,因人而异地指导,培养他们书写的好习惯。学生领悟能力有高低,习惯养成的时间有长短,有时某些学生书写格式须讲几十次,反反复复,教师要不厌其烦。教育要细水长流,育人须有巨大的耐心,要持之以恒。

明末清初的学者王船山说:"养其习于童蒙。"在学生青春年少之时,在他们学习祖国语言文字的过程中,倾注心血培养他们良好的学习习惯,他们就可以终身受益。

激发学生热爱祖国语言文字的感情

作为一名语文教师,必须对祖国的语言文字满腔热情满腔爱,不一往情深,就钻不进去,就不能体会其中的奥妙,就不可能获得真知。学生学语文也是同样的道理。科学家爱因斯坦说:"只有'热爱'才是最好的老师。"鲁迅先生也说过:"无论爱什么,——饭,异性,国,民族,人类等等,——只有纠缠如毒蛇,执着如怨鬼,二六时中,没有已时者有望。"学生对祖国的语言文字产生浓厚的感情,就能孜孜矻矻,深入其中,寻求知识宝藏,就能刻苦地进行训练,正确地使用。怎样激发他们热爱的感情呢?

抓住汉语的特殊性和内在规律性进行教学,引导学生认识它的悠久历史,懂得它的源远流长,激发自豪感。结合课文的讲读分析,结合学生听、读、说、写的训练,传授语言、文字、语法、修辞等汉语基础知识,分析祖国语言文字的优美、生动,激发热爱的感情。比如辨别字的形、音、义,不能只机械地、呆板地就某个字论某个字,要讲出汉字的特征。让学生理解汉字就是由横、竖、撇、点、捺、提、钩等七种基本笔画组合而成,不管是笔画少的,少到两画,如力、乃、又,还是笔画多的,多到二十几画,如蠢、赢、攥,都饱含线的艺术,各个部件组合得紧凑,有韵味,形体匀称,给人以图画美的感觉。汉字的一字多音、一字多义反映了这个工具表情达意的准确度和精细性,启发学生饶有兴味地进行辨别、探讨。让学生知道汉字是世界上最古老的文字之一,根据史前文物资料推测,大约已有 6 000 年左右的历史。汉语字词的丰富、语言的优美、同义词近义词区别的细微,在世界上是罕见的,远非其他语言所能比。教学时可适当采用比较的方法与英语、日语、德语等有关词语比较,比出汉语的丰富多彩,比出中华民族文化的深厚,激发学生对中华民族、对祖国语言文字的热爱。

引导学生赏析优秀文学作品,培养他们热爱祖国语言文字、热爱祖国文学的感情。在德国,杰出的诗人、文学家歌德写了《少年维特之烦恼》、诗剧《浮士德》,在统一德意志语言、使德国文学进入世界文学之林方面做出了显著的贡献,可那时已是 18 世纪末 19 世纪初。而我们伟大祖国很早就出现了《诗经》《左传》《楚辞》《史记》等伟大作品,那都是公元前的事。至于公元后的文学作品,真是多如天上的灿烂群星,李白、杜甫、曹雪芹、鲁迅、郭沫若、茅盾等伟大作家的作品更是在世界上闪射着夺目的光辉。带领学生学习古往今来运用祖国语言文字写成的佳作,犹如身入胜境,在无数瑰丽璀璨的珠宝中观赏遨游,美不胜收。让学生体会祖国语言文字的优美和表现力,哪怕是一首小诗小词,也有无穷的趣味。如张志和的《渔歌子》:"西塞山前白鹭飞,桃花流水鳜鱼肥。青箬笠,绿蓑衣,斜风细雨不须归。"仅仅 27 字,绘出了栉风沐雨恬然垂钓的图景。人物、山水、草虫和谐地融合在一起,色彩斑斓,生意盎然,用诗词表现画的形象、画的意境的技巧令人惊叹! 又如把杜甫的《春望》和《闻官军收河南河北》两首律诗放在一起教,启发学生从诗中的忧与喜来领会语言文字巨大的表现力。写国破之忧愁,笔笔忧,句句愁,花鸟草木皆添愁;写收复失地之喜,一个"狂"字,感情横溢,思绪腾飞。"即从巴峡穿巫峡,便下襄阳向洛阳",一联诗句,四个地名,佐之以"从""向""穿""下"等介词与动词,把归程的路线、飞越的神思、急切回归的心情、喜出望外的感情等表达得淋漓尽致,发挥了很强的感染力。语言文字的奥妙无穷,有时奔腾如滔滔江水,鲁迅的《"友邦惊诧"论》中"好个'友邦人士'! 日本帝国主义的兵队强占了辽吉,炮轰机关,他们不惊诧;阻断铁路,追炸客车,捕禁官吏,枪毙人民,他们不惊诧;中国国民党统治下的连年内战,空前水灾,卖儿救穷,砍头示众,秘密杀戮,电刑逼供,他们也不惊诧。在学生的请愿中有一点纷扰,他们就惊诧了……"就是运用语言文字倾泻感情的典范,语句短促,历数罪状,犹如短枪,犹如匕首,锋利无比,发挥了强烈的战斗作用;有时洗练如矿出金,质美意深,如《一件小事》中"而且他对于我,渐渐的又几乎变成一种威压,甚而至于要榨出皮袍下面藏着的'小'来"的"榨"字就经过洗练之功,把车夫形象的高大、"我"内心的感动与觉醒刻画得入木三分,字虽一个,但有千钧之力。语言的奥妙远不止上述的这些,颠倒词序、增减字数、正话反说、褒词贬用、虚实搭配、含蓄豪放、绮丽雄浑等均大有琢磨推敲的天地;至于音韵的和谐、语调的铿锵、节奏的明快等可诉之于学生的听觉,引导学生在朗读、背诵之中体会语言的优美生动,培养和激发他们对祖国语言文字真挚热爱的感情。

在教学中激发学生热爱祖国语言文字的感情,其意义绝不局限在语言文字的本身,而是输送给学生多种营养,滋润他们健康成长。爱国主义、革命传统、民族的自信心、自豪感等都可渗透于语言文字的教学之中,给学生的思想情操以熏陶感染。

进行多种能力的训练

语言文字是人类社会交际的工具,学生要掌握这个工具,必须进行严格的训练。由于语言文字与思想内容紧密地联系在一起,没有思想内容就不会产生语言文字,同样,语言文字一出现,必定包含着一定的思想内容,因而,在进行能力训练时,须坚持语文形式和思想内容不可分割的原则。语言是交流思想的工具,人们在进行思考时,要借助语言,没有语言,思想无法表达,语言和思维互相依存,因而,在进行能力训练时,须坚持语言训练与思维训练相结合的原则。

语文教学要培养学生听、读、说、写的能力,而这些都离不开思维。无论是遣词、造句、布局、谋篇,无论是记事、写人、状物、说理,都须臾离不开积极的思维,因此,在培养学生语文能力的同时,必须增进和发展他们的思考力。

阅读能力的核心是理解。阅读文章最基本的要求是通过词、句、篇、章理解文章的主要内容,进而体会作者的写作意图。培养学生理解能力可从识别、再现、探疑等方面下功夫。字不离词,词不离句,要识别某个词,只有正确理解它在具体语言环境里的含义,才能正确地理解作者所要表达的思想。如魏巍《我的老师》中有这样一段描写:"她从来不打骂我们。仅仅有一次,她的教鞭好像要落下来,我用石板一迎,教鞭轻轻地敲在石板边上,大伙笑了,她也笑了。我用儿童的狡猾的眼光察觉,她爱我们,并没有真正要打的意思。孩子们是多么善于观察这一点啊。"学生要能正确理解这段细节描写的深意,就须认真识别,积极探疑,开展想象。如此处的"狡猾"究竟何意? 是否就是词典上注释的含义? "诡计多端,不可信任"用在这里显然是不恰当的,句中的"狡猾"不是贬义,而是贬词褒用,形容儿童眼光的聪慧、调皮、敏锐。引导学生仔细辨别,他们就能正确理解词语在句子中的含义。单识别、探疑不够,还要启发学生展开想象。如上述的那段描写,要学生真正理解,就要调动学生感觉器官的经验,用感性材料进行合理的充实,脑中再现"打"的场景。这样,对文中刻画的老师的假愠、假愠的背后是对学生真挚的爱就有具体深切的感受。

想象力是读书的重要能力。想象以客观实际为依据,但又不拘泥于客观实际,它是感觉的深化。列宁曾高度评价想象的重要作用,指出"幻想是极其可贵的品质"。在学生听、读、说、写的实践中,经常进行想象力的训练,有助于发展他们创造性的思维,锻炼他们创造的才能。如教《美猴王》一文,进行视说训练,要求学生边看课文边讲述。把从视觉获得的书面语言的信息立即转换成口头语言。采用说书的方法讲述课文内容,对一些细节加上自己的想象与补充,学生思维和语言都得到了训练,对课文进行了再创造。

概括是一种思维活动,是从直接的、具体的知识中提炼间接的、抽象的知识,它所得到的往往是规律性、本质性的东西。从语文教学的特点来说,不仅要引导学生懂得字面的意思,还要从字背后找到文章所包含的思想感情及遣词造句、布局谋篇的特点。概括是对教材规律性的认识,是对文章字词句段之间内在联系的认识,它是思维的飞跃、思想的升华。在语文教学中要十分重视概括能力的培养,词句、段落、中心思想、写作方法等,皆可做这方面的训练。如要求学生给《美猴王》的每一段列小标题,有的学生在阅读的基础上列出"悟空出世""众猴入洞""悟空为王"三个标题。显然,这些标题反映了对课文内容理解得不完全正确,要求学生斟酌、修改,力求概括得准确。学生在阅读、思考的基础上把第一、三段小标题改为"石猴出世""石猴为王",因为当时的石猴尚未赐名悟空,把第二段小标题改为"石猴探洞",更符合文章的主题,因为文章主要写石猴,况且先要"探洞",方能"入洞",探洞是主要的。初步修改以后,进而启发学生概括得更精练些。学生进一步思考后,删去三个标题中的"石猴"。这样进行概括能力的训练,不仅能使学生的思维逐步周密、深刻,而且能使语言表达得更为准确、鲜明。

　　学生分析、综合的能力在读、写过程中要经常地、有计划地训练。要读懂一篇课文,对其思想内容、段落结构、表现手法真正有所领会,必然要下一番分析的功夫,主次详略,字面字底,局部、全局、脉络、构思等都须认真研究,充分认识它们在文中的地位和作用,认识词句之间、各部分内容之间的联系或关系。析得深,析得细,就摆脱了读课文的一般感受,而进入把握作品实质的境地。分析好,大有益,在分析的基础上进行综合,才能获得正确而深刻的结论。阅读是如此,写作也同样。不对生活、不对周围事物、不对写作材料进行认真仔细的分析,不将观察所得、分析所得加以综合,不去粗取精,去伪存真,不由表及里,就难以写出有分量的习作。编写提纲、列图表是训练学生分析能力、综合能力的较好的方法。如教《求雨》,要求学生设计一张简表,表明开渠和求雨的较量、科学与迷信之争。这张表要能显示故事情节的发展,标出刻画人物活动的主要词语,勾画出频频转换的地点之间的联系,点明较量双方的代表人物和活动场所。学生阅读时很精细,考察文中各个部分,按要求逐一分析,寻找答案,然后再把各个方面综合起来,确定它们之间的关系,汇总成一张简表。分析和综合两种思维过程不可分,注意结合起来训练,能有效地促进读、写水平的提高。

　　培养学生听、说、读、写的能力是语文教师义不容辞的任务,培养时有意识地在思维力、想象力、观察力、记忆力,尤其是思维力的锻炼上下功夫,学生语文能力提高就比较明显。视野开阔,学得主动,学得灵活,自学的能力较强。反之,学生的主观能动性受到影响,学习效果就不够理想。

开阔视野,课外延伸

语文教学要有效地提高学生语文水平,单靠课内是不行的,须课内课外两手抓。学生往往得法于课内,增益于课外。课内时间有限,课外则有学习广阔的天地,学生能施展自己的才能,发挥聪明才智。教师应有全面组织学生学习语文的能力,切不可忘记课外这一重要方面。

要积极地、热心地引导学生广泛阅读,培养他们读书的嗜好。精读、博览相辅相成。就教学而言,精读是主体,博览是补充;就效果而言,精读是准备,博览是应用。学生要嗜书,不嗜书必然知识浅薄,视野狭窄。学生嗜书的感情不是天生的,要靠引导,靠培养。培养学生阅读的嗜好,就等于帮助他们找到源远流长的知识的泉眼。他们找到了这个"泉眼",就会广泛觅取,学而不倦。怎样培养他们读书的嗜好呢?我通常的做法是:从提高认识入手,在激发兴趣上下功夫,辅之以及时的鼓励与表扬。经常针对学生的思想实际,用古今学者劝人博览群书的名言警句启发学生,以酷爱书籍、通晓各科学问的生动事例教育学生,使他们认识到"知识是引导人生到光明与真实境界的灯烛",体会到广为涉猎的必要。

创设种种条件引导学生阅读。如有计划有目的地推荐作品,启发学生阅读的兴趣。或课内延伸到课外,选与课文有关的作品对比阅读、扩展阅读,如学老舍的《小麻雀》,就向学生推荐屠格涅夫的《麻雀》,进行对比阅读,再推荐屠格涅夫的《门槛》,作为扩展阅读的材料。或组织学生在练口活动中推荐作品,学生在训练口头表达能力的活动中介绍自己阅读的好作品,互相推荐,彼此交流。组织这样的活动,被推荐的作品一次就达四五十本,加上有些同学绘色绘声的介绍,大大激发了学生阅读的兴趣。教师经常向学生推荐名家名作,截取部分精彩段落朗读或解说,不失时机地推荐新出版的佳作更是十分重要。旺盛的求知欲、嗜书的好习惯就是依靠教师坚持不懈地引导、开拓而逐步形成的。又如利用部分早读课时间带领学生读诗,每次一二十分钟,读读背背讲讲,一日不多,十日许多,涓涓诗歌甘泉水渗入心田,学生的思想、情操、语言都受到有益的熏陶。此外如杂志游历、举办讲座、具体指导、讨论交流等都是促进学生课外阅读有效的方法。有的学生星期日总要泡半天图书馆,以求知为乐,有些学生一学期课外阅读达四五十本,杂志不在其内,初步养成了爱读书的习惯。

安排各种课外活动,丰富课外生活,开拓学语文的天地。读万卷书,行万里路,一方面从书报杂志中获得知识,一方面从生活中吸取知识养料,是学好语文的重要途径,二者不可偏废。观察是认识世界的窗口,教师要千方百计创造条件让学生多看多听,多接触大自然,多接触社会生活,开阔视野,扩大知识面。如因时因地组织参观访问,组织游览活动,根据上海的条件,既可组织学生参观党的一大会址、鲁迅纪念馆、历史博物馆、自然博物馆、小刀会旧址、革命烈士公墓,又可组织参观厂矿企业,像金山石化企业、江南造船厂万吨轮、潜水艇修造等。组织学生参观、访问、游览,我的体会是要"放",要考虑得"远",不要一活动就是写作文,学生背上要交账的包袱,看起来无兴趣,玩起来也无味道了。事实上,学生对参观的对象产生了浓厚的兴趣,自会写下见闻所得。有一次课后参观灯展,有个学生觉得参观的时间太短,自己课外再去购买票子看,仔细观察几个小时,写出了具体生动的《观灯展记》。参观访问主要锻炼学生认识事物的本领,在参观访问中接受各种各样的信息,学生在有意无意之间就会储存起来,对提高听、说、读、写能力都将发生较长时间的、直接或间接的影响。其他如组织演讲、写作、图书资料等兴趣小组,举办作品、诗画、音乐欣赏会等活动,也是很受学生欢迎的。总之,课堂上要学得扎实,课堂外增添兴趣,增长才能。课外阅读、课外活动看起来似乎漫无边际,但做起要有依据。这就在于教师心中有个计划,善于引导,把学生课外毕竟有限的宝贵时间用在点子上。

再者,要注意到学生的身心健康,不能只注意心的一面,而忽视身的一面。

语文教学讲究思想性、科学性,还须有一定的艺术性。做一个合格的语文教师是极其不容易的。我虽已从事教学实践 30 多年,然而仍在邯郸学步,对其中的规律知之甚少。对我说来,头等重要的是孜孜不倦地学习,向语文界老前辈学,向同行学,向学生学,向书本学,向社会学。宋人张载《芭蕉》这样说:"芭蕉心尽展新枝,新卷新心暗已随。愿学新心养新德,长随新叶起新知。"愿以此不断激励自己,增添新知,改进教学,提高质量,提高教文育人的水平。

追求，孜孜不倦地追求

我深深热爱教育事业，我的理想是做一个合格的名副其实的人民教师。在30多年的教学生涯中，我孜孜不倦地追求着这个崇高理想，鼓足生命的风帆，努力实践，向着这个伟大的目标迈进。

托尔斯泰在《艺术论》中说道：艺术感染力的深浅决定于感情的独特性、感情传达的清晰和真挚的程度。教学是艺术，而语文教学可以说是高超的艺术，它在培育学生成长的神圣任务中能否发挥巨大的感染作用，关键在于教师感情的锤炼。

我在大学里读的是教育学专业，毕业后开始从事的是成人教育，后来进行历史课的教学。1959年，正是我过了"而立之年"的时候，因工作需要，领导要我改行教语文。我二话没说，走出了历史课的课堂，去叩语文教学的大门。但是，语文教学之门对我来说是不易敲开的。功夫首先下在对学科的热爱、对祖国语言文字的热爱上。如果对祖国语言文学没有真挚的爱，不一往情深，教材就钻不进去，要领就难以掌握，其中的无限风光当然也就无从领略。"热爱是最好的老师"，"无论爱什么，……只有纠缠如毒蛇，执着如怨鬼，二六时中，没有已时者有望"。这些名人名言激励自己倾注真情，发奋读书，勇过教材关。

自古以来，我们祖国的文学作品浩如烟海，语言文字宝库中有无数瑰丽璀璨的名著。我国语言的优美，词汇的丰富，同义词、近义词的细微的差别，在世界上是罕见的。作为一个中学语文教师，经常地持久地学习祖国丰富、优美的语言,在文学宝库中涉猎、遨游,那真是幸福无比。有时候,我备课备到屈原的辞赋、李杜的诗、韩柳的散文,人就常会不知不觉地步入作品的境界,作品的思想、言辞拨动着我的心弦。此时此刻,我不仅能深切理解作品语言惊人的表现力,而且简直感到是美的享受,乐在其中。为了把语文教学所需的专业知识一门一门地攻下来,我以文学史为经线,以各个时代的代表作品为纬线,先后阅读了几百万字的中外古今文学作品,旁及自然科学和音乐、美术、戏剧等知识,为教材剖析的深度、广度打基础、做储备。为了具备教学真本领,我给自己立了一条规矩,不抄教学参考书,不吃别人嚼过的馍,独立钻研,力求自己先懂,再教学生,决不以其昏昏,使人昭昭。有时备一篇课文要花 10 小时,20 小时,有时为了查准一个字的读音,要翻阅许多书籍。这样,三篇,五篇,八篇,十篇,几十篇,上百篇,对文章的内容、语言、脉络、结构、精髓所在,基本上能一眼见底,初步尝到了庖丁解牛的滋味。

学生对语文教师的课堂教学语言十分注意,我自己也认为:一个语文教师的语言应该是最纯洁、最规范的语言。我既然已是语文教师,就应该下苦功学习和掌握规范的语言。原先我的口语不理想,"这个""那个""哎""但是",语病不少,再加上方言音极重,说话没有翘舌音,语言离合格标准很远。语文教师责无旁贷地要带领学生学习教材中规范的书面语言,但是,仅仅停留在这一点是显然不够的。如果教师教学语言规范,学生每堂课都接触活泼生动的口语,长期受正确语言的熏陶濡染,课堂教学效果就会大大提高。于是,我下定决心改造自己不规范的口头语言。我采用的是笨办法。每上一堂课以前,我都要认真想好在课堂上讲的内容,把所要讲述的一句句话写下来,然后推敲、修改,用比较规范的书面语言改造不规范的口头语言。我把写的内容一句句背熟,并口语化。从我家到学校,除乘车外,还要走一刻钟的路,每天上班时,我就利用这一刻钟时间,将背好的教案在头脑中放一遍"电影"。课教完之后，我再细细对照教案，寻找自己在课堂上"即兴发挥"中出现的问题，教案中有哪些语言有待改进。这样，坚持不懈地下了两三年的功夫，渐渐地，我的教学语言得到根本改造，口头表达能力有了明显提高。通过以"死"求"活"、先"死"后"活"，我基本上过了"口语关"。

胸中要有教材，目中要有学生。过了教材关、口语关，不等于就能教好学生。语文课不能只教在课堂上，要教到学生心上。只有教到心上，才能充分发挥学生学习的积极性，使他们比较迅速有效地掌握遣词造句、谋篇布局的基础知识，发展智力，提高听、说、读、写的能力。教心必先知心。教师教学须坚持唯物主义观点，须悉心了解和研究学生的情况、特点，知之准，识之深，才能教到点子上。每个学生的语文基础、语言环境、接受能力、兴趣爱好千差万别，在大量的教学实践活动中，在平日与学生的交谈接触中，我细心观察，深入了解，不仅注意他们的过去与现在，而且力求敏锐地观察他们的变化与发展。通常的情况是：冒尖的，比较差的，容易在教师脑子里形成清晰的印象，轮廓比较分明，而一般的似乎难以区别。班级的教育教学应该是针对大多数而兼顾两头，只要稍加深入，就可发现在差不多的现象后面颇有差得多的特点存在。

以口头表达能力为例。有四个同学口述能力都差，说话含糊不清，断断续续，非但不能成段，连成句也困难。乍看起来，似乎都有口吃的毛病，但仔细调查辨别，却各有千秋。第一个同学说话时舌头似乎短了一点，经过再三谛听、分析，终于找到了口齿不清的症结所在。第二个同学是由于家庭语言环境长期的影响。因为是独子，十分娇惯，父母视已是中学生的儿子为幼儿，讲话时停顿多，规范性差，孩子接受这种语言的信息多，耳濡目染，形成习惯。第三个同学是小时候学口吃的人讲话，于是也逐渐口吃起来。想改，但一说话就紧张，脸憋得通红，越紧张越说不清。第四个同学是思维比较迟钝，对来自教师或同学的问题不能迅速地做出反应,因此说话嗯嗯啊啊,疙疙瘩瘩,含糊不清。弄清楚他们口述能力差的各自原因,才可能寻找出最佳方案来纠正毛病,提高能力。第一个同学先从生理上解决,请医生诊治决断,手术治疗,然后再进行说话的训练。纠正第二个同学说话的毛病是先与家长联系,剖析家庭语言环境的重要,请家长注意说话的质量,再帮助同学进行单句的训练,阅读口语化的材料,从简单的说话开始。对第三个同学注意用"稳定剂""安慰剂",逐步消除他的紧张心理。第四个同学则另用其他方法。即在日常的学习、生活中注意训练他思维的灵敏度,在他回答问题时指导他想清楚了再说。如果不认真地辨别这些同学的差异,就不可能出现上述四种不同的做法。

教学中掌握学生的个性固然重要,但是认真地研究学生所具有的共同特点尤为重要,比如80年代的学生与五六十年代学生的特点就不尽相同。应该欣喜地看到现在的中学生有强烈的成才愿望,有振兴中华的志向。这是时代赋予他们的特征。他们敏于思索,善于质疑。他们不大轻信教师的话,对社会对人生常有自己的看法,不与别人苟同,以表示有独特的见解。他们见识比较广,接受外界信息的灵敏度比较高,有时看问题尖锐和深刻的程度大大超过他们的年龄。他们的兴趣十分广泛,对古今中外的人和事往往带着猎奇的心理去了解、询问,尤其是现代科学技术、现代化生产和产品更是津津乐道以至神往。学生思维活跃,科技知识起点高,生活知识丰富,憧憬美好的未来,这是时代造成的必然,是教学十分有利的条件。与此同时,学生身上又存在着明显的不足。集体主义观念、社会主义道德规范、共产主义远大理想等在学生心中不全面、不扎实,知识与能力差距大,缺陷多。认清了当代中学生的新情况新特点,就深切领悟到教学中特别要讲究针对性、深刻性,也要讲究艺术性。要善于发扬他们身上的长处,引导他们明辨是非,克服不足,因势利导,塑造成才。千万不能用刻舟求剑的、形而上学的观点来认识学生。

既要见书,又要见人,尤其要对人——教育对象——进行研究,做到有的放矢地进行教学。在实践中我逐步树立了从学生实际出发的观点,养成了组织教学内容、确定教学环节、选择教学方法等均为学生着想的习惯。

要把学生培养成为"四化"建设的开拓型人才,教师自己就要有开拓的精神。而在开拓中用什么方法来教学生又是不可忽视的重要因素。传统的教学方法对从事语文教学多年的教师来说,无疑是驾轻就熟,犹如进入肌肤,已成自然。传统教学方法中合理的精华不可丢,但许多做法,已不适应时代的潮流,须大力进行变革。面对着科学技术的突飞猛进,面对着社会生活节奏的加快,还用四五十年代,甚至更早的陈旧方法教,无疑要关闭学生认识现代社会的窗户,他们语文能力的锻炼、思维能力的发展都会受到严重的阻碍。如果说过去我曾把"入"传统的语文教学之门作为自己的努力方向的话,那么,在新形势下,我应该把"出"传统之门,探索什么是现代化的有中国特色的社会主义语文教学体系,作为自己新的追求。教学方法上我追求的是努力跟上时代的节拍。首先是摆正出发点,把从"教"出发的立足点转换到从"学"出发。"教"不是统治"学",代替"学",而是启发,点拨,开窍,做学生学习的引路人。其次是建立联系网。课堂教学中师生联系不能停留在直线的往复,应转换为网络式的联系。也就是把教师与学生的单向型联系转换为教师与学生、学生与学生、学生与教师的辐射型联系,教与学互相作用,学与学相互作用,充分调动学生学习的积极性,能者为师,水涨船高,使课堂真正成为学生训练听、说、读、写能力与发展智力的场所。再次是课的容量。要精心设计讲和练的内容,考虑讲和练的角度与方式,努力把课上得立体化,容量丰厚。每个教学环节、每个教学活动须有很强的目的性,力避繁枝茂叶,糊成一片。课不能淡水一杯,要有可咀嚼回味、可思考而运用的知识、技能，当扩展则扩展，当深入则深入，使学生在有限的课时内，思想、能力、智力获得多方面的培养。最后是课应该有鲜明的节奏。由于科学技术的迅猛发展，社会生活的节奏明显加快，课堂教学要适应现代社会生活的节奏，不能停留在慢动作、慢镜头的水平上，要注意训练学生思维的敏捷性，提高阅读、理解的速度。文似看山不喜平，课也是如此，总不能小河淌水，在一个平面上移动，要有张有弛，有浓有淡，有粗有细，有疏有密。只有这样，学生才会思维积极，兴味盎然，学习主动性充分发挥。绝对不能忽视的一点是课必须有时代活水流淌。教材中相当数量是过去的作品，教学时不能满足于模拟世界，再现过去生活的真实，要注意和善于引发，把学生的学习和沸腾的实际生活联系起来，和社会主义现代化的建设事业联系起来。所谓联系，当然不是长篇大论，说一大套政治术语，给课穿靴戴帽，或外插一个大肚子，而是在服从于教学目的的前提下，根据课文的内容，有机地插入一些新信息，启发他们深思。只要联系紧密，天衣无缝，哪怕是一两句话，学生也会情绪昂扬，振奋起来。教法改革常有"山重水复疑无路"之感，但坚持探索，坚持跋涉，也常会出现满目青山的美景，辛勤之后的快意难以与外人述说。

苏联教育家苏霍姆林斯基在《给教师的建议》一书中曾这样说："如果教师的智力就是停滞的、贫乏的，在他身上就会明显地在教育教学工作中反映出来……教师不尊重'思想'，学生也就不尊重教师。然而，更加危险的是，学生也像教师一样地不愿意思考。"这段话十分精彩，道出了教师智力生活的重要。教师要学而不厌，只有自己的知识长流水，学生才会得到灌溉。而在当今这个时代，这个问题显得尤为重要。

回顾过去的历程，自己虽读过一些书，有一点社会科学知识和自然科学知识，但在实际运用中深感有些已陈旧，由于长期不用，灰尘满布，而新鲜的、实用的又奇缺，因此，必须积极地增进知识，优化自己的知识结构。教课要能撒得开,纵横延伸,更能收得拢,聚意点睛。自己视野狭窄,就不可能上下古今,更不可能登高望远,学生的知识覆盖面就受到影响。基于这样的认识,我注意在两个方面下功夫:一是拼命吸取,二是学会思考。

语文教师要有拼命吸取知识营养的素质与本领,犹如树木,把根须伸展到泥土中,吸取氮、磷、钾和微量元素。只有自己知识富有,言传身教,才能不断激发学生求知的欲望。要做到知识富有是极其不容易的,有人说这是一条"光荣的荆棘路",这条路尽管像"环绕着地球的一条灿烂的光带",然而,它需要的是艰苦备尝。对我们语文教师来说,更是如此。语文教师工作量大,负担很重,要想大块时间学习是不可能的。由此,锲而不舍的精神尤为重要。把零星的宝贵的时间有计划地用上,天长日久也是可观的。我的做法有三点。一是重要的理论反复学,力求正确理解,既能深入,又能浅出。理论上的模糊必然导致实践中的盲目,我深切体会到自己教学上出现的无效劳动,往往是由于理论上认识不清、理解上有偏颇所致。二是紧扣一点深入学。要弄懂一点知识,就要深入学习,认真钻研。比如诗歌,每学期都要教,围绕它读点书,可发现其中许多有趣的学问,诗中有方位、色彩、数字,在诗人笔下各有奥妙。学知识如汲深泉之水,越学越能品尝到其中的甘甜。三是开阔视野广泛学。语文教师的知识仓库里的货物不能不杂,但要杂而有章。要广泛地阅读,有选择地阅读,在生活中学习,吸取别人的长处。尤其是新知识,新信息,更要注意吸收。如文学样式,近几年出现的微型小说,它的特点是什么,与长篇、中篇、短篇小说除在篇幅长短上有区别外,它还具有哪些特色;当代流行的电视系列片是在怎样的条件下产生的,它在结构情节、刻画人物方面有何独特的地方,与电影有何区别;电视小说、电视报告剧、电视音乐剧、电视散文等又是怎么一回事;一句话新闻是怎样诞生的,社会效益如何……凡此种种,都要开放自己的感官,去接受,去思考。至于现代科学技术,也要关心。精通于此是不大可能的,但80年代的语文教师总不能是科学盲,否则就在教学中缺掉相当重要的一只"角",块面上缺个角总是很遗憾的。

  语文教师的工作不是百米冲刺,而是万米赛跑,任重道远。思想信念是我的精神支柱,对事业的一往情深是自己不断前进的动力。教师的学习和工作是无止境的,30多年来,在前进的道路上我不断地给自己出难题、设关卡、提目标,不以为苦,反以为乐,为的是追求做一个和时代同步前进的教师,为的是履行自己的天职,把全部精力和智慧诚心诚意地奉献给可爱的学生,奉献给光辉的社会主义教育事业。

  追求,是极大的幸福;热爱,是最好的老师。

嘤鸣求友　同声相求[①]
——记香港之行

应香港中文教育学会主席余逎永先生和副主席欧阳汝颖女士的邀请，7月中旬赴港参加由香港大学教育学院、香港中文大学教育学院和香港中文教育学院联合举办的中文科课程教材教法研讨会。该会广泛邀请研究中文教育的学者、专家、教师，就中文课程纲要设计、课程纲要与教材编写的研究、课程纲要和教学法的研究等各项问题，探讨过去，展望将来。来自美国、马来西亚和中国台湾、香港、澳门的中文科教授、督学、编辑等数十人在香港大学黄丽松讲堂和厉树雄楼就会议主题宣读论文，发表演讲，我们内地去的几位教授、教师对中文科的教材教法等问题发表了自己的见解。会议开得紧凑，研讨气氛浓厚，许多生动有趣的事在脑海里留下了难忘的印象。

似 曾 相 识

初次参加这样国际性研讨会，人地生疏，总以为进入了一个陌生的境地，哪知一接触有关的人和事，立刻觉得似曾相识，亲切之感涌上心头。且不说主办会议的香港同胞对我们是怎样的热情，单就研讨的课题、内容及研讨的语言而论，不少是眼熟、耳熟。马来西亚主持编辑中

[①] 本文发表于《语文学习》1988年第11期。

学中文课程教材的杨先生在阐述中文教学目标时,强调了以下四点:(1)聆听、理解及评鉴各教材和广播节目的内容;(2)能正确而流利地表情达意;(3)能精读和略读各类教材;(4)能写作并习写毛笔字。显然,教学目标在听、说、读、写方面都提出了要求。为了具体阐述这个教学目标,杨先生又使用幻灯片以简图来表示:

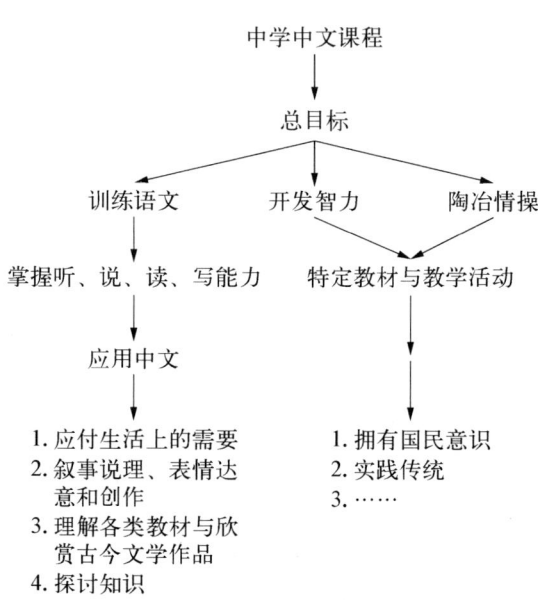

训练学生的听、说、读、写的语文能力,在训练能力的同时要注意开发学生的智力,陶冶学生的情操,几乎所有与会的中文教材的编辑和研究教材教法的教师都在认真地根据本国本地区的教育情况进行探讨。教学上的研究、学术上的探讨犹如会插翅飞翔一般,飞越地区,超越国界,寻找知音。

倾 心 交 谈

7月14日晚,香港中国语文学会办公室里热气腾腾,参会教师就语文教学的问题展开了讨论。话头是沈先生拉开的。沈先生不从事教育,但对教育倾注心血,关心支持。他问我:"你们提出语文课既要加强基础,培养能力,又要发展智力,还要陶冶思想情操,这个课到底怎么教?我们马来西亚教师也试着做,太难了,要这样教课,简直难死人了。"接着,他侧过身子对我说:"请你解答这个问题,越具体越好。"

马来西亚朋友对语文教育事业的热忱使我感动,我欣然发言。我觉得这个问题既要从语文教学总体目标考虑,不囿于一篇课文、一次练习,又要大力进行课堂教学改革,努力做到熔加强基础、培养能力、发展智力、陶冶情操于一炉,发挥一箭数"雕"的多功能效益。为了阐明观点,我以教学《晋祠》这篇课文的起始阶段为例进行说明。课起始,我用三言两语引入课文后,就要每个学生口述一处祖国的名胜古迹,在速度与表达上有明确的要求。学生从上海小刀会的遗址豫园讲到西藏的布达拉宫,从杭州的西子湖说到长白山的天池,思想集中,兴趣很浓。安排这个环节的目的是使学生在以下几个方面获得培养:(1) 锻炼口头表达能力;(2) 相互启发,开阔视野;(3) 了解中华民族的浓厚文化平铺在祖国九百六十多万平方千米的土地上,受到爱国主义情操的熏陶感染,增强民族自豪感;(4) 活跃课堂教学气氛,使学生学得愉快。花了一两分钟的时间,学生讲述了几十处名胜古迹。此时,我出示《中国名胜词典》,让同学知道自己所知不过是沧海一粟而已,接着要求同学听写《晋祠》条目的说明,并把说明中的每一句话用数字标出,与课文中相应的内容对照,辨别异同。这样做的目的:(1) 激发学生求知欲;(2) 训练学生听写能力;(3) 检验阅读理解的速度和准确度;(4) 训练思维的敏捷性;(5) 训练比较思维的能力。这样一环紧扣一环,环环有明确的训练目的,每一环起多方面的作用⋯⋯

马来西亚的朋友全神贯注,不时插话询问,话题越展越开,马来西亚独立中学每周中文是 7 节课,而公立中学每周仅 3 节课,每节课只 35

分钟。于是,从课时安排谈到如何长文短教,从培养学生学中文的兴趣谈到对差生的教育,从每位中文教师30节课的课业负担谈到校长对学校的管理。会议主持人原说9点会议结束,可是,时钟的针已指向10点,大家还大有欲罢不能之势。恰似一把小石子丢入水中,水花一圈圈晕开,一圈圈晕开……

直言不讳

学术上缺少民主,或民主气氛淡薄,研究就不能深入,或难以深入;反之,各种思想撞击,爆发火花,催人思索,逼人研究,对问题探讨的深度、广度、方位、层次就大不一样。这次研讨会在这方面颇有特色,可资借鉴。

每位讲演者宣读论文以后,会议主持者总是要请听者提若干问题。听者发言积极,有疑难问题的询问,不解之处的请教,更可贵的是坦率地对演讲者的演讲内容、学术观点乃至研究途径与方法提出异议,真可谓是直言不讳。例如中国香港的谢先生、岑先生介绍了他们近期研究的《写作思维过程教学法及其评估方法》成果后,听讲席上立即有人提出一连串的问题,如:传统的"命题作文法"不成为"法",怎样将写作思维过程教学法与它比较?有关写作能力的测试是否能不只是提供数据,而是提供一点内涵?试验、研究、抽象,不是靠"灵感",不同体裁的习作能否都提供例子?写作思维过程教学法中讲到语言转换,语言如何"转换"?怎样把广东话或英语"转换"为普通话?谢先生等在写作思维过程方面所做的实验是蹊径独辟的,这里不妄加评论,引述以上的问题只是想说明,听者和讲者之间思想敢于碰撞,敢于畅所欲言。提出不同意见,不是和谁过不去,不是故意为难别人,而是促使别人把课题的研究引向深入。

我自己身临其境,也碰到了类似的情况。当我讲述了中学语文教改的基本观点之后,中国香港一位语文界前辈一连向我提出了四个问题要我回答。有教育思想的,有教学方法的,乃至于学生的名字叫不叫得出来也询问了。他说:"你们一个班有六七十个学生,一个教师要教几个班级,名字都喊不出,怎么调动他们的学习积极性?"我首先说明我们班级的人数经常控制在40人左右,教师都能叫出学生的名字。他问我是怎么记住名字的,我回答:"记住学生的名字是教师的本能。每教一个新的班级,我总先看熟学生登记卡,记住照片上的特征。上第一节课,就能叫出全班学生的名字,学生就很佩服。"话音刚落,这位老先生突地站起来说:"看来你是本能,我是无能,我叫不出学生的名字。"他充满诙谐的话逗乐了大家,讲堂里笑声迭起。

执 着 追 求

  坐在讲台上有声有色讲述中文教学中的诵读问题的是中国台湾的老教授艾先生。他早年毕业于北京师范大学,专攻中文。此次在研讨会上遇到现任北京师范大学副校长,话题一下子就热了起来。

  艾老先生认为,文章不是活的语言,而是历史的语言。他阐述:《尚书》佶屈聱牙,但符合上古语言状况;孔子时期词汇简单,故多是问答体短文,孟子时期词汇比较丰富了,故文章多有滔滔不绝之势;秦以前语言异声,文字异形,秦只有力量统一文字(小篆),无力统一语言。因此,诵读不同时代的文章要把握特点。他煞有兴味地为大家作诵读示范。

  中国香港著名中文教师方先生擅长文学教学,他认为教文学作品除理性认识,还要在感情上引起共鸣。拆零件,只停留在词句教学上是教不好的。他认为教古代文学作品要不误古人,不负古人。他举李义山的《蝉》、李白的《月下独酌》和闻一多的《死水》为例,说明教学中须重视篇章,把握"整—零—整"的步骤,教出特色。他从为《蝉》写于牛李党争的年代,写物性与神韵,寄情于物,物我双写,这样的上乘之物,如不重视诗章结构的剖析,就难以体会诗人的用意所在。读李白的"月下独酌"定要理解形象,体会情感,不能只作文字上的疏解。对庄子的文章、韩愈的文章的教法也提出了独到的见解。方先生讲得有声有色,听者入耳入心。

马来西亚独立中学的陈小姐年纪虽轻,但对中文教学炽热的感情和执着的态度令人敬佩。且不说讲演会上的认真,就是会议的间隙时间,她也忙着到处打听各个国家、地区,尤其是我国语文教学的情况。她问我中国有没有朗读技巧的录音带,问我怎样才能加强朗读的训练,怎样才能使教学语言悦耳动听,她还带着几分神秘的口吻问我:"我在马来西亚读过你的教案选,你准备一篇课文要多少时间?一个月够吗?大概要几个月吧!我们课业负担重,要这样备课,难哪!"我告诉她不需要许多时间,年轻的时候在钻研教材上下了一点苦功,手熟了,写起来也就快了。她问这问那,问得那么具体,那么详细。

尽管在不同国家或不同地区教中文,但执着追求的态度却是相同的。我联想到香港地区的中文教师课业负担也很重,每周30节课,既要教语文主科,又要教历史或地理等副科。我们教改的条件就课业负担来说,应该是有利的,为了提高学生的语文能力,提高我们语文教学的水平,更应孜孜以求,奋发努力。

嘤鸣求友,同声相求。会期虽短暂,情意却深长。中国香港的两位年轻教师拿着我的《教案选》要我签名;马来西亚华校董事联合会总会统一课程编辑主任对我说:"听了你的讲演,深感中国中文教学立足点高,看得深。我们更要努力,扎扎实实教好。"一位年过40的马来西亚女教师满怀感情地对我说:"退休以后,我一定到你们中国来。我参加会议,没带什么来,只有家里种的一小包咖啡,送给你留作纪念吧!"学术交流传友情,真是难得的盛会!

澳门语文教学琐记[①]

金秋季节,我应澳门"中国语文学会"理事长胡培周先生的邀请赴澳讲学。到珠海后,胡先生和学会监事长林朗先生过拱北迎接,盛情可感。原先多次拜读过澳门"中国语文学会"的学报《语丛》,对其中探讨澳门地区中文教育的一些文章留下了印象,此次赴澳,参观了东亚、濠江、青洲等八所大、中、小学,有幸结识了部分文章的作者。同行之间,话题甚丰,讲到教学中的甜酸苦辣,更是妙语连珠,笑声盈屋。现择其一二述说如下。

一、关注与盛赞

澳门地区中文教育的同行们对内地的中学语文教学改革动向极为关注。不管是与语文学会理事们的座谈,还是在学校和中文教师交流,谈话的中心几乎都是内地怎样进行语文学科的改革,从教材到教法,从学生到教师,广为涉及,细细询问。他们特别感兴趣的是课堂上怎样调动学生学习语文的积极性。好几所学校的老师诙谐地对我说:"我们也想发动学生提问题,但学生总是动不起来。我们也不想'满堂灌',但不灌又不行,学生不肯举手。"有的老师说:"我很留意内地在这方面的做法,也学着做。内地许多教师把课上得既实又活,学生领会课文那么精

[①] 本文写于1989年。

彩,令人赞叹。"这位老师还谦逊地说:"我们远不如,我们远不如。"

其实,澳门地区的同行们在提高语文教学质量方面是很努力的。特别是 1980 年开始,内地不少语文教师赴澳任教,在提高澳门地区语文教学水平方面发挥了很大的作用。许多学校重视制定语文教学大纲,使教学有明确的方针、任务、目的和要求。不少学校在使用教科书的同时,根据学生的实际情况和升学、就业的需要,或编写补充教材,或对教材进行改革,力求提高教学质量。

澳门地区语文同行们最为苦恼的事是负担沉重,尤其是改学生作文的负担。每位语文教师要教三个班级的语文课,每班每周 7 节语文,共 21 节课。但 21 节还不满工作量,因而须兼历史课或地理课,一般任课时数是每周 25 课时左右。一学期规定学生写 8 篇作文,每个班级学生人数很多,一般是 60 人左右,有的多达 70 余人,批改量极大。当听到我介绍内地的中学每班学生的控制数及解放思想、进行作文教学改革,尤其是介绍重点批改、学生自改互评、加强讲评等方法时,他们赞叹不已。

二、强调基本功的训练

澳门地区中小学语文教学对学生基本功的训练十分强调。尤其是写字的训练,毛笔大楷、毛笔小楷,从小学起就注意练习。教师办公桌上几乎堆满了学生习字、作文的作业,我翻看了学生一些大字本、小字本,都写得满满正正,看来学生书写时是认真的。教师批改也认真,红笔打圈,以资鼓励。为了提高学生的书法水平,语文教师组织书法课外小组,每个周末下午为学生教授书法知识。有的学校为了使老师能更好地教学生书法,特聘请专人于每个周末下午教授老师怎样教书法。正由于如此,学生书法水平逐年提高。从澳门地区学生书法比赛情况看,开始只独专柳体,而现在已百花开放,诸体兼备。语文教师平时耐心教导,学生辛勤练习,为书法水平提高打下扎实的基础。

原来澳门地区中小学生基本讲粤语,不大懂普通话发音,不会查阅汉语字典,现在这种现象已有所改变。不少中小学为此专门增设普通话课程,讲授汉语拼音。有些学校从小学一年级开始就要求学说普通话学拼音,有的教师为学生组织朗诵组,对学生进行持之以恒的训练。至于查字典这项基本功,学校都很重视。语文教师根据不同的年级和不同的程度,要求学生通过查字典,识字辨词,熟悉并掌握一定数量字的形、音、义。

阅读能力的训练比较重视,除课堂教学训练外,还大力提倡课外阅读。培正中学一位邓老师曾对中学四年级学生做过统计,在一个学年中,有近半数的学生读了10本以上的古今中外名著。有些中学,如濠江中学,他们的语文科就积累了动员学生进行课外阅读的宝贵经验。

三、撒播爱好文学的种子

参观劳工子弟学校时,语文老师黄晓峰高兴地指着《澳门日报》上登载的两篇文章说:"这是我们学校的学生写的。"下课时,他把作者之一找来,原来是位很清秀的小姑娘,低着头,腼腆地回答了我的问话。这所学校学生写作方面的尖子生不少,在报章上发表的诗文也有一定数量,用句时髦的话说,学生中有文学细胞。原因何在?

这所学校注意因材施教,为学生组织了"草根"文艺社,指导和鼓励学生多写作,鼓励学生施展才能。上面说到的黄老师是研究诗文的研究生,对诗的创作尤有见解,教课拿着话筒滔滔不绝,十分风趣。教师文学素养好,课内课外在学生心田中撒播爱好文学的种子,学生心灵受到感应,文学幼芽得到舒展。更为难得的是不少学生对生活有真切的感受。《雾锁濠江》是学生林玉凤写的诗,诗是这样写的:

渐浓渐近

越近越浓

看清了渐近的桅杆

模糊了眼前渔民

摩托声撕不碎浓雾

波浪也从未停止鼾声

岸边驰骑的轮影

发起阵阵消化不良的肠鸣

还算雾混得不寻常

渔人被早发的春火焚得异样

载着灯光捉摸烟雾

哪怕雾海不能一网千斤

哪怕只有虾蟹一筐

也要再一撒银丝

只因

三十过后的春节

正在岸头等待

等待鱼腥手的拍动

澳门地区有些劳工家庭人口多，负担沉重，生活艰苦，孩子求学多半靠勤工俭学，对生活的认识往往超过年龄，故而笔下的诗文具体、实在、有血有肉的居多。

四、盼归

在参观访问学校之余，胡培周等先生还陪同我参观了普济禅院等处，向我一一述说清朝时澳门被侵略的历史，述说时言辞慷慨，爱国主义思想感情流溢,让我深受感动。普济禅院的边院中有一张石头桌子,桌子周围有石凳。就在这张桌子上,美国侵略者与清政府签订了"望厦条约",露骨地把侵略的魔爪伸向中国,对中国人民进行奴役与压榨。这块土地原名望厦,是从福建来的老百姓用劳力和血汗开发的,他们常思念家乡,故而以"望厦"为名,而腐败的清政府与美帝国主义签订的第一个不平等条约以此为名,简直是莫大的耻辱。

澳门地区有本澳和离岛,共 6.4 平方千米,50 多万人口。本澳和离岛之间隔着海,有大桥相连。在本澳濒海的广场上塑有葡萄牙侵略者亚马拉跃马扬鞭的像。陪同参观的老师气愤地告诉我:这个侵略者穷凶极恶,带着队伍到珠海抢掠农民的粮食、牲口,珠海农民奋起抵抗,领头的农民沈米把侵略者打死,给他以应有的惩罚。葡政府为其塑像立碑。要铲除这 100 多年来的耻辱像,为期已不远了。

在谈及办学条件与教师待遇时,许多老师异口同声地说到澳门地区人口近几年增长速度很快,而学校增加甚少,办学条件较差。华侨学校与中葡中学相比,显然前者拥挤,后者宽敞。我去中葡中学参观,获得的印象是建筑相当现代化,室外学生活动场地极大,各种教学设备齐全。每班只有 20 多名学生,教师工作量与华侨学校相比,一轻一重,大相径庭。从工资收入看,中葡中学也比华侨学校老师高 50%~100%。为此,大家期待着、盼望着回归祖国的心愿早日实现。

访问是短暂的,但语文同行们的深厚情意将永远植根于心中。

"给"永远比"拿"愉快[①]

我是一名超龄服役的老教师,站在领奖台上,既深感惭愧,又无比激动。惭愧的是自己实在做得太少,难以承受众多学生的信赖;激动的是党和人民对终身从事基础教育的教师如此器重,教师的事业确实是太阳底下最光辉的事业,我情不自禁地要倾诉心声,说几句心里话。

当了9年的校长,我梦寐以求的就是要把学校办成培养合格小学教师的摇篮,传播社会主义精神文明的场所,就是要争中国人的志气,以优异成绩显示在改革开放条件下社会主义学校教书育人的卓越功能与威力。师范教育在整个教育系统工程中是那么的不起眼。一是数量不多,不是一支数以千万计的浩荡队伍;二是产品极其平凡,是造就普通而平凡的小学教师,难以形成显赫与辉煌。然而,就是这些未来的小学教师,今日的师范生,时时刻刻牵动着我的心。我把对他们的培养当作至高无上的大事业来抓。因为,今日师范生的质量就是明日小学教育的质量;因为,一名师范生毕业后工作35年至40年,要教数以千计乃至万计的小学生,他自身的素质与能力影响儿童一大片,辐射面极广。今日师范生的质量关系到明日民族素质的铸造,其战略意义虽不为别人所洞悉,但作为一校之长,挑这副重担心里总是诚惶诚恐,不能有半点疏忽和懈怠。否则,就有负国家的重托,有负千千万万家长的期

[①] 本文是1994年作者在上海市中小学优秀校长表彰大会上的发言。

望,对不起学生,对不起儿童。每一个家长都希望教自己孩子的是合格教师、优秀教师。这种希望是积极的向上的,是振兴民族、提高民族素质的自发动力。我是培养师资的教师,能不为之动心动情?能不为之全力以赴办好学校吗?

小学需要优质的"产品"。家长需要优质的"产品"。可我们的"原料",也就是生源,不理想,差距很大。我曾为此而苦恼,但很快就走出了困境,那是由于小平同志关于培养"四有"新人教导的指引。培养有理想、有道德、有文化、有纪律的新人,要真抓实干,基础好的青少年要培养,基础不理想的同样要培养,要更花力气。人不可能自然成才,总要靠培养。学生是有可塑性的,只要一心为学生,精心塑造,孜孜不倦,合格与优秀的目标是能实现的。当然,其中艰辛难以言表。如果说育人没有困难,那要我们当教师、当校长的干什么呢?为了挑起这极其光荣而又艰巨的任务,我们在以下方面作了努力。

一、以中华民族的正气铸全校师生的魂

社会上并不是所有的人都能做教师的,除了学科专业的教育才能外,教师要有教师的气质、教师的风骨、教师的魂。在商品经济大潮中,要维护学校教育的洁净,确保学生按德智体全面发展的要求健康成长,铸师魂就十分重要。

教育质量说到底就是教师的质量。教师的一言一行都会对学生起作用,不是正面的,就是负面的,不可能是零。学生越小,教师的影响越大,潜移默化,点点滴滴在心头。我做过多次的观察和调查,小学低年级学生心目中的老师简直是"圣人",无所不知,无所不能,一句话比家长十句话还管用。因此,师范学校的师生特别要注意素质的培养、师魂的铸造。

我们以"一身正气,为人师表"为全校师生的座右铭。我们这个古

老的民族历经内忧外患,而今自立于世界民族之林,以巨大的发展业绩使世人刮目相看,这是由于党的领导,由于一代代志士仁人继承和发扬了爱国主义精神。爱国主义是中华民族赖以生存发展、兴旺发达的精神支柱,民族气节是我们的民族魂。在几千年的风风雨雨中,我们民族历经挫折而不屈,屡遭坎坷而不回,披荆斩棘开辟道路,奋然前行。这种自强不息的奋斗精神和炽热的爱国精神构成了中华民族的浩然正气。教育代表未来,教师是未来的塑造者、先驱者,必须以这种精神、这种正气来塑造自己的灵魂。

为此,我们反复学习小平同志的教导,"要特别教育我们的下一代下两代,一定要树立共产主义的远大理想,一定不能让我们的青少年做资本主义腐朽思想的俘虏,那绝对不行",以此来统一师生的认识,统一步调。反复讨论师范学校的培养目标,讨论社会主义的师范学校应具备怎样的形象,当代师范生追求的目标是什么。在学校弘扬社会主义道德风尚,排除社会上不良影响对师生的干扰,以改革开放的巨大成果和模范人物的先进思想、先进事迹教育师生,提供精神上的养料。师范生是明日的教师,一跨进师范学校,就要以教师的标准来严格要求自己。明日教师,今日做起,两代师表一起抓。学校有了向心力、凝聚力,良好的校风也逐渐形成。肩负着历史的使命和民族的希望,许多老师以"挖山不止"的愚公精神,刻苦钻研,勤奋教学,在学生心中撒播知识的种子,撒播做人的良种。

二、建设教师"希望工程",满腔热忱地培养青年教师

九年前我一接校长的工作,第一件想到的事就是青年教师的培养。几十年当教师正反两方面的经验教训,使我深深懂得一名优秀的教师能把智力一般的学生教聪明,而一名不合格的教师会把孩子教愚蠢,甚至会把人才扼杀在摇篮里。一所学校质量高不高,关键在有没有德才

兼备的优秀教师，有多少名德才兼备的优秀教师。"山不在高，有仙则名；水不在深，有龙则灵。"教师质量高，社会对学校的信任度就高，学校就能出高质量的学生。因此，教师队伍建设是学校至关重要的大事。

学校师资队伍建设的突破口是抓青年教师的培养。学校教育教学的后劲寄托在青年教师身上，他们是学校的希望所在，是教师队伍的希望所在，对他们进行培养是教师队伍建设中的希望工程，须竭尽全力抓实抓好。自己是从青年时代走过来的，教课时的粗糙、懵懂，教育学生时的捉襟见肘，至今记忆犹新。每想到这些，对学生内疚的感情就会萦绕心头。我深切体会到学历水平不等于岗位水平，工作岗位上要磨炼，有人指点就能少走弯路，缩短成熟的路程。一流教育是由许许多多一流学校组成，一流学校又由许多一流教师组成，一流教师中应该有相当数量是从青年教师中产生的。教育需要快出优秀青年教师，多出优秀青年教师，作为一校之长，挑起培养青年教师的重担义不容辞。

建设这项"希望工程"，首先要有四心，即真心、诚心、精心、耐心。青年教师是学校的宝贝，希望一颗颗教育新星从他们当中升起。不管你有没有意识到，学校的未来是他们的，学校未来的教育质量是由他们主宰的。作为年长的教师，要千方百计交好育人的接力棒。其次要明确培养青年教师的标准定位定在哪里。简单的"老带新"远不能适应现代的要求，不能以老教师的模式框青年教师的培养。老教师从思想作风、工作责任心到教育经验，有很多宝贵的财富，但由于时代的进步，又会显露出许多不足，比如我自己，创新意识不强，开拓能力差，科研能力弱，电脑不会操作，等等。青年教师往往给自己很多启发。因此，青年教师的培养要定位在现代教师的标准上，应该是老教师教书育人的优良传统和现代意识，尤其是改革创新精神的最佳结合。再次是形成培养网络，充分发挥中老年教师的骨干作用，运用合力有计划、分层次地培养。最后是把思想好、业务精的青年教师推到教研组长、年级组长的岗位上摔打、锻炼。经过这些年的引导、帮助、培养,青年教师中出现了一批教育骨干和教学骨干的苗子,他们的班级风气正,讲课深受学生欢迎。近些年来,青年教师在上海市、华东六省一市以及全国教育教学比赛、教学论文比赛中获一等奖、二等奖及优秀奖的有 26 名,"希望工程"大有希望。

三、建立激励机制,优化教职工队伍,提高办学效益

师范学校没有升学率的外部压力,教育质量提高很大程度上取决于教师自觉的内驱动力。因此,改革内部机制,建立激励机制尤为必要。

从 80 年代后期开始,学校通过教代会充分讨论,实行结构工资制,贯彻按劳分配原则,克服平均主义、论资排辈的倾向,使贡献大的、教育质量高的教师有较多的工资收入。根据教职工心理承受能力和以学校教学秩序稳定为前提,改革采取了小步走、不停步的办法,重新核定各学科工作量,抓目标管理,抓教学全过程管理,加强评估、测定,教与学双向反馈,双向评估,按工作的量和质核定结构工资额,让责任心强、教学业务能力强的教师工作量满负荷,优质优酬,多劳多得。通过结构工资,全员聘任,鼓励工作冒尖,业务冒尖,以适应五年制师范教育教学工作的需要,适应面向 21 世纪的需要。

学校人员不流动就会死水一潭,缺乏勃勃生气。求静态平衡,只能在一个平面上移动,出不了好质量。出国热及经济上的诱惑,必然有部分人员要转向。堵是堵不住的,只能在顺其自然中把握主动权。流水不腐,在流动中择优补充,优化队伍。在进进出出的过程中,分别不同对象采用多种方法做工作,解决了一二十年来遗留的一些老大难问题,基本卸下了历史的包袱,队伍的整体素质有所提高。

尽管师范学校课程门类多,技能技巧课程又有特定的训练要求,但

通过一系列的改革,师生比提高,大大提高了办学效益。

学校管理是一门专门的学问,自己知之甚少甚浅。由于认识水平和能力水平所限,缺点、错误屡见不鲜。然而,我毫不气馁,全身心地投入。社会主义的信念给予我无穷的力量,将学生培养成跨世纪小学教师的中坚力量的高度历史使命感,鞭策我奋力前进,丝毫不敢懈怠。我深深懂得,作为一名真正的教师,是用生命在歌唱,用生命在实践。生命促进了常青的教育事业,促进了民族素质的培育,其价值、其意义难以用数据来衡量。我当了一辈子的教师,虽九死而不悔;假如我有第二次生命,我仍然毫不犹豫地选择教师这崇高而神圣的职业,因为"给"永远比"拿"愉快。

谆谆教导永不忘[1]

罗老(罗竹风)离开我们已整整一年,可我总觉得他老人家还活在我们身边。他慈祥和善的面貌不时浮现在眼前,他沉稳有力的话语常常在耳畔萦绕,教育我直面人生,奋然前行。

在认识罗老之前,就听语文界、出版界的朋友说了许多有关罗老的故事。对罗老的为人、处世、治学、工作,说的人满怀敬意,我这个听的人高山仰止的感觉油然而生。罗老是老革命,对人民的事业忠心耿耿;为人宽厚,耿直,爱护同志,善解人意,提携后进,不遗余力。我是一名从事基础教育的中学教师,论学识,论贡献,论年龄,论名位,与罗老相距千里之遥,我只是由衷地敬重他,从未奢想去接近他老人家。

一次全国性语言界盛会使我初步消除了与名人接触的顾虑。那是70年代末在武汉召开的全国语言学会的成立大会,出席会议的全是语言学界的专家,各学派代表人物云集,学术争论十分激烈。上海有五名代表参加,罗老带队,还有语言学家李振麟、胡裕树等先生,中学语文教师仅我一人,是名不见经传刚评上特级教师的小卒。能有机会参加这样的盛会,亲耳谛听各位专家阐述自己的学术观点、学术体系,深感得益匪浅。照常理推,在这样的会议上,我这名无名小卒本无资格发言,由于罗老的厚爱,嘱我对中学语法教学谈点看法,我才斗胆讲述中学语

---

[1] 本文写于1997年。

法教学中的甜酸苦辣,提供各位专家参考。在几天的接触中,我感受到罗老知无不言、言无不尽的耿直,罗老眼睛向下、平易近人的优良作风更是给我留下了深刻的印象。

教育不是立竿见影的事,十年树木,百年树人,它是超前意识和滞后效益的结合体,不能局限于近期效果,尤其须着眼于长远效益。基础教育从事的是塑造人的基本建设的工作,犹如打地基打桩似的地底下的工作,不可能有惊人之举,有炫人耳目之辉煌。为此,教育的重要性,教育的战略地位常常得不到人们的深刻理解。罗老对教育情有独钟,他老人家认为没有良好的教育,人的素质提不高,社会将很难进步。为此,讲到山东省集资办教育的状况,他老人家总是激动地说:"有远见,有远见,教育办好了,就出人才,有了人才,经济发展就有后劲。"讲到他于1940年曾担任过第一任抗日民主政府县长的故乡平度县的教育发展的情况时,他老人家更是喜形于色,津津乐道。说平度县怎样重视义务教育,怎样重视师资的培养,怎样聘请优秀教师到那儿去讲学、去培训师资等。他老人家还对我说:"你太忙,以后有机会可以到那儿去看看,我陪你一起去。"一个"陪"字怎么承受得了?但从中可以感受到他老人家对平度县教育的深情。遗憾的是后来他老人家染病在身,终未成行,每想到此,心中总有几分悲痛。

罗老对教育的重视更多的是见诸行动。在市人大常委会工作期间以及其他许多场合中,他都一再呼吁人们提高对教育重要性的认识,对教育投入、师资队伍建设、危房改造等问题常常慷慨陈词,醒人耳目。革命前辈对教育事业的一往情深,给我们教师以极大的教育与鼓舞,激励我们把心贴在教育事业上,既敬业爱岗,倾注心血教好学生,又积极提建议,谈看法,为教育事业的发展献计献策。罗老不仅关心中小学教师,尊重中小学教师的劳动,就是中学生的事,他老人家也是竭尽真诚,一丝不苟地对待。别的且不说,就说《青年报》主办的华东六省一市中学生作文竞赛,他老人家曾担任了好几届的评委会主任委员,并在百忙中拨冗主持评判工作,就评判的原则、标准发表看法,团结各省市的评委统一认识,推选出优秀作文。遇到文情并茂、说理晓畅的作文,他常常情不自禁地加以赞叹,对小辈的爱护关怀、爱才惜才的感情溢于言表。我常常有这样的感觉,真正有学识、人品高尚的人绝不会摆气势压人的空架子,对从事普通劳动的工作者绝不会小视,而是立足于在和别人平等的位置上,以诚相待。由此我联想到数学家苏步青老教授。苏老名望极高,他教的一代代弟子在数学界成绩斐然。就是这样一位老教授,同样眼睛向下,极其关心中小学教育,教育引导青少年茁壮成长。他老人家曾屈驾领衔与我一起主编一套中学语文、数学学习方法指导的书,并亲撰序言,嘱我也就语文学习写一篇序言,我哪敢攀附,只能兢兢业业写篇后记。学识渊博、人格高尚的人不仅令人敬重,而且使人深深感悟到他们就在自己身边,了解自己工作中的欢乐与疾苦,可亲可近,不断教诲自己在人生的道路上迈步向前。

罗老学识广博,听他谈古说今,论及中外史事、现状,真使人感到"胜读十年书",有时简直是一种享受。罗老不仅主编了《汉语大词典》这样的鸿篇巨制,而且主编了《中国社会主义时期的宗教问题》《人·社会·宗教》《宗教学概论》《宗教通史简编》《宗教经籍选编》《上海杂文选》等书籍。有一次,日本宗教方面的友人来访,参观了玉佛寺、龙华古寺,明旸法师接待,我有幸聆听了罗老关于宗教政策、宗教教义等方面的宏论,他对宗教熟悉的程度令人折服。步出龙华古寺时,他对我说:"我们改革开放,宗教也是对外交流的一个方面,只要工作做得好,可以团结更多的人,促进我国建设事业的发展。"1996年在送别罗老的追悼会上,当我看到大厅门口中央安放着玉佛寺敬献的近丈高的大花篮时,罗老的声音仿佛又在耳边回响。

罗老善于团结各界人士,这是因为他心中有革命理想,有我们社会主义伟大的事业。罗老心中始终想着别人,因而别人对他深深怀念。而今,罗老已离开我们走了,我们中学界尤其是中语界同志碰面时,总会情不自禁地讲述罗老的故事,温习罗老的谆谆教导。永远镌刻在我们心头的是罗老对我们的真诚、真情,没有半点敷衍,没有丝毫虚情,他的人格闪耀着光芒!

安息吧,生活的强者

时间过得飞快,范泉先生逝世已一年了。回想起与他初次见面的情景,虽过去20多年,一切仍历历在目。特别是他的目光、神情和娓娓叙述的事件常在脑际浮现,令我难忘。

一个星期日的下午,我的语文同行徐宗琏老师带了一位老先生来找我,这位老先生就是范泉。我刚工作时,听学校一位语文教师孔彦英多次谈到他。孔老师是茅盾先生的妻弟,对文艺界三四十年代的事十分熟悉,听他讲许多掌故时,我们总是津津有味。他多次说到范泉先生会创作,有小说集和散文集,会翻译日本作家写的鲁迅的传记,会编文艺刊物,尤其是驰名文坛的大型文学刊物《文艺春秋》,是个才华横溢的文化人。当时,我年纪轻,在老教师面前很难有插嘴的机会,但是,听,是听得十分认真的。因而,在脑子里自然而然就形成了一个印象:此人一定才思敏捷,风流倜傥,起码是像《早春二月》中肖涧秋的形象。见面时一经介绍,我傻了,想象中的范先生和真实的范先生简直判若两人,我疑惑不解。他目光虽炯炯,但一脸凄苦的神情,使人不用猜测,就可体会到他境遇的艰难与痛苦。果真,他来找我,是希望我向有关方面反映他政治上遭受不公,流放青海20多年的情况,要求平反、纠偏,还他一个清白。当时,我是全国总工会的执行委员,有机会见到上海市总工

---

① 本文写于2000年。

会主席王林鹤同志和副主席李家齐同志,于是,慨然应允,积极为他奔波。我劝慰他,粉碎"四人帮",人民获得第二次解放,文化艺术的春天也必降临,只见他脸上掠过一丝微笑,临行时,他一再说:"我坚信,坚信,问题一定能公正解决,我还要写。"凄苦中露出了百般的坚毅。

党的好方针、好政策,使范泉先生获得了新生。20多年生命的压抑中蕴藏的能量如喷泉一般奔腾爆发,紧接着,捷报频传,他返回了上海,报章杂志上不断见到他撰写的文章,紧接着,挑起了皇皇2 000万字巨著《中国近代文学大系》总编的重担。他精力的旺盛、文字的功力、工作效率的快速、编撰诗文的累累硕果,达到令人难以想象的程度。一件件、一桩桩的事,作用于我的耳目,使我脑海里又逐步形成了一位新的范泉先生的形象:历经坎坷、艰苦备尝、大彻大悟的生活的强者,废寝忘食,孜孜矻矻,把生命融于祖国的文学事业中,以百倍的努力把失去的时间补偿过来,了却报效国家的心愿。这是压不垮、折不断的文化人的形象,留给后人忠于事业、学习做人的不尽的思考。

仅以上述感想奉献给范泉先生的在天之灵。

为人民服务[①]
——在上海市青年公务员"三诚"宣誓大会上的讲话

在阳光下,在人民英雄纪念碑前,看到青年公务员的胸前庄严地佩戴上"为人民服务"的徽章,我情不自禁地心头涌上了对我们开国总理周恩来同志的思念。周总理,是人民的公务员,为人民服务,鞠躬尽瘁,死而后已,把对祖国对人民的挚爱深情洒满人间。

今天,新世纪来临之际,青年公务员自觉地继承和发扬老一辈革命家创建的优秀传统,严格自律,拟定"三诚",展示社会正气,凝聚社会正气,弘扬社会正气,使我们心中燃起了无限希望的火焰。在兴奋、喜悦之余,谈几点希望。

一是心中要时刻装着老百姓,牢固树立公众意识。公务员就是为老百姓公众服务的人,为了老百姓的今天,也为了老百姓的明天,为了这一代,也为了下一代。心中装着老百姓,就会眼明心亮,是非分明,就会平等待人,就会与老百姓心灵沟通,鱼水情深。

二是要脚踏实地,从小事做起,一步一个脚印。心态要平静、平衡、开放。平静,就能清醒地估价自己;平衡,就能远离浮躁;开放,就能有敏锐的目光,看到别人的长处,虚怀若谷,容纳百川,积极进取。

三是要练就为人民服务的真本领,努力学习,刻苦钻研,精通业务,

---

① 本文发表于《青年报》2000年9月25日。

办事果断利索,开拓创新,不断提高工作质量。

  青年公务员同志,你们胸怀大志,充满青春活力,你们必定会用自己的思想、言行、气质、风度,把"为人民服务"的大文章谱写得灿烂辉煌。

脚　印[①]

我教了一辈子语文，留下了或深或浅的脚印，总体来说，遗憾多于成功，缺陷与不足经常相伴。正因为对自己的业务水平与教学能力有比较清醒的认识，所以我不断鞭策自己向书本学习、向同行学习、向自己的教育对象学习，勇于耕耘，勤于实践，兢兢业业，不敢有丝毫懈怠。

改行教语文。20世纪50年代末，因工作需要，我由教历史改为教语文。改行初期，致力于熟悉语文业务，尤其是高中阶段的语文业务。当时分三条线打功底。一是业余自修语法、修辞、逻辑等高中语文所涉及的有关知识，并以中外文学史为经线，阅读各个时代的名家名篇，以弥补教语文的先天不足。二是独立钻研教学大纲与语文教材，立足于自力更生，不依赖现成的教学参考书（当然，那时现成的教学参考书也极少），查阅各种资料，力求自己搞懂，绝不以其昏昏，使人昭昭。为此，备一篇教材常花几小时，乃至几十小时。三篇，五篇，八篇，十篇，几十篇，上百篇，开始尝到庖丁解牛的滋味。拿到文章，作者的思路，构思的来龙去脉，往往一看就清楚。三是锤炼自己的语言，讲究笔下的功夫。作为一名语文教师，应该"出口成章，下笔成文"，给学生做榜样。为此，下决心写详细教案，用比较规范的书面语言改造原本不够规范的口头语言。用以死求活的方法，力求教学语言准确、生动、流畅、有文采，能

[①] 本文是作者的教改小传。

像磁石吸铁一般吸引学生。写文章强调打腹稿,训练自己的逻辑思维,力争下笔成文,不打草稿。隔行如隔山,改行教语文十分吃力。为了打功底,可说是夜以继日地学习、工作,天天明灯伴我过午夜,这样,才勉强取得了当一名高中语文教师的资格。

跨出教改第一步。我在教学中发现程式化弊病严重,教师满堂灌,往往唱独角戏,学生被动承受,积极性难以发挥。于是,在60年代初,注重研究学生。"有的放矢"中"的"的情况如何,须认真研究。如果若明若暗,或闭着眼睛捉麻雀,必然是将"矢"乱放一通,效果不理想。于是,针对语文教学中的目中无人、烦琐哲学与形而上学的毛病,进行改革。此时,上海育才中学教学改革的成功经验公布,并广为传播。我趁此东风,信心更足,大胆探索,改革课堂教学,力求让学生学得活泼,学得主动,打破教师一言堂的局面。在上了一些公开课的基础上,又撰文,如《把语文课上得实惠一些,朴素一些》《再学育才中学改进教学方法经验的体会》等文章发表在《上海教育》杂志上。当时有代表性的课是教《民族的科学的大众的文化》,听课的同志达千人以上。经过这一段教改实践,脑子里牢固地树立了这样的观念,即教语文必须"胸中有书,目中有人"。教材要烂熟于心,如出自己之口、自己之心,学生情况要了如指掌,这样才能强主干、削枝蔓,充分调动学生学习语文的积极性,提高教学质量。

破坏与倒退。正当教学改革蓬勃发展之时,"文革"开始,教育遭到严重破坏,教改成果也遭到摧残。这十年,我主要带乱班乱年级,虽然也教语文,但无固定教材,教学改革更谈不上,这是教学与业务倒退的十年。

冲出暴风雨。粉碎"四人帮",教育迎来了第二个春天,语文教学也获得了解放。当时虽也常上公开课,但电视直播《海燕》的教学却是我彻底告别令人心悸的"十年动乱"的转折点,我感到心情无比的舒畅。

下面这篇文章是对当时情景的回忆。

冲出暴风雨

1977年10月19日。

金色的秋天。

南京路上海医药商店7楼上海电视台教育演播分室第一次向全市直播中学教师向学生授语文课的实况。虽然我曾经历过几百人听课的大场面,可算是身经百战,但当时上电视镜头是极稀罕的事,与那么多观众见面,对我来说,还是破天荒第一遭,心中着实有些紧张。

这是一间很简陋的演播室,除了灯光装置,四壁几乎萧条,十几张课桌和30来张椅子也十分破旧。布景是纸板制的墙壁,上面开了一扇窗,窗框上挂着五六条纸做的嫩绿色的柳丝,大概是增添几分生机与美感吧。通知我上课并负责演播现场的导演姓赵,看起来是个十分平实的人,话不多,一句是一句,没商量的余地,似乎开口之前都经过深思熟虑似的。一天下午,他作为不速之客来找我,谈明邀我上课的来意,并说明具体演播的时间,这一天中央台也首次开播上课实况,不能更改。我坦率地谈了自己的想法,希望能录下来再播,免得当堂出差错。他说:"那怎么成?我们没有摄像头,一个摄像头要几万元!"我哑口了。我问他用什么教材,他爽快地说:"你爱用什么教材就用什么教材,喜欢什么就教什么,随你的便!"顿时我有种获得解放的感觉,有如此的自由度,我高兴得几乎想跳起来。谁知他突然又补上一句:"明天,或者后天,我来听一听你的课,也看看同学上课的情况。"这个人可不是马大哈,心细着呢。

教什么呢?夜晚我辗转反侧,不能入睡,"十年动乱"急风暴雨对教育的摧残,对我这个当时还属于青年教师的栽赃与侮辱,一桩桩一幕幕又活现在眼前。"什么三八红旗手?是修正主义教育路线的黑旗手!"

"你为什么介绍学生读那么多杂志,那么多封、资、修的书?你为什么上那么多公开课?这是放毒,腐蚀学生!""你为什么给某学生配眼镜?为什么给某学生护膝?为什么把面条送到学生宿舍?那是居心不良、讨好、腐蚀。"为什么,为什么,罗列了许多罪状。起初我愕然,想辩解,然而怎么能辩呢?我刚动手术不久出院,辩,非被打个半死不可。我只得默然。谁知这又成了罪状。有人说:"问题不大,态度极坏,你给我从楼上跳下去。""不跳,除非你硬把我推下去!杀人是要偿命的。"我竟然毫无惧色地顶了一句,此人也无可奈何。当时,脑中有两点很鲜明:一是在一个文盲半文盲充斥的国家是不可能建设社会主义的,因此,教学生文化绝对没有错;二是要像海燕一样搏击暴风雨,乌云遮不住太阳,遮不住的,我坚信不疑。想到这里,决心来了,教《海燕》。

教材呢?清晨到学校图书馆去寻觅。所谓封、资、修的作品都被捆绑起来不得外借,高尔基的作品当然也逃不出同样的命运。图书馆老师非常热情,与我一起到堆书的地方——教学大楼二楼尾部一间不用的小厕所去找,翻上翻下,在一捆捆布满灰尘还来不及开禁的书堆里终于找到了它。于是,刻印,发给学生;于是,我拿着刻印的讲义,挑灯备课。

也许是心灵沟通的缘故吧,这次读教材的感觉与往日读该作品时很不一样。过去读它,与读其他名著的心情几乎差不多,怀着敬佩的心情,惊叹艺术技巧的高超。这次钻研,刻画海燕的一个个词语,一个个句子都活起来,跳动起来,海燕就是应该这样叫喊,应该这样飞翔,应该这样飞舞,用不了多少时间我就记得烂熟,因为它已活在我的心中。狂风、乌云、雷声、巨浪,自然界暴风雨在大海肆虐,愈演愈烈的情况与人间骤然刮起的暴风雨的情景有时竟然在脑中交织起来,难解难分,我只得理智地花气力把它们分开。课要教好,文中背景须铺垫得透,须层次分明地把握住发展的态势,怎能乱糟糟的?岂能感情用事?

学生那里也没少做工作，主要集中在两点。一是要求他们大胆，消除紧张，该读就读，该讲就讲，努力做到"旁若无人"；二是认真预习，多读几遍，有什么问题做上记号课上问，有什么体会讲义上记几个字，课上充分发表。

几天时间一眨眼过去。10月19日我和学生一同吃了早饭，乘公共汽车赴南京路演播室。学生端坐在临时布置的教室里，我拿着备课夹候在教室外，等导演的指令。灯陡然亮了，满屋通明，"开始！"我心紧缩了一下，立刻镇定下来，从容地走进教室。朗读，剖析，讨论，辅之以简明扼要的板书，学生十分投入，我也得心应手，进入忘我境地。"一会儿翅膀碰着波浪，一会儿箭一般地直冲向乌云……""看吧，它飞舞着，像个精灵，——高傲的、黑色的暴风雨的精灵，——它在大笑，它又在号叫……它笑那些乌云，它因为欢乐而号叫！"师生一起把无声的文字变成有声的语言，展现一幅幅暴风雨来临前怒吼的大海上海燕搏击的惊心动魄的图像，齐读到"这个敏感的精灵，——它从雷声的震怒里，早就听出了困乏，它深信，乌云是遮不住太阳，——是的，遮不住的！"群情振奋，语调高昂，自信、豪迈、欢乐、洋溢其间，这似乎已不是高尔基笔下的诗句，而是师生发自肺腑的心声。课在朗读全文中收煞，有学生风趣地说："我们刚从海边归来。"导演跷起大拇指对学生说："太好了！"

我兴冲冲地返家，那种冲出暴风雨精神上获得解放的喜悦似乎渗透到每个细胞，恨不能逢人便诉说。门是爱人开的，他是个古板正宗的读书人，对我经常公开教学，忙这忙那，很不以为然，总是泼冷水，不断降温。这次却一反常态，笑盈盈地说："我从未看你上过课，怕你上砸了，孩子不懂事，出去看戏了，我还有点紧张呢，看你进教室笑眯眯，镇定自若，我心也定了。九英寸黑白电视虽小，但还看得清楚。你哪里是上课？你是用生命在歌唱。"这倒是一语中的。三尺讲台无限爱，我爱学生，爱未来，爱蕴含着灿烂中华文化的语文。教课不是当旁观的评论员,只有用生命编织的,从心底里流出来的歌,才动听,才感人,才会如清澈明净的泉水叮叮咚咚流入学生的心田。

随后,我收到好些封从上海、从江苏、从浙江等地寄来的信,这些收看电视的老师和我虽素昧平生,但信中表露的却是共同的心声:冲出暴风雨,课堂里春风拂面,教育的第二个春天来到了。

1978年我被评为首批语文特级教师后,深感名实不符,于是在教学领域进一步深入探索。一方面努力学习教育、教学理论,广泛学习与语文学科有关的知识,不断充实自己;另一方面大胆实践,勤于改革,努力提高教学质量。从70年代末到80年代后期,上了近2 000节公开课,几乎每节课都公开,听课的少则一二十人,多则数百人,压力很大。同行及专家们的指导与鞭策,迫使我刻苦钻研,面向全体学生,力求月月有进步,年年有长进。

《中学语文教学探索》一书是70年代末教学经验的总结。当时教学任务及社会工作极忙,腾不出手自己写,于是每周讲半天,由《上海教育》杂志徐金海、金正扬两同志录音记录,再进行整理。为总结经验,他们二人听了许多课,开了许多座谈会。正因为有他们的无私奉献,我才较早地出版了总结教学经验的专集。每想到此,心中总怀着感激之情。

为了切实让学生做学习语文的主人,我大力改进教学方法,在激发兴趣、激发求知欲及情感教育上下功夫。因为教有成效,学生对语文学习兴趣浓厚,教学效率提高。1979年发表的《兴趣·感情·求知欲》一文基本反映了我当时的语文教学思想,或者说,此时"以兴趣为先导"的思想已在脑中形成。

为了培养社会主义建设者,必须开发学生的智力,使他们思维活跃,有主见,有创见。教师的本领不在于把学生当容器,不在于让学生亦步亦趋，而应该发展他们的个性，在自己动脑筋、自学语文方面向前迈一步。教师的本领在于把学生越教越聪明。凡有成就的人都是勤于思考、善于思考的人，而这种思考的能力、思考的习惯又应从小培养。于是，在80年代初确立了以语言训练和思维训练为核心的做法，在训练学生语文能力的同时，培养他们爱思、多思、善思的能力与习惯。

教文要服从育人的大目标。面对21世纪的人才需要，中学必须打下良好的素质基础，而在培养学生良好的思想道德素质和科学文化素质方面，语文教学肩负着特有的、其他学科不能代替的重任。因此，"文"怎么教始终是必须精心研究的问题。90年代中期发表的《弘扬人文，改革弊端——关于语文教育性质观的反思》和《语文教学要讲求综合效应》等论文，代表了我对这个问题的思考和探索，也是对自己的教学经验的一个新的总结。一是教学观念的更新，必须教在今天，想到明天，以明日建设者的要求来指导今日的教学工作。二是对语文学科的性质进行认真而深入的研究，准确地、科学地加以阐释，还其本来面貌。为了切实提高教学质量，实现教文育人的目的，根据语文学科的性质与任务，强调教学要立体化，发挥多功能的作用，讲究教学的节奏与容量，讲究千方百计提高教学效率。三是大力改进课堂结构，由单向型的直线往复式转换成为网络式、辐射型。四是重视课外阵地的作用，用相当力量抓课外阅读与社会实践活动，开阔视野，增长见识，注意积累，锻炼认识生活的能力，培养热爱生活的感情。

下面这篇小文，是我在探索中留下的足迹，从中可以看出我的所爱，我的所求。

镌　　刻

教室里鸦雀无声。"……啊！这最后一课，我真永远忘不了！"看起来刚才小陆满怀感情的朗读深深感染了同学。

"当、当、当……",录音机里突然传出了敲钟声,沉重,遥远。趁同学惊诧之际,我出示一张韩麦尔先生写完"法兰西万岁"五个大字后的彩色图片。要求学生图文对照,仔细观察,仔细阅读,要求学生在理解的基础上用饱含感情的语言描述课堂上庄严肃穆的场景,描述韩麦尔的神情、语言、动作,以及他内心的痛楚和期望,描述此时此刻小弗朗士的心情和感受,说明这个场景在"最后一课"中的地位和作用。

学生观察,阅读,情不自禁地朗读,极其认真地寻找"惊人"的语言来表述自己的看法——

"这是一个令人心碎的场景,真的,令人心碎!"

"教堂的钟声,祈祷的钟声,普鲁士兵的号声,是驱赶韩麦尔出课堂、出学校的最后信号,所以他难过到极点,脸色惨白……"

"他心里乱极了,他要和同学们作最后的告别,但痛苦使他的喉咙哽住,不能用语言表达。'我的朋友们啊',说明他对同学、对镇上的人爱极了,留恋极了。"

"他只向学生做了一个手势,话也不说,其实,坐在课堂上的人心里都明白,韩麦尔被迫离开学生、离开家乡,痛苦极了。我觉得这里是'此时无声胜有声'。"

"写'法兰西万岁'五个大字的情景激动人心。这五个大字是韩麦尔使出全身的力量写的。他把丧失故土的痛楚,把对侵略者的仇恨,对自己祖国的热爱,对恢复失地的向往和信念,都凝聚在里面了。"

"韩麦尔的神情、写的字,使小弗朗士更加震动了,他一下子长大了,他从没有这样敬仰他的老师,老师对祖国故土一往情深的热爱使他感动不已。"

"这个场景是'最后一课'的高潮,我要是小弗朗士,这一课我真的永远忘不了。"

"我不是小弗朗士,我也忘不了。"

……

对同学们的畅所欲言,我大加赞扬,并参加他们的行列,谈一段亲身经历。那是在"七七事变"后,日本侵略者的铁蹄长驱直入,家乡危在旦夕,小学即将解散。一天下午,音乐老师教我们唱《苏武牧羊》,"苏武留胡节不辱,雪地又冰天,苦忍十九年……",尽管曲调温柔敦厚,节拍缓慢,但老师却教得那么激动,我们这些七八岁的孩子被深深感染了,心中第一次闯进了"祖国""气节""亡国奴"这些字眼,似乎一下子长大了许多。从此,这首歌不断在我胸中激荡,构成了生命的一部分。现在想来,在中华民族到了最危险的时候,老师用"心"在歌唱,唤起我们幼小心灵的觉醒。就像小弗朗士一样,这一课,我永远忘不了。

同学们屏息静听,心弦拨动。

课文中的最后场景是掀起高潮,在学生心中留下不可磨灭的印象,还是教成尾声,一带而过,须认真思考,正确把握。按故事情节的发展,不言而喻,应是高潮;分析学生的心态,掀起高潮不易。按照文章写法的习惯轨道,"啊!这最后一课,我真永远忘不了!"是煞尾之句,学生读到这里,容易误解为主要内容已完,末尾不过是交代几句而已。这是继续学好课文的心理障碍。再说,课文中渲染的不平常的、严肃的气氛,韩麦尔的不寻常的服饰与神态,法语课上言简意深的教导,习字课上从字帖引起的想象……犹如波峰迭起,学生一直处于兴奋状态,读到"我真永远忘不了"很容易自我调节,思维的弦松弛下来。为此,须巧妙地"引",大胆地"放"。聚意点"睛",才能发挥这部分课文的教育功能和训练价值,落实教学目的。

引。声像并举,引入高潮。在学生朗读刚停,寂静笼罩课堂的刹那间,骤然响起"当、当……"的钟声,使学生既怔又诧,全神贯注。学生注意力刚集中,出示有关彩图,诉之于他们的视觉,激发学习兴趣。

放。以形激思，深究主题，放手让学生眼看、耳听、口述、心思，发挥学习的主动性。场景蕴含的深意是通过鲜明的形象来反映的，从形象推敲入手，可激发学生积极思考，加深对主题的探讨和领悟。初一学生因知识与能力水平所限，综合分析有一定困难，采用三个"描述"、一个"说明"展开讨论，可连点成线，连线成体。学生力所能及，思维活跃，气氛热烈，既锻炼了阅读分析能力和口头表达能力，观察力、思维力、想象力、创新力也相应获得发展。学生注意力高度集中，前半部分课文的学习又为领悟主题蓄了势，描述时常有"神来之笔"，闪烁出智慧的火花。

点睛。以情激情，在学生心田弹奏爱国主义最强音。韩麦尔向故土、亲人告别的庄严而令人心碎的场景发生在19世纪的法国，然而那种强烈的爱国主义精神是人类最美好的感情，教学中要着力"移情"，在学生心中激起强音。一以文中之情激学生之情，二以自己胸中之情点燃学生爱国火焰。聚意点"睛"，站在学生之中交流真切的感受，叩击心弦，传情激情，熏陶感染。

40多年的风风雨雨过去了。如果说我在教学改革的征途上有点进步的话，那是由于时代的召唤、历史责任感和使命感的驱使，那是由于语文同行奋发向上、积极改革，给我以博采众长的机会，更是由于受可爱的学生成长、成才、成功的渴望鞭策。学生只有一个宝贵的青春，这无价的青春交给我们教师来塑造，我们怎能不为了学生的明天而奋发向前、孜孜以求呢？语言文字是民族文化的根，引导学生从小热爱它、掌握它，他们一辈子都会受用不尽。作为语文教学的普通一兵，我永远感到责任重大，也永远感到自豪和幸福！

往事依依[①]

年华似流水。几十年过去,不少事情已经模糊,有的搜索枯肠而不可得,但有几件事仍历历在目,至今记忆犹新。

小时候,我住的小屋里挂着一幅山水画。这只是一幅极普通的画,清晨看到,晚上看到,一天少说看到三四次,竟百看不厌。有时凝视久了,自己也仿佛进入画中,"徜徉于山水之间",甚得其乐。入了神,自然乐在其中。家里有一部《评注图像水浒传》,一打开,就被一幅幅插图吸引住了。梁山雄伟险峻,水泊烟波浩渺,水面有无边无际的芦苇,山上有一排排大房子……这一切,在我幼小的心灵里好像就是家乡长江边焦山一带。那时读《水浒传》,会不知不觉把焦山一带风景当作梁山泊背景,我似乎目睹何涛、黄安率领的官军在茫茫荡荡的焦山下,在芦苇水港中走投无路、狼狈逃窜的情景,犹如身历其境,真是津津有味。以后年龄增长,也曾重读《水浒传》,虽然理解比小时候深入,但是形象却不如那时鲜明。后来才懂得,这就是形象思维的作用,生动的形象可以形成深刻的记忆。

学生时代的生活乐趣,很大程度来自读书。书,给我以广阔的天地,而其中编织我童年美丽的生活花环的,竟是一本让人看不上眼的石

[①] 本文收录于《义务教育课程标准实验教科书语文》(七年级上册)(江苏教育出版社 2001 年版),是一篇作者回忆少年时代读书生活的优美散文。

印本《千家诗》。

　　祖国的大地山川气象万千,家乡的山山水水也美丽非凡。一年之中,风光流转,阴晴雨晦,丽日蓝天,风云变幻,真是美不胜收。《千家诗》中很大部分诗歌歌咏祖国风物,按春夏秋冬时序编排,打开书往下念,四季风光就活生生地展现在眼前:"万紫千红总是春","春城无处不飞花";"绿树阴浓夏日长","五月榴花照眼明";"青女素娥俱耐冷,月中霜里斗婵娟";"梅雪争春未肯降,骚人搁笔费评章"……吟诵这些诗句,春花秋月,夏云冬雪,一年四季都沉醉在诗的意境之中。诗句中丰富的颜色给生活涂上了绚丽的色彩:"红紫芳菲""橙黄橘绿""黄鹂鸣翠柳""白鹭上青天",令人眼花缭乱,心旷神怡。脑海里常常浮现五彩纷呈的世界,沉浸在美的享受中,生活情趣浓浓郁郁。

　　老师入情入理的讲课也在我心上雕镂下深刻的印象,培养了我课外阅读的兴趣。国文老师教古文喜欢大声朗诵。记得一次教辛弃疾的词《南乡子·登京口北固亭有怀》,老师朗诵时头与肩膀左右摇摆着,真是悲歌慷慨,我们这些做学生的,爱国情怀油然而生。此后我每次登上满眼风光的北固楼,望着滚滚长江水,回顾千古兴亡事,总是感慨万端。不用说,这首词我至今还能背得滚瓜烂熟。我就是从那时开始爱读辛弃疾词的。也是在初中读书时,来了一位代课的国文老师,是年轻的新派人,他喜欢教白话文。有一次,教到田汉《南归》中的诗:"模糊的村庄已在面前/礼拜堂的塔尖高耸昂然/依稀是十年前的园柳/屋顶上寂寞地飘着炊烟……"老师朗诵着,进入了角色,那深深感动的神情凝注在眼睛里。这种感情传染了整个教室,一堂鸦雀无声,大家都被深深感动了。这几句诗镌刻在我心上,几十年过去,至今还能信口背出。此后,我对新文学更有兴趣,读了许多有名的中外小说,开阔了眼界,使自己的心与时代更加贴近了。如今只要稍一回忆,就仿佛看到国文老师那左右摇晃的身子和那注满情思的眼睛。

老师常对我们说:"你们光念几篇课文是远远不够的,课外要有计划地认认真真读点好书;多读书,读好书,能丰富知识,增添智慧,成为一个志趣高尚的人。"谆谆教导铭刻在心,使我一生受用不尽。

往事依依,金色的回忆唤起我的青春激情,催我不断奋进。

青春无价[1]

有位年轻朋友郑重其事地问我："老师，青春是什么？"我毫不思索地脱口而出："青春无价！"这岂不是答非所问？大概不是，从下面几个故事中，您可能会找到两者之间互通的奥秘。

春二三月，江南草长，杂花生树，群莺乱飞。一个周日下午，三五同学约游京口北固亭。跑啊，跑啊，那股兴奋的劲儿难以言表。登上北固亭，面临滔滔滚滚的长江水，有的同学诗兴大发，高声吟诵："何处望神州？满眼风光北固楼。千古兴亡多少事？悠悠。不尽长江滚滚流。年少万兜鍪，坐断东南战未休。天下英雄谁敌手？曹刘。生子当如孙仲谋。"语文教师在课堂上声情并茂教的《南乡子·登京口北固亭有怀》，深深镌刻在学子的心上，从个人的慷慨激昂到几个人集体背诵，声音的振幅，振到山，振到水，山水有情人有情，热爱祖国的感情油然而生。不知是谁说了一句："闻一多先生的《一句话》好极了，简直是心灵的喷涌，激动人心。"有两个同学不知道，于是，你一句我一句，把它凑完整，写在纸条上。接着，大家又齐声诵读起来：

---

[1] 本文发表于《中文自修》2001年第1期。在一次江苏省举行的语文新教材教学培训研讨会上，江苏省淮阴市涟水县的高辉老师给作者写信说："于老师，您用无比美妙的声音，充满真知灼见的妙语，娓娓地讲述着人的、爱的、美的教育艺术，我无比敬佩您。"短信表达了高辉老师对作者的敬爱之情，内里有着对于漪教育思想的理解，也反映了广大语文教师的心声。《中文自修》从这一期起，开设了"于漪笔记"专栏，这些文章也可以说是作者专门为青年教师所写的。

> 有一句话说出就是祸,
> 有一句话能点得着火。
> 别看五千年没有说破,
> 你猜得透火山的缄默?
> 说不定是突然着了魔,
> 突然青天里一个霹雳,
> 爆一声:
> "咱们的中国!"
>
> 这话教我今天怎么说?
> 你不信铁树开花也可,
> 那么有一句话你听着:
> 等火山忍不住了缄默,
> 不要发抖,伸舌头,顿脚,
> 等到青天里一个霹雳,
> 爆一声:
> "咱们的中国!"

同学们读得热血沸腾,两颊绯红。他们读的是民族的呐喊,表露的是缄默的中国蕴藏着的惊天动地的巨大力量。

从辛弃疾的词到闻一多的诗,从小乔初嫁的周郎到羽扇纶巾的诸葛亮,从历代多少兴亡事到浪淘尽千古风流人物,谈见解,摆看法,一个个俨然是救国济世之才。争论,平息,再争论,又平息,起起伏伏,青春在胸中涌动。下北固山时,夕阳余晖相伴,反衬着生命力的无比旺盛。

半个世纪以前,即使是省立中学,住宿的条件也极差,一间寝室只有一个榻榻米,没有床,十个同学挤在上面,被褥紧挨着被褥。生活上的照顾、谦让,学习上的互帮互学屡见不鲜。水是金贵的,吊一桶井水上来,总不会忘记给晚来的同学留着。汲深井之水需力气,男同学常自觉勇挑重担;咸菜炒肉丝是节日的加菜,八人一桌站着吃(无凳子),总要留几筷给晚来的同学;点蜡烛是一种奢侈,家境略好的同学带来考前复习用,总不忘给视力差的同学点一支。

高三毕业考来临,教室里欢声笑语稀少了,代替它的是静谧、全神贯注和很少的窃窃私语。一天,上英语课,教室里突然"爆炸"起来。头发花白的老师不仅严格,而且十分固执,他的话就是"圣旨",说了算,怎么商量他都不会更改。这天,他突然宣布,课本上所有的内容都要考,每篇文章都要背出来。同学们不约而同地叫了起来。怎么得了?平时不要求篇篇背诵,这次来个突然袭击,考的科目那么多,岂不是要逼死人?讨价还价是绝对没有效果的,吵闹更是无用,只得"认"了。开夜车,挑烛夜战,说也奇怪,一个通宵,硬是把一本书强记在心。年轻人的记忆力就那么厉害,那么神奇。第二天,同学之间相互背诵,你一句,我一句,你一篇,我一篇,相视而笑,真是先苦后甜,妙在不言中。

最快乐的莫过于一学年结束时的全校文娱晚会,精心准备的忙碌劲儿就甭说了。特别是考试结束到发成绩报告单之间,那几天,学校简直成了文艺的海洋,教室里、寝室里、操场上、饭厅里;拉胡琴的、吹笛子的、背台词的、编舞蹈的,似乎一个个都是文艺天才。最辛苦的要算编导,他们人数虽不多,但确实有才华。他们写,他们说,他们调动各种各样的角色,一个个节目几乎都出于他们的手。教师不出面,也不插手,一切由学生自主;什么道具,什么服装,一切由学生解决。各个班级的班长就是组织节目的"头",他们是调遣每个学生发挥不同作用的大将。台在露天,是饭桌和课桌搭成的,幕布由一块块大床单缝制而成,台的四周挂了好些汽油灯,晚上,多灯齐亮,倒也巍巍乎壮哉。演员们尽量发挥各自的才能。一曲二胡伴奏的白居易的《花非花》,倾倒全场观众,那优美的诗句"花非花,雾非雾。夜半来,天明去。来如春梦几多时,去似朝云无觅处",伴随着低回缠绵的琴音在夜空中飘荡,是梦?是真?是追思?是惋惜?留给大家不尽的遐想。瞬间,幽静被满场大笑声所代替。原来两位男同学在抬到台上的大黑板上演算数学题:一个方、两个圆、一个三角、一个横卧的长方,"啊呀!怎么来了两位数学老师!"同学们叫了起来。黑板上又出现了一个个漫画式的头像,是大家都熟知的人物,妙极!有的同学笑得捧着肚子,有的眼泪往下挂。欢乐,欢乐,心底开放的花。

  青春,初味人生的年华,民族情、报国志、乡情、师情、友情,都是那么炽热,那么纯真,那么多彩。在众多美好情感的熏陶下,长身体,长本领,长智慧,长才华。青春是无价宝,就在你的脸上,就在你的心中,就在你的身边。抓住它,千百倍地珍爱它,它会给你创造一辈子享用不尽的精神财富,千万别让它从你手指缝里随着时光的推移而流失。年轻的朋友,什么是青春,您明白了吗?

当五星红旗升起的时候

当国歌奏响,五星红旗冉冉升起的时候,每个同学心里想的是什么呢?也许想到卫星发射,火箭升空,也许想到排除冰川,征服南极,也许想到奥运健儿超越自我,勇夺金牌,总之,为国增威、为国争荣的思潮翻滚。当然,也可能有人在想自己的私事,也可能面对国旗,脑子一片空白。这是为什么?这是一种怎么样的区别呢?想与不想,想什么,乍看是"思"的区别,实质是"情"的区别,是感情、热情、激情的区别。

写文章的人都知道,不精不诚,不能动人。白居易说过,情是根,言是苗。情动于中而言溢于外。写文章尚且如此,何况做人?同学们进学校求学,就是学做人的真心,学做人的真情,学做事的真本领。当五星红旗冉冉升起在蓝天下飘扬的时候,你应该情不自禁地想到无数革命先烈在向你诉说历史,对你寄以无限的期望;你应该情不自禁地想到无数革命前辈艰辛地创建今日的成就,期盼你快快成长;你应该满怀豪情地憧憬未来,强烈地意识到国家富强,匹夫有责。你可以想得很多很多,也应该想得很多很多,做热血的中华儿女,不为世俗流行的笼罩的小利、私利蒙蔽了做人的准则,冷却了纯真的心。

升旗仪式,不是一般仪式,更不是形式。升旗,对我们每个同学来说,是人生的洗礼,它不断教育我们从小要有赤子心,赤子情,为亲爱的祖国争光，为人类做贡献。

　　同学们，愿你们自觉地从冉冉升起的红旗里吮吸丰盛的精神养料，滋润自己茁壮成长！

求知乐无穷[1]

往昔年少乐事多,同伴的踢毽、跳绳争优胜,野外的尽情奔跑呼叫,学习缝衣做鞋的紧张与笨拙,无不充满生机,充满乐趣。然而,最使我难忘,并终身受益的,莫过于求知了。

在我的眼前,一切事物都是新奇的。大自然的风、雨、雷、电,我想问个究竟,弄清楚它们是怎么来的;花、草、树、木,我要查一查它们的姓名和兄弟姐妹;鸟、鱼、兽、虫,同样要观察、查询,了解形状,了解习性。社会上的事接触不多,但少年世界中的友情、争执乃至恶作剧,也是够咀嚼回味的。至于反映社会生活的童话、小说、散文,对我更是有无穷的吸引力,我可以废寝忘食地阅读。记得第一次看到巴金写的《家》,我急不可待地读了一夜,为小说中的各色人物时而忧时而愤时而喜时而悲,那份投入,那份欢乐,难以用语言表达。

知识能给人以精神的养料,它能驱除愚昧,启迪智慧,助人立志,陶冶性情。青少年时代是求知的黄金时代,从小学的东西如手脚长在自己的身体上一样,运用自如,经久不忘。

求知,就要在"求"上下功夫。"求",就要动脑筋,发挥自己的主动性、积极性。如果处于被动地位,忙于应付,不仅学习效果不理想,而且兴趣索然,味同嚼蜡。几十年前的我,学习是带着极为浓厚的兴趣的。

---

[1] 本文发表于《顺德教育》2001年第3期,是"于漪基础教育论稿"之一。

比如学习鲁迅《故乡》，语文老师用带着感情的生动的语言描述少年闰土出现在月下瓜田美景的情景时，我神往了。我一边读课文，一边脑子里在画图画，天空的色彩是深蓝的，上面挂着一轮金黄的圆月，地上是一望无际的碧绿的瓜地，画着画着，画中闯入了一位十一二岁的少年，英姿勃勃，虎虎有生气，手上握着一把闪亮的钢叉，向偷瓜的敌人——猹——奋力刺去……这是一幅活动的画，有漂亮的色彩，景中有人，人在景中。作者写画，老师说画，我在脑中画画，把无声的文字变成有色彩的形象，印象深刻，一下子就理解了课文。从此，我懂得了阅读不能只局限于理解词句，要开展想象，补充自己的生活经验，把平面的文字立体化起来。当我一旦领悟到这一点时，不仅课文学得比过去深入，心里更是乐开了花。

开展想象不仅要动脑子，而且要调动自己的感觉器官，眼看、耳听、鼻嗅，做到如见其人，如闻其声，如嗅其味。《社戏》一文中月下行舟的情景，只要开展想象，不仅可看到双喜、阿发拔篙、点开船、摇橹，看到朦胧的月色，往船尾跑的铁的兽脊似的连山，听到嚷声、说笑声、潺潺的船头激水声，婉转、悠扬的横笛声，而且闻到豆麦和水草的清香。调动自己的感觉器官与思维器官去阅读，人就身历其境，如入画中，对作者绘景写人的高超的技巧就能心领神会，乐在其中。

动脑筋最为重要的是善于发现问题，发现问题后还要寻求解决问题的途径。要解决问题就要学会分析，无论是语文还是数学，都不可人云亦云。人云亦云不开动脑筋，往往不是真懂，文字上稍有变化，数学题稍有变化，就会产生瞠目结舌之困。比如朱熹的《训学斋规》中写道："余尝谓，读书有三到，谓心到，眼到，口到。心不在此，则眼不看仔细，心眼既不专一，却只漫浪诵读，决不能记，记亦不能久也。三到之中，心到最急。心既到矣，眼口岂不到乎？"读了这一段，我立刻产生疑问：为什么"三到之中，心到最急"？读书当然首先是眼到，眼睛不看，心怎么到？"急"在这儿是什么意思？因为有疑问,阅读时就特别用脑筋。反复阅读、思考、弄明白这几句话的要点:强调读书最要紧的是心到,要专心致志。心不到,就会视而不见,读而难记。作者把心到、眼到、口到三者之间的关系说得十分明白。自己有疑问,读一读,想一想,查查工具书,就会有本在胡同里摸索,后突然步入大街豁然开朗的快感。

同学之间解代数题、解几何题常为角度与方法不同而争论,也是十分快乐的事。平面几何加辅助线常给人以别有洞天的感觉。有的题目看起来是"铜墙铁壁",不知从哪里攀登才会破门而入,有时冥思苦想,不得其解,突然契机来到,连线、求证,逻辑推理,得来全不费功夫。按捺不住心情的激动,向别人津津有味地述说解题的欢乐。

做一名有科学文化素质的人必须重视积累。读书,脑子不能像漏斗,前学后忘;不能浮光掠影,飘飘然不留痕迹。有些数学定理、公式要牢记在心,解题时能像水往下流一样,毫不费力;有些美诗佳文要熟读成诵,牢记不忘。诗文中包蕴的文化,包括做人的道理、为学的执着追求、辞章的天衣无缝、语言的精彩练达,都会伴随着记忆流入心田。熟读,背诵,切不可小和尚念经,有口无心。否则,事倍而功半,时间花得很多,收效甚微。那时,我们背诵,一是弄懂,在理解的基础上记忆。整段说什么,先说什么,再说什么,最后说什么,脑子里有个纲目表,梳理得一清二楚。由段再扩充到篇,写得精彩的段落特别多读几遍,加强印象。理解得好,背诵起来很方便。二是寓背诵于游戏之中。两三个好朋友拿起一篇课文,接龙式地背,一人背几句,连续不断,谁接得疙疙瘩瘩,谁背得不熟或背不出来,就罚。接龙式地背,很紧张,你必须紧张地听别人背,又必须自己立即跟上去,思想如果开小差,就会出差错,就会受罚。至今我还记得当初接龙背的令人捧腹大笑的情景。尽管由一本正经到嘻嘻哈哈,乃至打打闹闹,但毕竟背诵了不少名句名段名篇,今日好些名句能脱口而出,很得益于当初记忆的功劳。人脑仓库里"货物"越丰富越充实,这个人就越有文化素养,越能向愚蠢告别。否则,脑中除了沙漠一无所有,那就糟了。我们要做脑仓廪富实的人,从小重视积累,并做到坚持不懈。

如今,科学技术迅猛发展,新信息层出不穷,我们有志的青少年更应如饥似渴地学习。学习是辛苦的,但苦中有乐,当你开动脑筋解开一道难题、理解一个定理、记住一段名言、写出一篇佳作时,那种快乐,那种豪情,只有亲身实践,才会深深体会其中的滋味。少年朋友,如若不信,你们可以试试,我等待你们更上一层楼的佳音。

让生命与使命结伴同行[①]

50年来我一直追求的就是德才识能全面素质的提高,而最为重要的就是人格的力量。几十年来我追求教师人格的力量,做了以下三方面工作。

自 我 认 识

清醒地认识自己,是追求教师人格力量的前提。中国有句古话:"人贵有自知之明",因为认识自己很难,所以才可贵。我有两把尺子,一把尺子量别人的长处,一把尺子量自己的不足。我的教育教学经验说到底,都是学大家的,或者说是"偷"大家的。我每听一节课,包括听我徒弟的、听青年教师的课,都是张开我的感官,运用我的思维器官去学习,因为我信奉"博采众长"。一个人的智慧是有限的,大家的智慧是无穷的。我听报告,跟人家谈话,总是要拿这把尺子量别人的长处。比如,在"文革"前,我长期教高二、高三,粉碎"四人帮"之后,教了一届高中,因为要培养青年骨干教师,我又带初中。我第一次听高润华老师的

[①] 本文发表于《中国小学语文教学论坛》(全国小语会会刊)2002年第2期,是2001年9月作者在"于漪教育思想暨从教50周年学术研讨会"上的发言。教师,对作者来说既是一种职业,也是一种人生理想,是一个需要以整个生命去拥抱的伟大事业。树中华教师之魂,立民族教育之根,也就成为作者毕生的不朽使命。"育人是一代师表,教改是一面旗帜",这是原教育部总督学柳斌同志对作者的评价。

课,发觉她的学生在课上背古诗词背得那么熟,心中很震撼,心想我怎么就没想到呢。古诗词是我们中国优秀文化的精华,应该用它来哺育学生成长。因此我常常这样问自己:我怎么没有想到呢?我怎么没有想得那么深呢?我怎么就不懂呢?又如,我觉得教母语一定要与外国人教母语比较,但是我只停留在一些零零碎碎的、片段的比较上。比如中国人怎么学母语,外国人怎么学汉语,外国人怎么学他自己的母语,中国人怎么学外语,我想得很多,也作了一些零星的比较,不成系统,认识肤浅。有一次我看到洪宗礼先生主编的中外母语比较研究的洋洋大作,深感汗颜。他怎么就想得那么深、那么细,那是努力呀!还有把尺子,是量自己的不足。我自认为教课是认真的,课前认真备课,真有点像张志公先生讲的那样着了魔。我先拼命钻研教材、研究学生,然后把上课的每句话都背出来,再口语化。我洗衣服在考虑,拣菜在考虑,乘车也在考虑,乘过站是常有的事。我怎么讲,学生听得才舒服,学得才愉快?可每次上完课,我总是觉得这里不行、那里不行,都是不足和缺陷,于是我再写下"教后记",就是记下学生学习的闪光点,记下自己教学的不足。这样用两把尺子量,我就能清醒地认识自己。又如,有的应该属于常识问题,我长时间用错而不知。讲音乐,说"下里巴人"是通俗的、低级的,说"阳春白雪"是高级的、高雅的,可是有一次我读宋玉的《对楚王问》,才发现我理解得多么不精确。他说"客有歌于郢中者",唱到《下里巴人》的时候,"国中属而和者数千人",唱到《阳春白雪》时,"属而和者"不过数十人,而"引商刻羽,杂以流徵"的时候,"属而和者"不过数人而已。因此"阳春白雪"是次高级,我一直就认为它是最高级,可见自己知识很浅薄。在教课时,我一直告诫自己不能错,因为你一错,孩子就跟着错,有时会错一辈子。因为基础教育是伴随人终身的,它教的是知识的核,你错了,有的时候学生改不过来就错终生。由于自己的认识水平有限,自己的学识浅薄,往往只知其一、不知其二,毛病很多。在长期的教学实践中,我深深体会到教师的字典里永远没有一个"够"字,说我已经够了、不错了,这是不可能的。教育是为未来培养人才,要跟着时代前进,怎么会够呢?正是由于这样,所以我横比竖比,量别人,量自己,越比越觉得自己有向前奔跑的动力。我觉得做老师,别人的教育是其次的,最重要的还是自己内在的动力。

自 我 挑 战

我要追求人格的力量,就要不断自我挑战,这是形成人格力量的途径。德国教育家第斯多惠说:"教育者必须在他自身和自己的使命中找到真正的教育的最强烈的刺激。"这最强烈的刺激就是自我教育。故应把自我教育作为终身的任务。做了一辈子教师,一辈子学做教师,我能不能做一名合格的教师,就看我一辈子怎么努力学做教师。我一辈子学做教师有两根支柱:第一根支柱是勤于学习,第二根支柱是勇于实践。两根支柱的聚集点就是不断地反思。教育事业,是非常丰富又是非常复杂的,现在做老师一定要有时代活水。有这样一个比喻:"给学生一杯水,教师要有一桶水。"我是不大同意这个比喻的,因为你这桶水是不是陈旧了,是否有污染,恐怕很值得研究。我们学过的东西随着时代的发展有些已经束之高阁,大量新的信息、新的知识要自己掌握,因此教师学习必须如长流水,教师一定要有丰富的智力生活,不断学习。"半亩方塘一鉴开,天光云影共徘徊。问渠那得清如许,为有源头活水来",自己不天天学习、月月学习,哪里来的源头活水?

(1)学习。首先,重要的理论要反复学。重要的理论是精神支柱和精神食粮,要学懂。每次学小平同志的"三个面向"、江总书记的"三个代表"和"四个坚持",我总是热血沸腾。我们的教育一定要面向世界,面向世界就一定要跟人家比,跟先进的、卓越的比,比民族的志气和民族的自尊。靠谁?靠每一个有志青年、每一个有志的老师和学生。其次,要紧扣业务深入学。有时我觉得对某些问题好像是懂了,其实不然,读了一些大学者、大专家的文章,才茅塞顿开。钱锺书先生学问博大精深,哪怕讲一个诗句也会使你感到别有洞天。他说苏东坡有一个写牡丹花的诗句"一朵妖红翠欲流"。牡丹是红的,怎么是"翠欲流"呢?这位学贯中西的学问家是这样分析的,他说,诗里用颜色的字好像用兵一样,虚虚实实、实实虚虚,红是实的、翠是虚的,虚实交映、红绿错综,就造成一种幻觉,这就是文字艺术的功力,文字艺术的巧妙要比造型艺术还要强得多。我读后大为感叹。学问真是如海洋,我体会到教海无涯学为舟。作为基础教育的老师,学问不要求高深,但要求基础扎实广泛。最后,要开阔视野广泛学。我们那时学物理是牛顿,后来爱因斯坦做了挑战,而现在霍金又做了新的挑战。我想作为老师不仅要有人文知识,而且要有自然科学知识,否则就无发言权,就没办法与学生沟通。

(2)实践。教师每天耕耘是实践,在实践中我不断反思自己的不足。我记得教66届高一时,有名学生在作文中写一个老头,他为刻意求工,想把这个人写得很形象,就用了一个比喻,说老人的胡子像牡丹花一样很美。比喻用得不当,讲评作文时我就把这件事说了,说用比喻一定要恰当。事隔几年,他已是名律师,他对我说:"于老师,你这句话让我掉到冰窟里。如果当时有地洞,我一定钻进去。"我怎么也没想到我不经意的一句话就这样挫伤了学生,这就成了我终生的遗憾。教育过去就过去了,难以弥补,不是衣服破了打个补丁。开始我在教语文时也认为语文是交际工具,就是培养学生的语言文字能力。但随着时代发展,我的认识就不一样了,我觉得自己的认识很肤浅,语言文字和思想、情感同时发生,它就是文化的组成部分。仓颉造字,"天雨粟,鬼夜哭",从此人类社会进入文明,我怎么能只把它看作为技能技巧呢?我就自我否定。语言文字里有民族的情结,我们中华几千年优秀文化的精华积淀在我们的语言文字中,因此它是民族文化的根,是我们民族的命根子。我不断反思,这样一个人文的学科,千万不能把它教成技能技巧,重术轻人。所以我教了一辈子,一辈子在反思。正如罗曼·罗兰所讲"这累累的创伤就标志着你生命前进的一步"。我确实是累累创伤,我随便打开自己的文章、教案,可以讲出很多不足和缺陷,但正是这些缺陷、不足,激励我向前奔跑。"思想升华,感情净化",我追求这八个字,力求做到教师要有人格的力量。当然,自我挑战是一个很长的过程。

自 我 超 越

做老师一定要与学生一起成长,这样才能成为学生的老师。因此,我要不断追求,自我超越,达到一个个新的境界。"欲穷千里目,更上一层楼",每个阶段有每个阶段的目标。如开始做语文老师时,为了能在课堂上站下来,我追求八个字"胸中有书,目中有人",也就是教材要如出自己之口,如出自己之心。一定要研究学生,不研究学生怎么能教他们呢?我是育人啊,教学是为育人服务的,因此我追求这个境界,书要滚瓜烂熟,上课不看教材,都在肚子里。

我领悟到我是教语文的,带领学生要学习规范的语言文字,自己要做榜样,所以下决心锻炼自己的口头表达能力,力求出口成章,下笔成文。要学生写文章,你自己就要写。为了力争做到出口成章、下笔成文,我就用以死求活的笨办法,把上课的每句话写出来,然后修改再背出来,背出来再口语化。我每天上班要走一刻钟路才到车站,这一刻钟,每天脑子像过电影,怎么教学生能吸收,教学内容怎么开展,怎么让学生进入兴奋状态、掀起高潮,教完后再写教后记。老师的教学语言不是大白话,要有文化含量,要有相当大的词汇量,要有文化气质。学生既学规范的书面语言,又学教师规范的、生动的、流畅的语言,课堂教学效率就可能提高一倍。接着我又追求激发学生兴趣,使学生乐学爱学。

我觉得学生学习太苦,一天坐七八节课,我坐在那里也要累得够呛,老师要设身处地地为学生想。数学、物理等学科到了高中,逻辑思维很强,我想语文这人文学科能否让学生有点艺术享受,于是我追求教学中春风化雨、充满艺术享受。20世纪70年代末,我就考虑如何用知识含量高、能打开心扉的导语来调动学生的学习兴趣,因为兴趣是最好的老师,学生有兴趣,入了迷,就不以为苦、不以为累,爱学乐学。我对课堂教学节奏、讲和练的角度方式以及课结束应该怎样余音缭绕等做了一番研究。教课是很有趣、很有味道的,如果学生两节课上下来说,"呀,怎么这么快就结束了",我就开心了。如果把它记下来,应是师生共同创造的一篇优美的散文。

学生愿学乐学只是开始,而以学生为本,我还没有真正做到,于是在80年代,我拼命探索的是师生互动、综合效益。课堂里单打一对学生培养远远不够,一定要提高综合素质。我体会到语文教学是以语言文字能力的培养为核心,有机融合了德育和美育,三育一体,课就立体化了。立体化多功能,就是对人进行多方面培养,教学效率、教学质量能明显提高。在整个从教的过程中我原来只考虑一身正气,师风考虑得较多,这还不够,要带领学生学习,特别是现在这个时代,新信息如潮涌,因此学尤为重要,于是我又提出八个字"师风可学,学风可师",努力攀登。作为老师,身上要有正气,师风可学,以正压邪,同时学风也应该是学生的榜样,否则只是叫学生学,自己不学,不钻进去,就无发言权。所以要"师风可学,学风可师"。

我想就这样不断自我否定,自我超越,希望达到一个合格的教师境界。我所理解的"合格"的"格"不是用量化的指标来衡量的,而是国家的要求、人民的嘱托。国家把自己的希望交给我们,人民把自己的子女交给我们,这个"格"的要求是很高的。所以我一辈子追求教师的人格力量,一辈子用两把尺子量,靠两个支柱支撑,聚焦在反思上,不断地自我否定、自我超越,力求做一名合格的基础教育的教师。那天到华东师大继续教育学院上课,遇到一名1951年的学生,离休干部,她叫我于漪老师,她说当初你是打着小辫子给我们上课的,现在一晃50年了。真是不堪回首话当年。我想一个人的生命是有限的,作为一名老师,把有限的生命融入常青的、伟大的、辉煌的教育事业中,我觉得是此生有幸。

学语文的欢乐岁月[1]

中学时代学语文简直是件非常快意的事，其中的欢乐、甘醇，难以言表。

记忆的闸门一打开，一件件趣事，一个个生动活泼的形象就奔涌到眼前。

忘不了赵老师上语文课的情景。别看他身材瘦削，教起课来，却好像是一团火，把你的心都点着了。教到精彩段落时，他摇晃着双肩，头颈有节奏地旋转，大声诵读，旁若无人，沉浸在语言文字组合的奥妙之中。说怪也真怪，有时我们做学生的会情不自禁地跟着读，进入角色，有滋有味。戛然而止时，少不得师生相视而笑，尽在不言中。冷不防有个调皮的男生扮个鬼脸，伸伸舌头，于是，哄堂大笑，满屋春意盎然。

最难忘是他教古诗词，全身心投入，或而激昂慷慨，拯救黎民于水火，唯我男儿重任在身；或而悲痛欲绝，家事、国事分崩离析，怆然涕下。教到南唐后主《浪淘沙令》："帘外雨潺潺，春意阑珊。罗衾不耐五更寒。梦里不知身是客，一晌贪欢……"婉转凄凉，声音里蕴含绵绵不尽的思念，目光盯着远处，我们已分不清站在讲台边讲述的是赵老师，还是亡国之君李煜。我们女生都低下了头，不敢看老师，唯恐他不能自已，哭出声来。课教得如此出神入化，我们荡漾在祖国语言文字的海洋中，怎

---

[1] 本文发表于《作文报》（高中版）2002年10月7日。

能不深受感染？

　　学了辛弃疾的《南乡子·登京口北固亭有怀》，假日，三五好友登上北固亭，满怀豪情，谈古论今，指点江山，望不尽滚滚东流的长江，大声齐诵"何处望神州？满眼风光北固楼……"由此及彼，联想到辛弃疾、苏东坡的名词名句，你一言我一语，争相背诵，俨然个个都是才子，都有经天纬地的雄才大略。那种受中华灿烂文化哺育的兴奋，那种以振兴民族为己任的鸿鹄之志，使一个个年轻而稚嫩的生命闪发出旺盛的生命力。

　　课后，我们经常去寻找、采集语言文字酿造的蜜。菜花怒放时，遍地金黄，三五知己躲到菜花丛中嬉戏，捉迷藏，学蝴蝶"飞入菜花无处寻"，欢声笑语，花香人醉，体会大自然的恩赐，感受诗人笔端的彩色。至于睹月思乡，竹林听雨，晨曦观云，寒冬赏雪，也是常有的事。难得闲暇，就事谈诗说文，体验文人的感情、咬文嚼字的功用。时间苦短，总是在一本正经中开头，打打闹闹中结束，好不欢快！

　　有了好书，大家抢着读。想买本好书却缺乏财力，借到了，读个通宵，习以为常。读经典小说，简直是替古人担忧，把自己和作品中的人物不知不觉捆在了一起，或喜或悲，或爱或恨。谈到悲苦处，枕头会湿了一块；谈到激昂处，热血沸腾；读到精彩语言、精彩描写时，我深深感受到一个个字不是躺着，而是站立在纸上，一个个人物说着、笑着、走着、跪着、思想着，就在眼前。我感悟到世界那么大，社会那么纷繁，我的眼睛帮助我周游了许多国家，接触了各种各样的人，领略风光，认识人世，品味人生。在抢书阅读的过程中，我们长大了。在书中常与智者、仁者对话，受他们深邃思想、精辟语言的开导，我们逐步学会了思考，情感也丰富起来。

　　写，当然是必不可少的，一学期八篇作文，大多是命题作文。写前，老师指导极少，要言不烦说三五句。不外乎是审清题意，思路要开阔，想得广一些,深一点,不说自己也不懂的话。大多数同学不以写为苦,因为平时读得有兴趣,佳文美句脑子里有点储备,下笔无太多的艰涩之苦。我最喜欢自由作文,海阔天空,任我翱翔,平时读的、看的、想的、说的,都来向我报到,任我挑选,好不开心!自由作文写得多,笔下流水,也灌溉了命题作文,命题作文也逐渐言之有物,流畅起来。老师讲评作文最吸引我们,好在哪里,不好在何处,细枝末节,头头是道。我经常有豁然开朗的舒心,从懵懂走向清晰。写得好的,老师评点、表扬,我不好意思面露得意,但脚会不自禁地点点地,在表示自我祝贺。文章不是无情物,你向它倾注了多少感情,多少功夫,它就会如数回报。

时光迅逝,一晃半个世纪。而今,想起那些学语文的欢乐岁月,仍然激情澎湃,甜涌心上。母语啊,民族文化的根,您亲密地伴随人一辈子,我怎能不倾心热爱您,探索您蕴含的无穷的奥妙?

激情燃烧的人生
——小传

1929年我出生于历史名城江苏镇江。长江水哺育我成长,金焦二山秀丽的景色给我以良好的熏陶,满眼风光的北固楼在我心中播下了忧国忧民的种子。在少年时代就有了美好的憧憬:做一个对国家真正有用的人。

在中小学读书是认真的,努力的。十分幸运碰到了好老师。数学老师讲述概念之清晰,推理之严密,有效地训练了我逻辑思维的能力;语文老师声情并茂的讲解,对中外著名文学作品的着迷,给我以深深的感染。"做一名深受学生尊敬和欢迎的好老师",在许多位优秀教师言传身教的影响下,我立下了这样的志向。

1951年夏,我毕业于复旦大学教育系。从此,在基础教育这块园地里辛勤耕耘,至今已52个春秋。我曾经教过历史,中华民族艰苦奋斗的精神和深厚灿烂的文化使我激动不已,我常为自己是中华民族的一员而感到自豪和骄傲,更常常意识到重任在肩,要积极进取。

由于工作需要,我改行教了语文。困难是大的,我毕竟不是中文系科班出身。当时我有个奢望,就是能听教研组长一节课。这位老师功底厚实,书法、绘画都行,说话要言不烦,大家都有点畏惧他。50年代,要听人家课,很不容易,不得到授课人的允许,不能贸然进别人的课堂。为了在语文教研组有立足之地,听老组长一节课,清晨我就到学校,打扫办公室的卫生,扫地、擦桌子、拖地板、倒痰盂,做一名青年教师应做的为大家服务的事。一个春秋又一个春秋,奢望不过是梦想而已,终究没有变成现实。

倒是我一教课,老组长就来听我的课,心里真有点胆怯。我清晰地记得教的是高中二年级的课文《普通劳动者》。预备铃响了,他踱方步似地走进教室,在后排一个空位置上坐下,一脸严肃。课前我不知道,少不得条件反射似的紧张起来,然后,自我控制,才慢慢放松。下课了,我如释重负,叹了一口长长的气。课后,他找我谈,说了语言、板书、条理等几个优点外,郑重其事地说了一句:"语文教学的大门在哪儿你还不知道,人物形象分析是这样贴标签的吗?"如五雷轰顶,我一下子就蒙了。定了定神,我向他请教该怎么教,他金口难开,又不吭声了。自那以后,再没有对我说过一句如何教语文的话,真怪!

语文教学的大门究竟在哪儿？即使路漫漫其修远,我也要寻觅,不仅要找到门,而且要登堂入室,深味其中的奥妙。老组长这句"金石之言"成为我在教学生涯中不懈追求的动力,我常常反躬自省:"你入门了没有？'堂'在哪儿,'室'在哪儿,你清楚了多少？一名对学科教学不入门不辨堂室的教师怎能称职,怎能对得起学生？"外力在教育历程中化为内驱力,夙兴夜寐一灯明,寻寻觅觅。

较长时间以来,我处在两个方面的斗争之中。一是疾病缠身,胃溃疡,肝炎,腹部动大手术,脑缺氧,血尿。对生活的热爱和乐观坦然,使我渡过一个个难关,不仅挺了过来,而且意志得到了锻炼。二是学识浅薄,教学经验欠缺,总觉得底蕴不够,功力不深,教学时常有捉襟见肘之感。于是挑灯夜读,病榻苦读,和松懈、惰性斗,力求把基础打得厚实一点,知识覆盖面宽一点。

我用仔细回忆的方法,向过去教我的老师请教。他们是怎样教的,哪些课很感人,经久不忘,历历在目。声情并茂的朗读、讲解,旁征博引的议论、评析，眼神、手势、神往的表情，一幕幕在脑海里浮现，我常顿然有所悟：这就是语文！

到传统语文教育论述中寻觅。张志公先生的专著《传统语文教育初探》，朱自清、叶圣陶、吕叔湘三位先生对语文教学的众多论述，从识字教育到工具书的使用，从阅读教学到作文训练，我认真学习，逐一推敲，从中寻觅有效的途径。

从比较中寻觅可资借鉴的做法。许多国家都有自己的母语教育，怎样通过母语教育哺育后代成长，必有自己的丰富的经验。可惜当时封闭，能看到的资料凤毛麟角，只得从外语教学中体悟一二。选文进行比较，语法进行比较，读写训练进行比较，利弊得失，朦朦胧胧有了点自己的看法。

探究教学原则、教学方法，读教育学、心理学专著。尽管有些学术著作做大学生时也读过，但那时不懂得联系实际，自己也无多少实际可供联系，"空对空"，学得浮光掠影。带着问题学，效果大不一样。为什么要制订这些教学原则，为什么教学可采用这样或那样的方法等，不仅要知其然，而且要知其所以然。教材要研究，学生更要研究。

学习报章杂志上有关教学的鲜活经验。那时杂志少，文章少，只要看到，就如饥似渴地读，想。不仅语文方面的，其他学科的也同样兴味盎然。他山之石，可以攻玉，采取拿来主义态度，以弥补自己的贫乏。

改行教语文，我先从八个字上下功夫。这八个字是："胸中有书，目中有人。"对教材努力做到烂熟于心，如出自己之口，如出自己之心。认真钻研教材，查阅有关材料，在"真懂"上下功夫。自己"昏昏"，是不可能使学生"昭昭"的。为了求得真懂，独立钻研教材，弄清来龙去脉，从语言表达到思想内容，从思想内容到语言表达，反复咀嚼、推敲，在理解的深度、广度上探究，先做学生，后做先生。与此同时，有系统地学习一门一门学科。晚上9点以前工作，9点以后学习，天天学到12点，明灯伴我过半夜是常事。一个学期,两个学期,两三年,把中学语文教师该具备的语法、修辞、逻辑知识,该具备的文、史、哲知识,该了解的中外名家名著摸了一遍。没有任何诀窍、任何捷径,就是老老实实,以勤补拙,笨鸟先飞,把休息的时间也用上,才勉强在课堂上把课教下来,在学生面前,初步有了发言权。教语文,不能只见书不见人,要做一名合格的教师,必须研究学生,对学生满腔热情满腔爱。在教学实践中,自己深深体会到,"教过"不等于"教会"。"教过"还是比较容易做到,每天总要上课下课,45分钟时间是不会停留的。一天两天,三月五月,八年十年,就这样"教过"了。然而,要"教会"学生学习就非常难。一两个班级,要教会几个学生,一二十个学生不难,要大面积提高,教会每一个,不花一番心血是不可能的。学生的基础不一样,智力、性格、思想、兴趣爱好,以至家庭情况、语言环境都不一样,每一个学生都是生动活泼的艺术品,要了解、研究,先做朋友,再做老师,亦师亦友,教学才有针对性,才会提高实效。对祖国的语言文字,对学生,满怀炽热的感情教,我开始尝到育人的艰辛与甘甜。

社会上不是什么人都可以做教师的,谁选择了教师这个职业,谁就选择了高尚。汉朝韩婴在《韩诗外传》中说:"智如泉涌,行可以为表仪者,人师也。"要做一名合格的教师,必须加强自我教育,努力做到德才兼备,往道德高尚、学识宽厚、业务精湛的方向奔驰。于是,我在德、才、识、能四个方面要求自己,力求在教育教学实践中,在理论学习联系实际中,思想升华,感情净化,长善救失,多一点真才实学。比如,为了提高课堂教学效率,在正确理解与运用语言文字方面对学生起良好作用,我就下功夫锤炼自己的语言,奋斗目标是"出口成章,下笔成文"。剖析自己教学语言的毛病,首先做到清楚明白,不含糊其词,通俗易懂,不佶屈聱牙;进而锤炼,力求优美生动,不枯燥干瘪。怎样锤炼?下死功夫。我把要教的课每句话都写下来,做详细的教案,然后认真修改,用比较规范的书面语言改造不规范的口头语言,把多余的字、词、句,不符合逻辑的地方一一删改,纠正,然后背诵出来,再口语化。教学语言不是大白话,它应该规范、生动、流畅,词汇丰富,有文化含量。这样做,坚持了两年,语言水平提高了。语言不是蜜,但可以粘东西。教学语言好,学生听起来悦耳,课的效率提高。学生在课上不仅学习课文的书面规范语言,而且受到教师口头的、活的语言的熏陶,丰富了词汇,享受到学习语言的欢乐。从此以后,我努力做到讲话、交流乃至作报告,只打腹稿,不打草稿;写文章,也着力于下笔成文。为何这样做?因为我是一名语文教师。

60年代初,我开始迈出了语文教学改革的步伐。教学实践中我深深体会到语文教学效率不高,浪费时间,浪费精力,突出的问题是教学往往从教材的实际出发,这篇课文里涉及哪些语文知识,就巨细不分一股脑儿灌输,脱离学生的学习实际,懂的、不懂的,掌握的、不掌握的,一锅煮,不必要的重复比比皆是。教学方法十分烦琐,不少做法程式化。如词语解释,除指导学生读注释外,没有注释的,大可指导学生使用工具书查检,何必一一写在黑板上,搞词义解释搬家?又如分段,是不是每篇课文都得分段,概括段落大意?有些课文段落已有相当的逻辑性,何必再去划分,岂不是多此一举?有的课文简直是大手笔、大概念,"思考与练习"内容空泛,无法答对,要不要教,该怎么教?语文学科教学究竟要实现怎样的目标?一连串的问题使我困惑不安。就在此时,"教育要革命"的春风吹拂,上海育才中学教育革命的经验给我以很大的启发。我这名年轻教师对课程、教材的改革无多少发言权,但我可以从教学方法的改进入手,探索其中的规律。当时,主要的做法是努力把语文课上得实惠一些,朴素一些,让学生真正受益。在读懂教材,了解学生实际的基础上,明确教学目的要求,纠正主观设想的错误,摒弃烦琐的讲解,克服平均使用力量的弊病。课上注意启发引导,放手让学生实践,不越俎代庖,不迷信自己的讲解,独占课堂教学时间。在目中有人,尊重学生学习权利方面迈出了新的一步。由于教学方法的改革,学生学习语文的积极性大大提高,课堂上出现了生动活泼竞相发表意见的求知情景,课外阅读兴趣大大浓厚了。

一次偶然的机会,我被市教育局教研室杨质彬老师知道了。那是在杨浦区红专学院召开的高中语文教师讨论教改的座谈会上,我谈了语文教改的认识与做法。会结束时,杨老师走到我面前对我说:"以后我常来听你的课,事前我不通知,你就像平时一样教就行。"当时我不认识她,更不知道她的身份和职务,只得点点头。有一天上课时,她真的来了,坐在教室后面,听完课,问了我不少问题,从教学目的到课文理解,到作业批改。一听就不可收,每周来听几次。不仅听,还谈;不仅谈,还翻阅学生作文,一本本看,看我怎样批怎样改的。我被这位曾是地下党员的老同志的敬业精神深深感动了。她在指导、培养我这名青年教师。她一口四川官话,话不多,但总启发我思考。于是,教育局有很多的同志来听课;于是,教育局一位位局领导来听课;于是,在全校上公开课,在全区上公开课,面向全市十个区十个县上公开课。我投身于教育改革的洪流之中,对语文教学的价值、意义和肩负的使命感有了新的认识和体会。

正当我兴冲冲地进行改革试验的时候,"文化大革命"的灾难来临了。"什么三八红旗手?是修正主义教育路线吹鼓手,黑旗手!""什么改革?是反动学术权威!知识越多越反动!"要我交代和上面的关系。我愕然了,我这个教师是被听课听出来的,确实无任何关系,无法交代。由于"态度不好",备受谩骂、污辱、毒打的折磨。对教育事业的责任,对学生的热爱,使我挺了过来。从劳改队出来以后,恢复我教师工作,我仍积极投入,不舍昼夜。对语文教学,我仍痴心不改。学生只有一个青春,耽误不起啊!在那个黑白颠倒的时代,我冒着风险带领学生学文化,学语文,打做人的基础。

1976年,"四人帮"被粉碎,动乱时代总算结束,教育迎来了第二次解放。拨乱反正使我们教师重新获得了做人的尊严,我内心的喜悦难以言表,令我兴奋不已的事接踵而至。

1977年10月19日,金色的秋天。上海电视台教育演播分室第一次向全市直播中学教师向学生授语文课的实况,任务落在我的肩上。当时上电视出镜是极稀罕的事,我虽经历过几百人听课的大场面,但面对那么多观众,还是破天荒第一遭,心中着实有些紧张。教材是我选的,从学校图书馆被捆绑起来的所谓封、资、修的作品中,找出了高尔基的《海燕》。也许是心灵沟通的缘故吧。钻研教材时,刻画海燕的一个个词语、一个个句子都活起来、跳动起来,海燕就是应该这样叫喊,这样飞翔,这样飞舞,用不了多少时间我就记得烂熟,因为它活在我的心中。课上得群情振奋,学生的朗读、表达,发自肺腑,而我自己呢?那种冲出暴风雨精神上获得解放的喜悦似乎渗透到每个细胞。三尺讲台无限爱,我爱学生,爱未来,爱蕴含着灿烂中华文化的语文。教课不是当旁观的评论员,只有用生命编就的、从心底流出来的歌,才动听,才感人,才会如清澈明净的泉水叮叮咚咚流入学生的心田。当时能看到电视的人几乎都看了这场直播。公共汽车上有人在谈论《海燕》,江苏、浙江附近地区有些老师看到了电视,和我虽素昧平生,也写信给我。人们对教育的关注,对语文教学的关注,增添了我继续前进的动力。

1978年,首批特级教师评选,我怎么也没想到自己会被评上,深感惶恐。一是我从事的是极普通极平凡的教育教学工作,只是尽心尽力,离"优秀""卓越"甚远。二是评上的八位中学教师中,七位是市重点中学名校的,而我只是区重点学校的,排不上号,生源差距也很大。比一比,心理压力很大。面对差距,我只有咬紧牙关,下定决心追赶。我以特级教师标准为标尺,严格要求自己,勤奋学习,努力登攀,不断缩短差距,改变盛名之下其实难副的状况,不辜负组织的厚爱、学生的期望。

我勤于学习,博采众长。重要的理论反复学,放在世界大背景下、中国建设大背景下,来认识教育的地位、价值、功能、走势。特别是邓小平同志关于教育要面向现代化、面向世界、面向未来的指示使人眼界大开。就学科论学科,往往会陷入鸡虫得失的纠缠,跳出圈子看问题,站在时代的高度、战略的高度,视野就开阔得多,思考就深入得多。由此,我坚定不移地确立了教文育人的信念。教育说到底就是培养人,"教文"是为"育人"大目标服务的,千万不能只见"文"不见"人";教育事业是具有理想性的事业,真正的教育是引导人的精神达到高处的真实之境,是人生境界的提升,也就是要彰明教育对象内心善美的德性,使人自新,进入最美善的道德境界。教育的本质是增强人的精神力量,知识、技能是帮助精神攀升的阶梯,千万不能做传授语文知识技能的匠人,要着力培养学生良好的综合素质,充分发挥母语哺育后代的重要作用。紧扣教材深入学。不仅要知其然,而且力求知其所以然。扣住教材中某一知识、某一现象作为学习的原点,纵向深入,横向拓展,对祖国语言文字的表现力、生命力有了新的领悟。语言文字绝不是单纯的符号系统,它不仅有自然代码的性质,而且有文化代码的性质。"千金之珠,必在九重之渊而骊龙颔下。"(《庄子》)我越学越觉得自己的无知与浅薄,越学越体会到语文教师字典里是没有"够"这个字的。只有清醒地认识自己的缺陷、不足,乃至错误,才会不停息地向前。也就在此时,我体会教师"一桶水"和学生"一杯水"的比喻是多么的不恰当。教师的这桶"水"是否陈腐,是否有污染呢?知识要老化,知识结构须更新啊!教师的"教"与学生的"学"难道是"给予"的关系?学生是活泼的生命体,不是简单的"容器"啊!课堂里没有时代活水流淌,能与学生心灵碰撞,能使学生感奋吗?学习,是一条艰苦的荆棘路,为了学生的成长,语文教学的灵动,必须义无反顾地跋涉,努力做到于谦在《观书》一诗中说的:"活水源流随处满,东风花柳逐时新。"

如果说,"勤于学习"是我做语文教师的一根支柱,那么,另一根支柱就是"勇于实践"。众所周知,实践出真知,认识、想法正确与否,效果怎样,要拿到实践中检验。实践中获得经验教训,再不断补充、修正自己的认识、自己的判断。所说的实践,主要是指认真上好每一堂课。课前从学生和教材实际出发,刻苦钻研,精心设计;课上充分发挥两个积极性,即教的积极性和学的积极性,师生互动;课后拓展、延伸,带领学生阅读、写作,开展一系列贴近生活实际的语文活动,把语文教活学活,培养学生对祖国语言文字、对生活热爱的感情。在实践中,压力很大。从我评上特级教师后,几乎每节公开课,少则几十位,多则几百位老师听,来自全国各地。当时,社会兼职多,担任中华全国总工会执行委员、全国中学语文教学研究会副会长、上海市人大常委会委员,经常开会,挤了搞业务的时间。当时,要培养青年骨干教师,要听课、评课,要举办语文系列讲座。由于工作忙,只教一个班级语文;又由于教学求其真,吸取"文化大革命"中的教训,再大规模的公开教学,也不借别的班级上课预演。担子重,压力大,在教学第一线摸爬滚打,在教学实践中修炼、完善。粗粗估量一下,上了近2 000节的公开课。这些课正是由于在专家的指导下,在同行的敬业精神的感染下实施的,自己不断受到启迪,把"勤于学习""勇于实践"的两根支柱,聚焦在"反思"上。一步一陟一回顾,回顾自己迈的步子正不正、留的脚印深不深,是不是符合语文教学固有的规律,是不是有利于学生今日的健康成长、明日的长足发展。于是,我坚持写"教后",记下自己教学中的不足,记下学生学习语文过程中的闪光点。于是,针对教学实践中碰到的种种问题,思考如何一步步深入改革,全面提高学生语文素养,全面提高语文教学质量。

研究学生的兴趣,感情,求知欲。从学生具有好奇好胜的心理特点出发,千方百计培养他们学习语文的探求动机,激发他们浓厚的学习兴趣。在导语设计上下功夫,引导学生进入求知境界;改变千课一面的陋习,以课的多样化、丰富性适应学生学语文的需求;采用直观演示、开拓想象、抓点拎线、形成悬念、展现意境、讨论答辩等多种多样的教学方法,增添课的趣味性,使学生迷恋;把握一定的深度和难度,使学生体验到克服困难的喜悦。学生是学习语文的主人,学生有了旺盛的求知欲,教学就成功了一半。因为"知之者不如好之者,好之者不如乐之者"。学生喜好语文,从中获得甘甜,是我教学追求的一个目标。

研究课堂教学节奏与容量,研究课堂教学结构,适应学生心理生理的发展,发挥语文教学多功能作用。"文似看山不喜平",起伏曲折,就会使读者兴趣浓厚,步入胜境,领略无限风光。课堂教学也一样,课上得平板,学生就昏昏欲睡,上得有起有伏,就能引人入胜,产生良好的教学效果。为此,要探究课程的规律性,分清主次,决定粗细详略,快慢强弱,在教学目的的统帅下,有节奏地把一堂课上成和谐的整体。为此,着力剪裁教学内容,突出重点,主次分明,详略得当;教学过程各个阶段妥善安排,疏密相间,有起有伏,形成循序渐进的"坡度";多种教学方法,如轻点、重敲、连线成体、密集训练等穿插运用,相得益彰,浑然一体。课要有新意,要充实,要有成效。如果教师的"教"和学生的"学"在一个平面上移动,学生就会觉得学不学语文、上不上语文课一个样,或基本一个样,那教学必然失败。因而,还要在教师洞悉教材底里的基础上,适当充实课堂教学的容量,从广度上开拓,扩大知识覆盖面,从深度上探讨,加强学生的理解和感悟的能力。

课堂教学是实施素质教育的主阵地,课堂教学结构是否科学,是否让学生充分发挥学习主人的作用,是我从事语文教改的又一重点。我努力从单向型的直线往复式的课堂结构转换成辐射式网络型的结构。单向型往往是教师讲,学生听,或者是学生问,教师答,是单向型的直线交流。这样,往往是一部分学生学习积极,其他就做陪客。应把所有的学生都组织到课堂学习环境之中,教师的"教"作用于所有的学生,而所有的学生的"学"都反馈到教师这方面。"教"作用于"学","学"反作用于"教",学生与学生相互作用,形成学习网络。师生关系亲密、和谐,是指导与被指导的关系,也是共同探求真理、共同寻找解决方法与途径的伙伴关系。一般地说,教师总体上是超过学生的,但学生进入兴奋状态,全神贯注,就会超水平发挥,闪现出智慧的火花,给教师、给其他学生以启发。课堂上不是教师一个人发光,"能者为师",每个学生都是发光体,把光照射到别人身上。教学相长,课堂气氛活跃。不管有多少位老师听课,也不管是否录像,学生养成了发表意见的习惯,并以自己有独特的看法与体验而自豪。

研究语文教学的多功能。语文教学确实要着力培养学生正确理解与运用祖国语言文字的能力,培养他们读、写、听、说的能力,但语言和思维、情感同时发生,因而,课堂上语言训练和思维训练应同时进行。课堂上不能只着眼于知识,着眼于现成的结论。从静态的维度看,知识是人类社会实践经验的总结;从动态的维度来看,知识更是认识的过程,是探求知识形成的过程。因而,学语文和发展智力密切有关。语言文字是表情达意的,表什么情达什么意对学生思想情操,审美观念有不可分的熏陶感染作用,因而,教语文又必然具有教育功能、审美功能。语文课堂教学千万不能单打一,人为地机械割裂,只教语言文字,应尊重语文工具性、人文性、综合性特征,抓住教材的个性,熔知识传授、能力培养、智力发展、思想情操陶冶于一炉,把课上得立体化,发挥多功能作用,多方面地培养学生,求得教文育人的综合效益。

研究语文教育性质观,改革弊端,弘扬人文。80年代后期升学考试指挥棒对语文教育的"指挥"力度越来越大,影响所及,甚至到小学低年级。问题的实质在于:操纵这根指挥棒的是只无形的手,那就是语文教育观念。由于急功近利思想和实用主义做法的干扰,学校教育全面贯彻教育方针受到影响,把本作为检测手段、选拔手段的考试推向不恰当的前所未有的高度,重知识技能技巧,轻对学生总体素质的培养。语文教育的准星也发生了偏差。在片面的语文教育工具化思潮的冲击下,阅读教学"不闻读书声琅琅,但见习题如海洋",见段不见文,见层不见段,文章肢解得面目全非;作文教学套路一套又一套,模式翻新又翻新。名曰量化、科学,实质语文教育内涵的人文精神因人为的缘故而丧失。躯壳在,灵魂失,教师迷茫,学生更是不知所措,兴趣大降,语文水平提高受挫。针对现实状况,我学习课内外母语教育有关文献,从自己的教学实际出发,提出语文教育的定位问题。各民族的语言都不仅是一个符号体系,而且是该民族认识世界、阐释世界的意义体系和价值体系。符号因意义而存在,离开意义,符号就不成其为符号。这就是说,语言不但有自然代码的性质,而且有文化代码的性质;不但有鲜明的工具属性,而且有鲜明的人文属性。语文教育的基本特点应是工具性和人文性的统一。没有人文,就没有语言这个工具;舍弃人文,就无法掌握语言这个工具。弘扬人文,不是照抄过去,而是在继承的基础上出新,赋予时代精神。今日的语文教育要有中国特色,就要弘扬优秀的民族文化精神,就要有面向新世纪的浓郁的时代进取精神,变语言形式教学的单一功能为知、情、意教育统一的多功能,变低效率为高效率,尊重和发展学生的个性,探索与现代教育技术结合的途径。变语文自我封闭性为开放性,开发语文教育空间,面向生活,面向社会,以促进学生发展为本,不用机械训练消磨学生的青春。对语文教育性质观的反思,目的在求得语文教育健康发展,使莘莘学子深受其益。90年代初、中期在报章上,在多种场合反复阐述这一观点,在语文学界,在语文教师同行中,产生了不同的反响。

90年代末,教育部第八次课程、教材、教法改革工程启动,立足时代的高度、战略的高度,审视现有课程、教材、教法的长处与不足,借鉴国外先进理念和经验,制定了振奋人心的改革方案。读了语文学科新课程标准,我有如沐春风之乐。多少年来自己想说又表达不完整不清晰的认识、想法,新课程标准从理论和实践结合的高度,阐述得简明、深刻、周到,我深受教育与鼓舞。

我做了一辈子的教师,一辈子学做教师。在语文教学中我孜孜以求的是:语言是生命之声,语言的活动就是生命的活动。我教学生学母语就要激情燃烧,用生命来歌唱,不仅培养学生语言文字的技能技巧,更要传承民族情结、人类优秀文化,引导他们智力、潜能获得发展,思想、情操、价值观获得良好的熏陶。对教师而言,学生是宝贝,是最宝贵的,通过学科教学,培育他们成长、成人、成才,是我义不容辞的天职。语文新课程标准摆脱以学科知识系统为中心的局限,突出了以促进学生发展为本,语文教育育人的本质功能不仅回归,而且伴随着时代的前进有了新的发展。因而,对新课程标准,我有知音、知己之感,它的许多语言都能在我的心弦上弹奏,产生共鸣。

我对语文教育之所以有如此的执着追求,与我教过各个层面的学生密切相关。我教过基础好的学生,也教过大面积的基础一般的学生,更带过好几个乱班乱年级。做过教研组长、班主任、年级组长、教务副主任、校长、名誉校长。角色的不断转换,使我有机会从不同角度审视语文学科在育人中的地位与作用,思考教育浅层次价值观的短视与教育深层次价值观的长效。于是,从学科教学进而研究教师队伍的建设,探索现代教师应具备的基本素质和如何自我发展。由于担任不少社会职务,有机会接触社会上不同职业的人,了解不同行业的情况,这对我开阔视野,从宏观大局、从中观微观考虑问题大有帮助。特别是80年代中期参加基础教育的调查研究,起草制定上海市义务教育条例的议案,多次参加全国义务教育法执法的检查,对教育的诸多方面有了较清晰的认识,更坚定了做一名合格教师优秀教师的自觉性,坚持自强不息,自我扬弃,自我超越。

半个世纪以来,由于课堂教学实践的交流,由于以文会友的交流,在语文教师中有不少知心朋友,但也得罪了一些人。我从不掩饰自己的观点,从不趋风、唯上。比如,语言教学用几句口号就归纳其全部内涵,我是不能苟同的。以往,我们社会文盲半文盲充斥,故而,口号特别流行,特别易成为人们口中的顺口溜。而今,时代不同,语文教育的丰富性、复杂性绝非几句简单的口号所能概括。教学的单一模式只会束缚师生的个性,影响创造力的发挥,影响语文教育园地万紫千红春色满园的形成。我不是教学方法的虚无主义者,教有法,但无定法。一种口号,一种模式,除了"卖点"之外,是不可能包打天下的。当一名语文教师,须有主心骨,这种主心骨要植根于母语教育的规律之中,植根于育人的教育沃土之中,不固执己见、不肆意包装、不追风逐浪,如果跟风飘,飘到最后,自己就没有了。做教师,追求的应是真,应是善,应是美,教育的理想境界就是真善美的统一。

教了一辈子语文,兢兢业业,诚惶诚恐,自认为是竭尽全力的。然而,回顾反思,毛病不少,遗憾悠悠,胸中经常升腾起对学生愧疚的感情。我对自己,无论是学术水平、情操品位、业务底蕴、教学能力,都不满意,说实话,一辈子没有上过一节十全十美的课。如果说有一点值得骄傲的,那就是我钟情于太阳底下永恒的事业——教育事业,钟情于与全民族素质提高血肉相连的母语教育,我激情燃烧,为之倾注全部心血,奉献青春与生命。

思　念[1]

　　那是十多年前的事了,办公室里不时出现令人窒息的场景。一位年轻的班主任义愤填膺,高声数落着站在办公桌旁的一名女学生:

　　"班级够乱的了,你还添乱,把门框当单杠,挂在上面荡来荡去,引得哄堂大笑,你居然、居然……

　　"你在教室门上贴'霍府',有的男同学已打闹得够厉害了,这一来,更是跌打滚爬……

　　"你上课就是不好好听,乱涂乱画,你自以为是,狂妄自大,你看你看,把书卷成什么样子……"

　　年轻的男教师讲得脸上青筋直暴,而这名女学生却已在不知不觉中转过身子,背对教师,不仅充耳不闻,脸上还流露出几分鄙夷的神情。坐着批改作文的我,总要情不自禁地站起来排解,疏通,平息风波。

　　这个班级确实够乱的,几乎每天都有突发事件。如某某同学打闹,骨折了;某教师气得走出了教室,课无法上;某某教师自行车轮胎的气给放了……办公室里师生顶撞的事不断发生。面对这样的班级,学校不得不采取措施。于是,调兵遣将,把一些学生调到别的班级。

　　一名女学生小郝调到我教的班级,这可给我出了个难题。有教师告诫我:"你得小心点,她的调皮捣蛋独树一帜,点子多,破坏性大,谁的

---

[1]　本文发表于《人民教育》2003年第6期。

话都不听,男同学也远不如她。"这倒是真的,我在平息风波时也领教过一二。"什么老师?讲都讲不清楚,还没我懂!""错了,错了,去读读书吧!"那种瞧不起老师的腔调傲气得很。我不是魔术师,不可能一教学生就变样。首先要尊重她,与对其他同学一样,平等相待。

果真不出所料,她调入这个班后,与大家融洽不起来。有的同学认为她是"另类",避而远之;而她总是绷着脸,一声不吭,还不时用冷森森的眼光刺人,甚至带有几分敌意。下课铃一响,她就飞也似的窜出教室。尽管如此,我觉得她身上仍有不少优点。如:上课铃响,她就走进教室,从不迟到;课上不与任何同学交谈,有相当的自控能力,与以往"胡闹"时的情况判若两人;上课听到新奇的知识时眼睛会发亮。我初步判断,这名学生对学习是有兴趣的。于是,我努力把课上得情趣横溢,在宽松的气氛中,激发大家旺盛的求知欲,增强融洽的黏合力。

时间是孵化器,一节节生动的语文课孵化出了感情。课上,她面部的肌肉放松了,和其他同学一样,有时情不自禁地举手质疑,乃至有板有眼地回答问题。冰雪开始消融,师生情、同窗情滋生,我心中暗自喜欢。

在课堂发言中,她从不人云亦云,总有自己独特的看法;与别人辩论,从不服输,哪怕是错了。怎么进一步接近她,才能拨动她心中隐秘的琴弦,产生共振呢?操之过急不行,空讲道理不行,要从寻觅不显眼的细节入手,拉近距离。真巧,一天下课时,她一如既往飞也似的窜出教室,我紧随其后。"啪",她揣在裤子口袋里的书掉到地上。我赶紧跑上去,捡起来,眼睛一扫,原来是一本介绍国画的书。"比男孩子还调皮捣蛋,怎么会看这类书?"我有点愕然,但立刻控制住自己,没有表露。她看我捡起了书,有点紧张。我笑着对她说:"多好的书啊,把它卷成这个样子,太委屈它了。"我又说:"我家里有不少介绍画画的书,《芥子园画传》对初学国画的人很有帮助。还有些国画、油画、水彩画和连环画，如果你喜欢，休假日可来我家看，对它们发表意见。"我拍拍她的肩膀，她表情放松了，露出些微喜色，点点头，拿着书一溜烟地跑开了。

她胆子够大的，一般来说，女同学看到虫子就会惊吓得叫嚷起来，躲避还来不及，她却大大小小各种各样的虫子都敢抓，抓到了有时还要肢解，研究它们的结构。久而久之，她动手的能力强了。了解到这个特点，教课时我就注意发挥她的长处，让她的精力有地方使。有一天，我们学《花儿为什么这样红》。课的起始阶段，采用直观教学方法，让学生懂得花呈现各种颜色的物质基础。我请她用试管做实验，做出花的细胞液的酸碱反应。她很高兴，全神贯注，先后把不同颜色的花瓣揉碎，再做出各自的酸碱反应。她边演示边说明，关键处还多解释几句，俨然一位"小老师"的架势。同学们在不知不觉中和她拉近了距离，课后她的旁边经常会有三三两两的女同学与她说说笑笑，一下课她就窜出教室的情况已十分少见。

她原本写作能力不强，文章有内容，但表达不清，如何织锦成文尚未入门。我没有急于对她讲述写作的技能技巧，而是等待机会，积极引导。她的好奇心远远超过同龄的女同学，对周围事物有程度不同的兴趣，一旦兴趣浓郁，就执着追求，欲罢不能。有一次，生物课上做解剖豚鼠的实验，听说她极为认真。正好我在教几篇说明文，就要求学生写一篇科学实验的短文。她写得真不错，我印发了写得较好的几篇当堂讲评。我对她的作文评析得更为细致，表扬该文根据人认识事物的过程和事物本身的规律依次说明，有条不紊；表扬她观察精细，理解正确、深刻；剖析文章之所以写得具体生动，关键在实验做得十分认真仔细，观察、观察、再观察，没有好奇心驱使，没有科学的态度，不可能有如此良好的效果。文章不是无情物，写的人对它有多少情多少意，它就会忠实地表现出来。与此同时，我还就文章结构、语言表达作了指导，让大家懂得内容再好,也离不开语言表达,只有认真地推敲语言、积累语言,才能写出佳作。课上,她十分专心,脸都涨红了,有时还不自觉地点点头,嘴角咬着笔杆。此后,她不仅写作认真了,语言上下功夫了,其他方面马虎的情况也大有改进。

有个星期天,她果真来到我家,手里拿了把折扇。进门时还有点拘谨,纸折扇打开,也就打开了话题,无拘无束了。"扇面上的竹子是外祖父画的,字也是外祖父写的,写的是岳飞《池州翠微亭》。外祖父说送给老师。"我向她道了谢,并询问外祖父有多大年纪,他老人家身体情况怎样。话匣子一打开,话就滔滔滚滚往外流。她告诉我,她外祖父年纪大了,喜爱画画,她经常给老人家磨墨、展纸,看他画竹子、画石头、画山水。"刷,刷,刷,几笔,竹子就出来了,叶是叶,竿是竿,像变魔术似的,好玩。有时,我也画几笔,就是不像。外祖父如画一幅山水,就叫我欣赏,我看啊看,就走了进去,好在哪儿,我也说不出。我肯定说得不在点子上,外祖父常哈哈大笑……"没有想到看中国画技法书的谜底原来在这儿。从画画谈到画画人的性格,谈到要学画就得静心,就得沉静。阅读画册,评点赏析,交谈得十分愉快,并相约下次谈论的话题是"书"。

没隔多久,她又来了,而且是有备而来。她迫不及待地诉说着她读过哪些书,中国的、外国的,文学的、科技的,连政治读物也涉猎不少。不仅阅读,而且还摘抄,还写点读后感想。我看了看她的阅读笔记,称赞的语言脱口而出。一名初中学生阅读面如此广,这是我始料未及的,难怪她对教师的教学有种种挑剔,难怪她桀骜不驯,难怪她对有些事、有些问题有自己独特的看法。我赞扬她读那么多书不简单,询问她为何会养成爱读书的好习惯。她一本正经地说:"是环境造成的!爸爸妈妈在广西搞水电建设,终年忙碌,难得来上海一次。我寄居在外祖父家。外祖父、外祖母年纪大了,他们早早睡觉,我没有人说话,就跟书说话,说着说着,就成了伙伴。"原来如此,怪不得她一点点学习、领悟,逐步懂得为学之道,也品尝到其中无穷的乐趣。

　　而今,她在国外做博士后,已多年不见,但那齐耳短发、冷峻看人的形象常在我脑中浮现,我十分想念她。

永远的情思[①]

年华似水,淘洗与冲淡了人生旅程中的喜怒哀乐,获得了心情的平静,然而只要一想起少年时代的求知生涯,我就不自禁地激情往上涌。是依恋?是欢快?是神往?是叹息?也许更多的是感恩吧。情思无限,绵绵不尽。

帕斯卡尔说得好,"人只不过是一根苇草,是自然界最脆弱的东西;但他是一根能思想的苇草","思想形成人的伟大","我们全部的尊严就在于思想"。每个人从事工作,不管职业如何,都必须有思想。思想的正误,思想水平的高低,直接影响工作的进程和质量。思想从何而来?不是天上掉下来的,也不是脑子里固有的,而是靠学习,靠求知,靠实践,靠体会得来。

书是求知的珍宝,思考是探索。小时候接触到的启蒙读物《千家诗》,和爷爷一起阅读、谈论的《评注图像水浒传》,远不及现在的装帧美观、印刷考究,但给了我无穷的乐趣。薄薄一本有光纸印的《千家诗》,引发我对大自然极浓厚的兴趣。天空飞的,地上跑的,田里长的,树枝上挂的,千姿百态,色彩斑斓,美不胜收。书中的一首首诗就是一幅幅画,一个个字站立起来和我说话。我读着,想着,把平日看到的、听到的、经历过的,联想起来,不知不觉就步入诗中,步入画中,自失而不自

[①] 本文发表于《语文学习》2004年第1期。

知。只有爱它，才可能全身心地亲近它；也只有全身心地亲近，才能品味到其中的欢乐。正如辛弃疾的《贺新郎》中所说："我见青山多妩媚，料青山见我应如是。情与貌，略相似。"

我和书的情缘延伸到生活中又是一番情趣。杨万里的《宿新市徐公店》中有"儿童急走追黄蝶，飞入菜花无处寻"，于是春夏之交，菜花盛开的时候，二三同学在田埂上奔跑，嬉戏，学蝴蝶飞舞，学儿童追寻，笑声荡漾，乐不可支。读到韩愈《晚春》的"百般红紫斗芳菲"，我会问爷爷："红和紫怎么'斗'啊？"读到苏轼《冬景》的"一年好景君须记，最是橙黄橘绿时"，我问爷爷："橘子也是'黄'的，怎么是'绿'啊？"爷爷总是笑着说："傻姑娘，不用脑子。"于是，我又想啊想啊，那么多问题，那么有趣；于是，朝霞暮霭，雨丝风片，花开花落，水流水止，我都要观看一番，想从中有所发现，有所领悟。小姑娘爱美，买件花布褂子是憧憬中的大事，不易办到。但诗中的色彩随处可得，花花绿绿，美景非凡。有些诗一映入眼帘的就是色彩，眼前一下子就被照亮。于是，我煞有兴趣地寻觅这样的诗句，只要找到一句，就快乐无比。如杜甫的"红入桃花嫩，青归柳叶新"，"青惜峰峦过，黄知橘柚来"，眼睛一闭，桃红柳新，青峰黄柚向脑中奔驰而来，嗅一嗅，还有醉人的香味。读母语写成的诗，使我的童年少年生活充满阳光，充满色彩，充满求知的欲望，我有了精神的家园。

《评注图像水浒传》同样是用有光纸印刷的，两函十二册，用线装订而成，插图也简陋，黑白的，全由线条组成。就是它，引导我开始了解社会，辨别丑恶，步入人生。打抱不平求太平，一个个英雄豪杰尽管相貌不同，性格各异，但都是疾恶如仇，侠义心肠，武艺高强。我最佩服武松，读到景阳冈打虎、醉打蒋门神等精彩场景时，会拍手，跳跃，连声叫"痛快，痛快"；我最可怜林冲，怨他不抗争，受高俅陷害，受陆虞候算计，早就应拿出八十万禁军教头的威风，杀他个片甲不留，窝窝囊囊干什么？书里事情真多,让我足不出户就知天下事,让我懂得爱什么,恨什么,喜什么,悲什么。我会跟着书里的人高兴、流泪;我会为他们的遭遇,为他们的命运担忧。书的魔力真大,只要真心和它相伴相爱,它会引领你走进一个个你不熟悉的但又有无限风光的世界。在不知不觉中,开阔了视野,学会思考问题,会为自己的幼稚感到可笑,会憧憬美好的事物、美好的未来。书促进了我的成长。从此,我就成了小说迷,借到一本好书,总是爱不释手,有时会看个通宵。高中毕业时,中外大家的名著,许多都阅读过。每想到从这些作品中接受的人文教育和汉语言文字魅力的熏陶,总是怀念启蒙读物,怀念线装的一再修补过的《评注图像水浒传》,它们启发我求知的恩情,我难以忘怀。

今天,我之所以能钟情于语文,站在三尺讲台和学生一起探讨美文佳作,感受语言文字的表现力、生命力,不得不感谢我的语文教师。他们以对中华文化的赤诚和对学生的热爱在我们学生心中撒播文化的种子,撒播做人的良种,使我受益终身。大学刚毕业的黄老师描述课文中场景的语言是那么的流畅、优美、灵动,像磁石吸铁一样,深深地吸引了我们,把我们领进了课文刻画的世界,咀嚼,品味,领悟,使我们耳聪目明,如临其境,欲罢不能。老师自己当然更是身历其境,时喜时悲,时褒时贬,全身心地投入。至今,他教课的手势,贮满感情的眼神还常常在我脑中萦绕。年过半百的赵老师与黄老师相比,风格迥异。他的课不是激情洋溢,而是深沉、厚实,一句句扣紧我们的心弦。讲到激昂处,他会左右摇摆着肩膀,手也微微颤抖,似乎全身都在用劲,我们常双目盯着他,被他深深地感动。"何处望神州?满眼风光北固楼……"赵老师教《南乡子·登京口北固亭有怀》时浓重的乡音、忧国忧民的感怆,像滚滚长江水撞击着我们的心灵,泛起涟漪,掀起波澜。他的忧思,他的叹息,他的悲愤,他的企盼,汇成"生子当如孙仲谋"的热爱学生、期盼学生快快成长的挚爱深情流入我们的心田,唤醒我们"思",激励我们"想"。

这一堂堂闪烁精神光芒的语文课,滋润心田,哺育成长,我永远忘不了。

一个方块字是一个天地,一篇文学作品是一束灯光。教师以天地承载的优秀文化撒播知识的种子,以一束束灯光照亮我们的心灵。我深深感受到语言文字的魅力,感受到民族文化的精魂。数十个春秋已逝,涌上心头一连串的话语是:师恩难忘,师恩难忘……

师风可学,学风可师[①]

在庆祝第 20 个教师节的日子里,我想得最多的是如何不辜负党的期望、人民的嘱托,培养学生成长、成人、成才。要把学生培养成为素质良好的有用之材,做教师的就须自觉地进行自我教育,育人先育己,力求德才兼备。水管里流出的是水,血管里流出的是血,育人的大事来不得半点含糊。

当今做教师,尤其要在八个字上下功夫,那就是"师风可学,学风可师"。

师风可学。教师身上要有正气,对党、对祖国、对教育事业、对学生满腔热情满腔爱,全身心投入到教育教学工作之中。随着改革开放的深入,国外经济、科技、文化等涌入,良莠夹杂,泥沙俱下,教育面临前所未有的挑战;国内多元经济并存,多元文化碰撞,纷繁复杂的世界对教师产生前所未有的巨大诱惑。如何坚定信念,坚守岗位,排除诱惑与干扰,是每个教师必须用思想言行认真回答的问题。教育事业是倾注理想的事业,教师要追求的是高尚的"真善美"的境界。选择做教师,就选择了高尚,要脱离低俗,抵御金钱至上、利己主义思想的侵蚀,完善自己的人格,在为人、为师、为学方面堪为学生榜样。

学风可师。教师要学而不厌,努力充实自己,才能担当当今教育学

[①] 本文发表于《教师报》2004 年 9 月 8 日。

生的重任。社会在向前发展,科技飞速进步,新的信息层出不穷如湖水般涌来,教师适应不了变化的工作,要教出成绩,必须认真学习,提高求知的自觉性和积极性。教育教学工作最忌不思进取,五年老面孔,十年一个样,无时代活水流淌。尽管基础教育传授的知识基本上是知识的"核",是最基本的,但具有怎样的教育理念,采用怎样的教育方法,指导学生怎样学习,怎样深化教学改革,怎样提高育人质量等,从理论层面到操作层面,要思考要学习的内容不胜枚举,要致力于丰富知识,增长见识,向专业化发展。求知是一条光荣的荆棘路,心中有理想之灯,有坚韧不拔的毅力、锲而不舍的精神,必能取得丰硕的成果。教师求知欲旺盛,有丰富的智力生活,跟随着时代奋勇前进,对学生是极大的激励,是学生学习的楷模。

  我一辈子追求的是"人师"的目标,要做一名学生的老师,首先要自我教育,严格要求,完善人格。因而"师风可学,学风可师"是我的座右铭。

要有一颗红亮的心[①]

心,生命的主宰,指挥人的思想言行,其重要性不言而喻。古往今来,凡是对事业有追求的人,无不加强自我修养,铸就一颗晶莹红亮的心。

南宋右丞相文天祥兵败被俘,关在大都囚室。元统治者百般劝降,他坚持凛然正气,富贵不能淫,威武不能屈,慷慨就义。他夫人收尸时从他衣带里找到一张纸条,上写16个字——"读圣贤书,所学何事,而今而后,庶几无愧。"这就暗示人们:读书为了什么?为了明理,明做人之礼,效国家之礼。文天祥这个"状元宰相",在国家危难之际,以身许国,实践了生前"人生自古谁无死,留取丹心照汗青"的大志。文天祥这颗丹心是由爱国主义、民族气节浇铸而成。爱国主义是我们中华民族赖以生存、发展的精神支柱,民族气节是我们的民族魂,因而,文天祥这颗红亮的心彪炳千古,震撼着一代代人的心灵,激励人们以国家千秋大业为生命的支撑和奋斗的目标。

北宋范仲淹的《岳阳楼记》,同学们耳熟能详,尤其是那句"先天下之忧而忧,后天下之乐而乐",更是脍炙人口。这种忧乐观植根于范仲淹心中有天下、心中有老百姓,这种忧患意识,这种忧国忧民的思想,千古传颂,是宝贵的精神财富,哺育了一代代志士仁人,至今闪烁着为生

[①] 本文发表于《阅读世界》2004年第10期。

民立命、为万世开太平的灿烂光芒。

近现代、当代更是有无数英雄人物继承和发扬了优秀传统,为了民族的兴盛、国家的统一、人民的幸福,舍生忘死,前仆后继,艰苦奋斗,谱写了一曲曲可歌可泣的赤子之歌。就拿同学们熟悉的林则徐、李大钊、方志敏、鲁迅、雷锋、邓稼先、袁隆平、杨利伟等来说,哪个不是丹心照日月,热血沃中华?

青春是无价宝。青少年成长过程中不仅需物质营养滋养身体,使身体健壮,更需良好的精神养料,滋养自己的心,使心红亮起来。阅读精品佳作,跨越时空,与至圣先贤对话;参加社会实践,倾听英雄模范的诉说。只要有积极向上的渴望,你就会有吮吸"乳汁"的甘甜和愉悦,他们高尚的思想、优美的情操、博大的胸怀、非凡的智慧,就会春风化雨一般渗入你的心头,滋润你的心。

心,只有方寸之地,确实不大,但心中装什么,在不同人的身上,就会有很大的差异,乃至有天壤之别。善良与恶毒,热情与冷酷,高尚与卑劣等,都源于心中装载着不同的内容。心中只装载着自己,只看到鼻尖下的私利,必然是狭隘、自私,自我封闭,不尊重别人,瞧不起别人。遇到事情,只要与自己无切身关系,就冷若冰霜,漠然处之,置若罔闻。"门前雪"都懒得扫,还哪管别人"瓦上霜"?"人之初,性本善",如果用自私自利的尘埃把"心"污染了,人的善良本性涂上了黑,人的思想言行就会错位。别人很难与你交往,你就会孤独、苦闷,快乐离你而去,朋友离你而去,社会上这样的例子屡见不鲜。如果心中只装着自我,只装着私利,无休止地发展下去,就会损人利己,乃至无恶不作,最后堕入犯罪的深渊。任何人都不是生下来就坏,就是罪犯,而是自私到极点,把私利放大再放大,最终为获私利而不择手段。老百姓骂这样的人是"黑心""没良心""狼心狗肺""狼子野心"。

青少年学生有一颗纯真的心,心中要装载许多美好的东西。法国大文豪雨果曾这样说:"世界上最浩瀚的是海洋,比海洋更浩瀚的是天空,比天空还要浩瀚的是人的心灵。"海洋、天空,够浩大的,无边无际,而人的心灵比它们还更浩大。为什么?因为一颗红亮的心,绝不是只装载自己,而是装着他人,装着集体,装着国家兴衰,装着百姓安危,装着世界风云。这样,你会觉得心胸开阔起来,血热了,热情往上涌,激情满怀,要为他们做点事,为他们做大事。此时此刻,心中就升腾起理想,升腾起信念,升腾起志向;此时此刻,心有众多人的支撑,更纯真,更红亮。

心里想的,一定要付诸实践。实实在在做,想的就不会是天马行空。做,就要从身边事做起。首先要尊重别人,不能做"玻璃人"碰不得。家长说一句就蹦就跳,就不理睬;老师只能说好的,不能有善意的批评。人是平等的,要相互尊重,你尊重别人,别人就会尊重你。家长、老师为什么这么说,你换个位置想一想,心平了,气也消了,有益的话也就入耳入心了。唯我独尊就体会不到别人关怀你的欢乐。其次是时时、处处、事事想到别人,做自己力所能及的事帮助别人。同学之间,家庭之间,社区之间,学校之内,许多只是举手之劳的小事,如分析一个题目,擦一擦课桌上的污迹,扫一扫地上的垃圾,帮老人提一提东西,洗几个碗,诸如此类的小事举不胜举,不费多少时间,不用多少力气,关键在自己有没有一颗爱心,一颗同情心。学会同情,学会关爱,心地会善良,会充满阳光。当然,十分重要的还要牢记自己是中国人,应该有一颗中国心。祖国、乡土,生我养我,经常有一种感恩的情感,就会激励自己奋发努力,树立成为祖国建设有用之材的志向,就会严格要求自己,识别和抵御不良思想、文化的侵蚀,使自己具备良好的思想道德素质。

记得意大利诗人但丁曾说过:"一个知识不全的人可以用道德去弥补,而一个道德不全的人却难以用知识去弥补。"青少年学生求学时期当然要求知,掌握知识,培养能力,为日后报效祖国打基础,与此同时,必须养成良好的道德品质，优美的思想情操，铸造一颗晶莹红亮的心。道德残缺，人的精神支柱垮了，就永远不可能成为一个真正的人。

祝愿我们青少年学生懂得做人的道理，学做一名高尚的人，拥有一颗红亮的心。

永远的良师益友[1]

人不能自然成才,总要靠培养。我在基础教育园地耕耘半个多世纪,之所以能得到学生、家长、社会的认可,除了组织的长期教育、同行的亲切帮助、学生的积极督促外,《上海教育》杂志以其一篇篇遵循教育规律的文章指导着我,一个个生动鲜活的典型报道激励着我,催我奋进,助我成长。蓦然回首,这本杂志真是我成长中的良师益友。

学,勤于采撷

开始做教师时,我十分懵懂,只有教好学生的愿望与热情,至于怎样才能教好,应该具有怎样的教育理念,怎样才能上好课,怎样的教育教学方法才是正确的,朦朦胧胧,稀里糊涂。一次教工大会上,校长要求教师博览报刊,特别强调要认真读读《上海教育》,说那是紧密结合上海中小学教育情况的活的教育学,对提高自己很有帮助。

"活的教育学",我一下子就听进去了。出于好奇,我每个月都到阅览室去看。越看越有兴趣,觉得好些问题自己从没想过,更别说做了。于是,自己订阅,也好在杂志上圈圈画画。

至今还清晰地记得1964年第4期上转载的《人民日报》社论《培养生动活泼的主动的学习空气》。这篇社论是因该报介绍上海市育才中

---

[1] 本文发表于《上海教育》2006年第6期,是作者应"我与《上海教育》50年征文"栏目之邀而作。

学改进教学方法、减轻学生负担、提高教学质量的经验而发表的。我把这篇社论和之前发表的社论结合起来，反复学习，画直线，画波浪线，加圈，加点，一遍遍咀嚼、体会，对教育方针、培养目标、教育思想、教育方法的认识突然大大提高了一步，教育工作中突然出现了一大片可供开垦的新天地。"要按照党的教育方针，正确处理德育、智育、体育的关系"，"让学生在德智体诸方面生动活泼地、主动地得到发展"，要培养学生成为"身体健康的、生气勃勃的、富有创新精神的"全面发展的新人；"正确的教学方法就是充分调动起学生学习的主动性，也就是充分地发挥学生在学习上的主观能动性"，教师主动性和学生主动性"结合起来"，"在课堂教学中要重视人的因素，充分发挥学生的主动作用"等，这些语言都烙在我的脑子里，引领我逐渐悟到了育人的真谛，逐渐形成正确的教育理念，终身受益。

杂志上介绍了各类学校各个层面的教育教学经验，我勤于采撷，既开阔视野，又从中吸取丰富的养料，大大增长了教育方面的见识。

思，敏于发现

学而不思则罔，思而不学则殆。学的时候不动脑筋思考，如行云流水，不留痕迹，等于白学。学习理论，学习他人的经验，一定要动脑筋琢磨。

杂志上的文章，有时是专门一个主题，如前面所述的改进教学方法的经验。整本杂志虽只一个主题，但角度不一样，有实践改革者的体会，有社论，有评论，有校长、教师学习后的感受。不同文章，从不同角度阐述、剖析，既可提炼出规律性的认识，启我心智，又表述了实践者的探索与苦心，还表达了学习者的积极性，助我钻研。读一本杂志，其介绍的先进教学经验在脑子里来来回回走几遍，留下痕迹，择其要、择其优储存，就成了自己的教育积淀。

思，绝不是漫无边际，更不是胡思乱想。思，要善于比较，善于鉴别，多问几个为什么，敏于发现问题。通常情况下，一本杂志总有好几个主题，每个主题又由几篇文章组成。碰到这种情况，我就一组一组阅读。如保护学生视力问题，有医生文章，有中学、小学文章，有图书馆管理员文章，都谈到用眼卫生，这是好的。但当时的直觉是似乎缺了点什么，仔细一想，家长这方面弱了，只在中学一篇文章中带了几句。其实，学生做作业，晚上都在家里，而当时家庭的照明条件并不理想。如果这一块加大宣传力度，让学生家长也现身说法写篇文章宣传、指导，就更完美了。

思，更多的是把自己放进去对照，从中看到自己的不足、缺陷，从中获得启发，获得可资借鉴的教育教学技巧。读了班主任工作经验，对照自己的班主任工作，一下子就发现了不少问题。比如家访，我只认为是通报学生在学校情况，其实，也是接触社会，了解学生成长的家庭具体环境，家长的所思所想、所爱所恶对学生有形无形地产生着怎样的影响。一个家庭是一本书，历史的，现在的，家庭成员的，亲朋好友的，读懂不容易，交流更不容易。读不明白，又怎能对学生的生活世界、心灵世界了解得一清二楚？又怎样与学生心灵交流，因势利导呢？家庭访问有如此的差距，其他呢？是不是每个学生都能心情愉快地发展？是不是每堂课学生都学有所得，学得愉快？是不是老师和每个学生都亲密无间？一连串的问题常困扰自己，总觉得自己不称职，没有做好，思维不活跃，能力不强，有同志笑我："你太追求完美了！"其实不然，这里缺一点，那里差不少，离完美相距十万八千里。要感谢的是这本《上海教育》杂志给我提供了自照的镜子，照出了不足和问题，榜样引路，给了我前进的不懈动力。

行，勇于探索

事情是干出来的，不是说出来的。教育事业既是理想性的事业，又是实践性的事业。要实现把学生培养成人、成才的理想,追求高尚,追求真善美,就要勇于实践,勇于探索。

看到问题,发现不足,就要改进,就要弥补,杂志上登载的许多行之有效的做法正是学习的榜样。他山之石,可以攻玉。于是,我迈开了教学改革的步伐。从深入钻研教材,到了解研究学生;从处理教材、驾驭教材,到改革课堂教学内容、结构、方法;从课堂教学语言到课外活动组织与指导;从板书设计到作业批改、讲评等,对教学的改进、质量的提高进行了全方位的考虑,一步步前进,一步步实践。有了点粗浅的认识与体会后,我连续写了几篇短文,发表在《上海教育》杂志上。

尽管当时的认识与做法均十分肤浅,谈不上有什么经验,但《上海教育》的记者不断来听我的语文课,鼓励我探索,我很感动。特别是公开课,记者在百忙中抽空来听,和我交换看法。高中年级主要教议论文和文言文,我在教《民族的科学的大众的文化》一文时,记者章如同志不仅随堂听课,而且写了一篇较长的报道,肯定我教得活泼,学生学得主动,教师发挥了主导性,学生发挥了主动性,改进语文教学初有成效。这就更坚定了我继续探索的信心。

也许是机遇,也许是幸运,1978年我被评为首批语文特级教师。当时被评到的八名中学特级教师所在学校中,只有我们学校是区重点,名不见经传,与其他七所学校的历史、名声无法相比。我忐忑不安,总觉得自己欠缺很多,评上纯属偶然,名实不相当。《上海教育》记者却一视同仁,到一所所学校采访。最难忘的是徐金海、金正扬两位同志,他们的采访不是蜻蜓点水、浮光掠影,而是沉到课堂里,沉到学生中,开了许多次学生与教师的座谈会,翻阅了许多作文本,最后写成了一篇报道《语文教学的艺术——记杨浦中学特级教师于漪》,发表在1979年第3期《上海教育》上。与此同时,我配了一篇《兴趣、感情、求知欲》发表,杂志还为此写了短评《语文课要上得有"味"》。这样的事发生在任何教师身上,都会产生巨大的激励作用。一是记者的敬业精神,一丝不苟,高度负责;二是杂志对教师工作的肯定与扶持。这份关爱和热情就成为我不懈努力的驱动力。

进入新世纪,《上海教育》更以崭新的面貌出现在读者面前。视野更开阔,信息量更大,精彩内容更多,图文并茂。尽管我已不在第一线工作,但几十年所思所想所做均是教育,教育已成为我生命的有机部分,须臾不能分离,因而,《上海教育》仍然是我的钟爱,是我永远的良师益友。

做教师是一篇大文章[1]

今天我参加这个会,除了非常感谢组织上对我教育工作的肯定外,我还深深感到不能承受之重。开这个会,领导非常重视。其实我一再与区教育局领导讲,我是名普通的教师,没有必要这样做。我拒绝了很多次,但是区教育局领导跟我讲:这不是你个人的事情,因为我们要好的校长队伍,好的教师队伍。这样我只好应允。但是开这样的会,我仍然感觉到不能承受之重。为什么不能承受呢?

第一,我确实是名普通的教师,没有什么特别的地方,也说不上有多大的成绩。我最深的体会是,当了一辈子的教师,一辈子在学做教师。做教师是一篇大文章,非常丰富。我从50年代初开始做教师,一直到现在,深感每一个时间段都赶不上时代,总是觉得有许许多多的不足,因此,我体会到,说做一辈子教师,还不如说是一辈子在学做教师。我除了有限的一些"井底之蛙"的经验之外,确实没有多少东西值得学习和借鉴。

第二,我毕竟年纪大了,中国人讲人生七十古来稀,我已经超过70岁,没有几年了。年轻时,曾不断吐血,患胃溃疡,瘦得像人干,还有很

---

[1] 本文是2006年9月8日作者在上海市普教系统名校长名师培养工程"于漪基地暨于漪教育思想研究中心"揭牌仪式上的发言。"于漪教育思想研究中心"是上海市杨浦区成立的于漪教育思想研究机构,以"让于漪成为我们共同的形象"为目标,研究于漪,学习于漪,提升杨浦教师素养,打造一支高素质的杨浦教师队伍。

严重的肝炎。我没想到还能活这么久,总觉得我现在是赚来的。这样的身体,患这么多重病。不是新社会,不可能活到现在。所以,我一直是怀着感恩的心情做工作,我向我们的祖国、向我们的党感恩。想当年,我在读初中时,每天要走很多路,冬天,路边常见人冻死。想想过去的日子,我们现在真是非常幸福了。我之所以有这么点知识,都是我的老师、同事不断地启发教育我的结果。任何一个人在事业上有点进展,都是许许多多人的精神的、物质的恩泽给予的。所以我这一辈子都是怀着这份感恩的心情工作的。既然组织上委我以重任,任重而道远,我当尽心尽力。

我当了几十年的教师,在这所学校摸爬滚打,几乎每个角色都当过,对普教的情况比较了解。从实习心理学到教历史,再改行教语文,隔行如隔山,开始我连"b, p, m, f"都不认识。我们支部书记讲:"在战争中学习战争,最高指示。"谈话两分钟就改行了。我觉得党让我做的事情就是需要,需要就是我的志愿。我的志愿是"干一行,爱一行;干一行,专一行",我不能辜负组织的信任。当然其中的艰苦一言难尽。语音语法等一无知晓,只能天天开夜车,明灯伴我过半夜,不到第二天凌晨1点是不睡觉的,这样两三年之内我把中文系课程、语文教学的基本知识与能力初步掌握。

老师和医生有共同的地方,庸医伤人,马上能看见;教师的合格与否,说实话一下子看不出来,10年、20年以后全部知晓。人接受怎样的基础教育,思想道德和科学文化素质培养得如何,多少年后会全部体现。我们基础教育做的是地底下的工作,打做人的基础,没有什么惊人之笔,但是它关系到国家的千秋万代,关系到学生的青春。一个孩子只有一个青春啊!我没有什么豪言壮志,我一看见学生就觉得肩上挑着重担。一个肩膀挑着学生的现在,一个肩膀挑着国家的未来。对学生进行怎么样的教育,他就成为怎样的人,无论如何我不能做一个误人子弟的教师,误人子弟是犯罪的行为。国家把孩子的青春、未来交给我们培养,我只有专心致志,兢兢业业,勤奋工作,三尺讲台关系着孩子的青春。

上海名师基地的工程是非常重要的,我深深体会到,学校教育的质量说到底就是教师的质量。高楼大厦、教学设备是重要的,但最根本的还是教师。西南联大的校舍那么破旧,为什么能培养出那么多的高端人才?师资好。第一,教师忧国忧民、救国救民,他们是怀着这样的心态来教育孩子的;第二,有良好的风气,始终是积极向上的。我们培养孩子一定要积极向上。获诺贝尔奖的杨振宇、李政道,"两弹一星"功臣都是西南联大出来的,多少年以后就全部检验了。我每想到这些,总是觉得身上有用不完的劲。有人说,于漪一讲教育浑身是劲,为什么呢?我们教师、校长是干什么的?就是要把我们的教育理想转换成教育的现实。我们的教育理想就是把每一个受教育的人培养成德智体美全面发展的建设者和可靠的接班人。这样的教育理想是真善美的理想,通过谁才能把它变成现实呢?只有通过我们校长、教师辛勤的劳动,把它变成现实。

"二期课改"确实有先进的理念。我有机会参加教育部的语文教学大纲、语文课程标准的审查,过去都是以知识体系为核心,现在课改的提法与科学发展观完全一致,以人为本。从知识为本,到以人为本,以促进学生发展为本,这是极大的进步。上海"二期课改"的整个支柱和一系列的做法也是围绕这一点的。我觉得,在所有的工作中,人是第一要素,有了人,好的方针、政策才能顺利贯彻。如果人有问题,就会遭殃,有令不行。所以,以学生发展为本是先进的理念,把先进理念变成学校教育、课堂教学的实践,靠教师和校长。校长和教师是教育理想和教育现实、教育先进理念和教育实践的转换者。我体会到,上海"二期课改"和全国教改一样,成也教师,败也教师。

在所有的工作中,最重要的就是人,而人最重要的是"魂"和"根"。爱国主义是我们的精神支柱,民族气节是我们的民族魂。三尺讲台,应撒播什么东西到学生心中? 不仅是撒播知识的种子,与此同时,还要撒播做人的良种。

今日,我们是一个高度开放的社会。我买了一套美国推崇的语文教材,仔细看了一下,他们的语文教材中历数美国总统的功绩,赞颂与推崇美国文化。他们的单极思想、美国精神渗透到每课的练习当中,不可小视。我们上海的"二期课改"和"两纲"教育,就是着眼于在改革开放条件下如何培养可靠的接班人。最近中央教育督察组来检查教育,检查中央8号文件和16号文件贯彻情况。上海有"两纲",与课改结合起来,是上海育人的根本。德育不进课堂是没有很强的生命力的,生命教育道德教育必须随着知识传授、能力培养、智力发展,点点滴滴在学生心中扎根。

我一辈子梦寐以求的就是中华民族的伟大复兴,这是老师在我心中撒播的种子。我中学的校训,五个字"一切为民族"。这五个字渗入我的血液当中,在任何情况下,依然坚持到底,我就是要亲眼看见祖国的强盛。这是老师撒播的爱祖国的种子,老师教的时候慷慨激昂,要我们记得,这成了我一生的精神财富。所以,教课绝对不只是技术问题,是用生命在歌唱。只有你自己追求真善美,你被真善美感动,你的话才是出自肺腑,才能感人至深。

这个名师基地的建立是上海市教委对我的厚爱,教育思想研究中心的成立对我也是厚爱和鞭策,我一定尽心尽力。扎扎实实为老师的成长铺路、搭台。李骏修主任曾说过,名师不是哪一个人培养出来的,归根到底要自己要。这是最重要的,自己有这份心、这份情,搭台就能展示才华。凭我这种水平,我是培养不出名师的,但是我有很多经验教训可以告诉大家,我如何边学边改,竭尽全力。看到我们建设的知识杨浦,日益兴旺发达,我十分高兴。过去我每次到市里开会,心里都很难过,老被人说我是"第三世界",我一直和人争。我想事在人为,我们杨浦区的基础教育一定要打出牌子,创造经验,站在教育的前列。讲得不对的地方请各位领导和老师批评指正。

诚实守信岂是古板的信条[①]

小李因事某专业课未上。课后他向同班同学小沈借笔记抄。小沈注意团结互助,慨然应允。一周过去了,笔记未归还。小沈上课要用,一次次去索取,谁知小李淡淡地说了一句:"丢了,找不着了。"小沈与他争辩,他竟然说:"小事一桩,有什么了不起!"

其实诸如此类的事,在我们周围常有发生。言而无信,乃至说假话不打草稿,不脸红,脱口而出,流畅得很。有人善意指出,"对人对事应诚实守信"。当事人会振振有词:"老古板!弄弄清楚,什么时代啊?脑子要搞搞了。"听起来貌似有理,实质是美丑不辨,是非不分,影响人际关系的和谐。如果大家都这样,社会风气就严重受到戕害,阻碍社会健康发展。

诚实守信是中华传统美德。"诚信者,天下之结也。"(《管子·枢言》)诚信,是治理天下的关键。"言之所以为言者,信也;言而不信,何以为言?"(《春秋穀梁传·僖公二十二年》)说的话所以能成为话,是因为其中有信誉;如果说话不讲信誉,那还算什么话呢?谁能相信呢?自古以来,朋友之间真诚相交,感人的事很多,很值得今人思考、品味。例如《后汉书·独行传》中有这样的记载:东汉的范式和张劭两人一起在京城的太学学习。后范式回家时对张劭说:"两年后我回来,一定拜访

[①] 本文发表于《成才与就业》2006年第11期。

你的双亲,看看你的孩子。"两人共同约定见面的日期。约定的日期将到,张劭把此事告诉母亲,母亲说:"两年离别,相隔千里的诺言,你怎么相信得如此认真呢?"张劭说:"范式是个重信用的人,一定不会违约。"到了约定的日期,范式果然来了,拜见张劭的父母,与友人叙旧,极尽欢乐才告别。

  故事还有下文,但从上述一件事来看,友人之间真是一诺千金,情意深重。今日时代向前发展,难道这些美德就过时,就无用了吗?显然不是,人类创造的精神财富,创造的美好品德是跨越时空,绵延千秋万代的。有人误以为市场经济就是以牟利为中心,满足个人私利就行,管它道德不道德。这是愚昧无知的表现。市场经济有市场经济的规则,诚实守信就是极其重要的一条。虚假广告,假话连篇,坑蒙拐骗,只可能得逞一时,最终必自食其果,搬起石头砸自己的脚。有些企业的倒闭就是从虚假广告开始,失去了顾客的信任。诚实守信的程度标志着社会文明的程度。以诚实守信为荣,以见利忘义为耻,形成大家普遍的荣辱观,并付之于行动,人们的道德提升,社会的文明程度就高;反之,言而无信,虚假横行,污浊之气丛生,人们的心灵就遭到破坏,家庭遭殃,国家遭殃。

  对诚实守信的必要性、重要性,在青年学生中常有两种流行的看法:一是无关紧要,二是怕自己吃亏。我们不妨粗略地推敲一番。前面说到诚信是治理天下的关键。今日的社会与以往相比,复杂得多,丰富得多。社会是人的各种关系的总和,整个社会要稳定,要健康运转,各种关系必须和谐相处。损人利己必然损害和谐,破坏人和人之间的平等相处、友好相处。而人际之间和谐的重要纽带是"诚",是"信"。一片坦诚,真心相待,信守诺言,不仅可成为朋友、挚友、知己,乃至生死与共。讲究诚信是做人的底线,真诚守信,人与人之间不仅矛盾少,而且即使有矛盾,也容易和风细雨,妥善解决。因此,崇尚美德,讲究诚实守信,于国家于个人,均有百利而无一弊。社会和谐,家庭幸福也有保障,个人学习工作均能欢畅。

关于吃亏问题。什么叫吃亏?吃谁的亏?社会上确实是有人不讲诚信,有些不法分子更是钻空子,以种种骗术引人上钩,达到利己的目的。是非不明,或贪小利而屡屡上当的事时有发生。吃了骗子的亏,首先责任当然在骗子,然而受骗者难道不该反思吗?"私"字当头,就会眼不明,心不亮,上当受骗。通常人们嘴里的"不吃亏",就是门槛精一点,自己的利益丝毫不能受损。其实这里有一个向谁看齐的问题,是"见贤思齐",向品德端正、品德高尚的人看齐,还是向打小算盘为自己谋蝇头小利的人看齐。人要学会保护自己,不受侵害,这无可非议,但不是舍弃做人的美德,处处以个人私利为重。如果真如此,那真是亏大了,价值导向颠倒了,见利忘义,损人利己的思想就会乘虚而入,腐蚀吞噬心灵。久而久之,人就站立不起来。

人在前进道路上许多鸡毛蒜皮的小事可以不计较,但是非问题绝不含糊。坚持诚实守信,养成良好的思想品德、行为习惯,有利于自己的健康成长,有利于家庭的和睦相处,有利于社会良好风气的形成。青年学生应在这方面做出榜样。

青春是无价宝[①]

各位同学：

今天是你们人生旅程中一个十分值得纪念的日子，你们的母校在区政府区委的领导下为你们专门举办了这样一个庄严、隆重的18岁成人仪式，这是你们生命成长过程中享受到的无比的幸福。你们是我们中国最年轻、最有青春活力的新一代公民。18岁，在你们心中曾经有多少的期盼和梦想，而今实现了，这18岁成人的仪式，就告诉我们，你们长大了，你们将告别往昔的天真、幼稚，以充沛的精力，以饱满的热情，充满信心，充满自尊地迈入了生命的新的阶段。

我在想：什么叫成人？这就标志着你们成为中华人民共和国的公民，你们享有了中华人民共和国公民的特有的权利。公民，这是个神圣的称号，因为它意味着责任，意味着奉献。刚才几位领导已经讲了，在这成人仪式上，你们牢牢记住了，要以自己的青春和智慧塑造中华人民共和国好公民的良好形象，要传承和弘扬我们中华民族的优秀传统。同学们都十分清楚，比如"天下兴亡，匹夫有责"，比如《易传·系辞》里面就讲得非常清楚，"天行健，君子以自强不息；地势坤，君子以厚德载物"，这些教导告诉我们，这一辈子要有艰苦奋斗的精神。我们这个国家积淀了那么多至圣先贤的智慧，我们成人了，就要学会以宽容的心态

[①] 本文是2007年作者在晋元中学高三学生18岁成人仪式上的发言。

和其他公民和谐相处,要尽心尽力地为我们中华民族的伟大复兴贡献力量。

18岁,成人了,这就告诉我们最重要的是要树立凌云壮志。我们中国人有一句话,人无志不立,人没有脊梁骨是不能直立行走的,人没有远大的志向就没有精神动力。18岁,懂事了,告别了愚昧,告别了幼稚,因此我们就要把人类的前途、祖国的命运放在心中。宋代理学家张载曾经这样讲,"为天地立心,为生民立命,为往圣继绝学,为万世开太平"。这是什么意思呢?你要掌握顺应自然的规律,你要时时刻刻想到老百姓的生存和发展,你要为往圣继绝学,我们中华民族的智慧,世界太平的思想,一定要传承下来,弘扬下去。我们要建设和谐社会、和谐世界,至圣先贤的这种气度、胸怀仍然是我们中华子孙学习的榜样。

公民,公民就要姓公,也就是说从个人的小我中解放出来,要心中有祖国,心中有集体,心中有他人。一个人当他心中有集体、有他人、有伟大祖国的时候,他这个人就会高尚起来。就像你们曾经读过的杜甫的《望岳》这首诗一样,"岱宗夫如何,齐鲁青未了",他最后一句话是"会当凌绝顶,一览众山小",你就好像登上泰山之巅,视野开阔,胸怀广阔。我想做人就要做这样的人:当一个人把自己融入了集体,融入了社会,融入了伟大祖国的建设之中,你就会真正享受到生命的快乐,就会真正懂得生命的意义和价值,也就真正品味到了人生不虚此行。

今天这样一个成人仪式,将会镌刻在每个同学的心上,将会成为你们的记忆宝库里面金色的回忆。时间很短暂,成人仪式时间是短暂的,但是由于它的意义非凡,短暂会定格为永恒。因为这个仪式是凝聚了晋元高级中学老师们培养你们三年的心血,是凝聚了家长18年来对你们的辛苦哺育,是寄托了我们党组织,寄托了区委领导、学校全体老师对你们的无限的期望,从此以后,责任、奉献将陪伴你们终生。希望你们用自己的道德和才能为祖国做出贡献。我老了,78岁了,是一名老教师,在这样一个激动人心的时刻,再次祝贺你们跨入了成人的行列,衷心祝愿你们珍爱自己的青春。青春是无价宝,它是非常公平的,对每个人都是一样的,只有一次,因此要激情洋溢,青春似火,要全面地发展自己的德智体美。衷心地祝福你们人生和谐,硕果累累。刚才王校长讲了期盼你们为学校争光,祖国期待着你们,我们这些老教师期待着你们。

谢谢!

教学生命的第二个春天[①]

经历过严寒,才能真正感受到春天的温暖;经历过黑白颠倒、人性被践踏,才能真正体会到人的尊严的珍贵。

1977年"四人帮"已粉碎,但套在教师头上的"两个估计"枷锁还未打开。出于十年"文化大革命"高压下的恐惧,许多教师不敢说,不敢干,徘徊观望。我更是如此。曾被冠以"修正主义教育路线吹鼓手"罪名,一切语文教学活动,包括上公开课、个别指导学生,都是为这条路线卖命,当然只能噤声。平地一声春雷,这年9月邓小平同志发表了《教育战线的拨乱反正问题》的讲话,充分肯定了1949年后17年教育工作的成就。以推翻"两个估计"为教育战线拨乱反正和思想解放的突破口。这年深秋,上海在文化广场召开了教育方面的千人大会。会上,我与另外三名教师发言,批判"两个估计"的错误,吐露压抑在胸中的真言。整个大会群情激愤。砸开了"两个估计"的锁链,教育的春天来到了。我和许多在"文化大革命"中受迫害的教师一样,迎来了教学生命的第二个春天。

这年深秋,南京路上海医药商店7楼上海电视台教育演播分室第一次向全市直播中学教师向学生教授语文课的实况。演播教材由我自选,选的是高尔基的《海燕》。尽管从未面对过电视镜头,心里有些紧

[①] 本文发表于《中学语文教学》2008年第7期。

张,但怀着冲出"文化大革命"暴风雨的欢乐,心灵放飞,就从容起来。朗读,剖析,讨论,辅之以简明扼要的板书。学生十分投入,我也得心应手,进入忘我境地。齐读到"它深信,乌云遮不住太阳,——是的,遮不住的!"群情振奋,语调高昂。自信、豪迈、欢乐洋溢其间,这似乎已不是高尔基的诗句,而是师生发自肺腑的心声。课在朗读全文中收煞。有学生风趣地说:"我们刚从海边归来。"此时此刻我顿悟到:上课是在用生命歌唱!三尺讲台无限爱,爱学生,爱未来,爱蕴含着灿烂中华文化的语文。教课不是当旁观的课文评论员,只有用生命编织的,从心底流出来的歌,才动听,才感人,才会如清澈明净的泉水叮叮咚咚流入学生的心田。随后,我收到好多封从上海、江苏、浙江等地的来信,这些收看电视的老师和我虽素昧平生,但心中表露的却是共同的心声:冲击暴风雨,课堂里春风拂面,教育的第二个春天来到了。

1979年12月,中学语文教学研究会第一届年会在上海召开,我仰慕已久的老专家叶圣陶、吕叔湘、张志公、蒋仲仁等参加了盛会,并作了重要讲话。会后进行选举。由于我须参加刚恢复的市人民代表大会常委的选举,无特殊原因不可请假,中语会选举只得缺席。没想到我这名教学第一线的普通教师竟然也被选为该会的副会长,能进入研究语文教学学术的殿堂,多了许多学习的机会,真是心存感激。

1980年8月暑假,我有幸参加了中学语文教学研究会在北戴河召开的座谈会。会前,苏灵扬同志与我深入探讨了语文教学的目的和任务。她是资深的教育行家,有十分丰富的教育经验,第一次见到她,我有点拘谨。她亲切和蔼,话匣子一打开,滔滔滚滚,不知不觉我就全部放松了。她反复强调语文学科很重要,教好语文极其不易,要有功底,要有文化,言简意深,我一直记在心中。座谈会上,围绕语文教改,与会教师谈了不同的认识与做法:有以作文为中心安排教学,有以阅读领先、读写结合,有强调听说,以听说促读写等,各抒己见,百花齐放。我真切地感受到许多优秀教师对语文教学的满腔热情满腔爱,我由衷感谢中语会给我以启迪思维、博采众长的机会。根据会议安排,我也作了发言,阐明读与写、教与学、教文与育人的关系。

80年代初,云南省中语会与四川省中语会相继成立,时任研究会秘书长的陈金明同志与我二人被邀请参加。云南省中语会成立大会上,全体与会教师那种全神贯注、对语文教学开创新局面的渴望令人感动。会上,我就语文教改作了长篇发言。会后,老师们围着我问这儿问那,对语文教学的钟情与热爱构建了一道美丽的风景线,热气腾腾,亲密无间,至今难以忘怀。四川省中语会成立的场景同样激动人心。开会的大礼堂台上放满了当时最先进的电器设备,参加会议的教师代表济济一堂,人满为患,只得对外拉了许多根线。那种人气,那种追求,那种精神,是教育中极其宝贵的财富。这哪里是邀我去作报告?分明是让我接受一次难得的教育!分组讨论时,好些资深的有学问的老师对教学中的诸多问题发表了真知灼见,使我受益匪浅。那时,不言一个"钱"字,事业为重。

80年代初,中国语言学会在武汉成立。上海语文学会派五人参加,会长罗竹风同志带队,我这名中学教师也算是其中一个。这个会议语言学家云集,学术流派纷呈,哪有中学语文教师的份?现在想来,全是前辈罗竹风同志对后辈的提携。他十分尊重中小学教师,认为中小学教育意义重大。会议开幕后,一位位大语言学家步入会场,我目不转睛地看着他们,其中有些是我心仪已久的学者,如王力教授。读他的《古代汉语》,我常会激动不已。会议使我大开眼界,不少专家对自己构建的语法体系说起来如数家珍,爱护备至,那种投入,那种沉浸,那种执着,那种神往,令人肃然起敬。其中谈到初中暂拟语法体系的问题,评是说非,争论热烈,最后的结论是非改不可。

1981年7月在哈尔滨召开全国语法和语法教学讨论会,研究中学教学语法的问题,语言界许多大专家也莅临了会议。会上,又是热烈的学术争论。我是来自教学第一线的,张志公先生嘱我紧扣第一线实际情况,谈自己的看法。发言中我强调语法要学,但要简明扼要,便于学生掌握,与学术研究讲究系统与精细要严格区别。中学课堂教学无深奥的学问,但必须用明确的语言把概念阐述清楚,切不可含含糊糊,可这可那。两次参加学术会议,深感语法教材编写极其不易,倾注了多少专家对我们基础教育的关注。

80年代中期,国家教育委员会基础教育司组织我们在山东长岛审查中学语文教材。多样的自编教材是解放思想的成果,有以主题为单元的,有以语文知识为主线的,有以写作为中心的,有以阅读能力培养为线索贯串的。印刷的书本虽不精美,但涌动着的是对语文学科的挚爱深情与探索追求。我一本本认真阅读,比较对照,剖析各类教材的利弊得失,联系教学实际,深入思考,受益良多。我领悟到:教学实践是检验编写指导思想的试金石,只要科学、合理,教材就会有生命力。与此同时,我也深深感受到从事这类工作,要有开放与宽容的心态,切不可固执一己之见,更不能意气用事。只有百花齐放,才会春色满园。后来有机会参加初中与高中语文教学大纲以及根据教学大纲编写的语文教材的审查工作,我总是抱着以学为先、积极补台的态度。一纲多本,人气旺盛,互相促进,语文教学才勃勃有生机。

最难忘的是80年代教学第一线风起云涌的语文教改浪潮,百舸争流,繁花似锦。我也积极投身其中,一方面孜孜矻矻进行实践,开展研究,一方面向同行专家学习,博采众长,丰富自己,弥补不足。60年代初,我从改革教学方法开始,力求抓精要,去烦琐,抓实效,去形式,克服只见书本不见人的毛病。"文化大革命"中断裂,未做任何实验。获得第二次解放,可以放手进行改革,岂不快哉?我是一名教师,心中最为重要的是学生,生命中最大的事就是一心为学生,让教书和育人的使命结伴同行。要提高语文教学质量,关键在于调动学生学习的内驱动力。学生有学习语文的主动性积极性,做学习的主人,才真正能在学习过程中积极思维,全神贯注,用心听、说、读、写,扎实而有效地提高理解与运用祖国语言文字的能力。为此,我在激发学生学习语文兴趣上下功夫,课内课外采用多种方法启发、诱导、培养,引领他们热爱中华民族汉语言的瑰丽神奇,体会经典文章的奇妙无比,深入文本之中辨认字词,揣摩语言,把握文脉,体悟思想,提高语言文化素养。

我追求的目标是把每一堂课上好,既一清如水,又情趣盎然。这倒并不是因为几乎每堂课都有老师来听,少则二三十人,多则几百人,而是为了培养学生对语文学习有强烈的求知欲,启发他们学有兴趣,学有所得,学有追求,学有方向,滋生成就感,满足感,幸福感。为此,我研究课堂教学结构,探讨如何最大限度地调动每名学生学习语文的积极性。做到在有限的课堂教学时间里眼看、耳听、脑想、口说、手写。在教学中不断实验,改进,把教学中师生之间的线性往复转换为网络式结构。"教"作用于全体学生,即使提问,也设计得深浅有层次;"学"反馈于"教",学生与学生之间切磋琢磨,交流促进。教师不越俎代庖,代替学生学习,而是组织、引导、启发、点拨、开窍。学生各个层面的积极性发挥了,课堂上的发光体就不是教师一人,而是能者为师。学生思想高度集中,常会超水平发挥,冒出惊人之言,闪烁智慧的火花。我及时抓住,在全班点燃,就收到了水涨船高的效果。我从不到外地巡回上课,所以全国各地来听课的老师特别多。课后,他们经常问我的一句话是:"你们学生发言怎么旁若无人?"我总重复回答:"他们习惯了,靠的是自强自信。"

有些学生语文能力提高不明显,究其原因往往不在语言训练比别的学生少,而是思维跟不上。比如提问题,他们不是不想提,而是提不出,发现不了问题。不会思考大大阻碍了他们学习的步伐。为此,我探讨在学生进行语言训练的同时,如何大力发展他们思维的能力。"学而不思则罔",思维训练和语言训练应放在同等重要的位置。思维是对外界事物认识的间接的反映,思维是借助语言来实现的。在教学过程中有目的有意识地促使学生生疑、质疑、解疑、再生疑、再质疑、再解疑,层层推进,在辨疑、析疑的过程中,掌握知识,获得能力。教学中精心设计,根据教学目的要求选用恰当的"钥匙"。不断拧紧学生思维的"发条",使它转动起来,启发爱思考的学生多思、深思,不会思考的学生会思、爱思。耐心地、细致地、坚持不懈地培养,学生思维日益活跃,语言的理解与使用明显增添色彩。

在同一课时内,如何让学生多方面获得培养,提高学习的综合效益,是我钻研80年代、90年代语文教学大纲不断深思的问题。大纲的"教学目的"用两个句子表述。第一个句子是学习语言文字培养语文能力方面的,第二个句子是发展智力,培养审美情趣和爱国主义精神。在教学实践中,往往把前者看作是硬任务,对后者并不作精心思考,随意性大,甚至丢在一边。其实,前后两句并非是不相干的两件事,而是糅合在一起的,"在教学过程中"把它们紧密融合为一体了。形式和内容是一个统一体的两个侧面,不可分割。缘文解道,因道释文,语言文字的表现力、生命力才得以充分展现,学生思想情操、价值判断也可受到良好的熏陶。基于这样的认识,我在教学实践中探索课的立体化,多功能。在单位教学时间里提高学生学习语文的综合效益,全面落实教学大纲中的"教学目的"。以语言文字的知识传授、能力培养为核心,融入智力发展和习惯养成,思想情操的熏陶感染。上课不是只抓知识、能力一个维度,而是多维培养,将教育功能、审美功能、发展功能与实用功能融为一体,有效提高学生的语文素养。

在应试教育绝对强势、《一课一练》等题海题库甚嚣尘上之时,语文教学逐步异化。初三、高三毕业班以题代教、以题代读代写,已司空见惯,见怪不怪,许多文质兼美的文章被剖分肢解,作为训练的例子,学生在知、情、意方面有多少收获要打个问号。学习兴趣学习热情下降,语文能力与素养也随之下降,距离语文教学大纲的要求甚远。面对这种情况,在研究学生现状及学习国内外语言学科发展进步成果的基础上。我较为深入地思考主宰我们教学的语文教育观念,尤其是语文教育观念中最为核心的性质观。经过多年研讨,我认识到:语言不是单纯的载体,而是意识、思维、心灵、情感、人格的体现。它不但有自然代码的性质,而且具有文化代码的性质;不但具有鲜明的工具属性,而且具有鲜明的人文属性。汉语言文字不是单纯的符号系统,它有深厚的文化历史积淀和文化心理特征。语文的基本特点应是工具性和人文性的统一。没有人文,就没有语言这个工具;舍弃人文,就无法掌握这个工具。工具性和人文性是一个统一体的两个侧面,不可分割。由于在这方面作了较多思考,在教学实践中持续不断地探索,并撰文阐明自己的观点,因而读到《语文课程标准》有关这方面的表述时,倍感亲切。

  观点可以讨论,认识可以深化,改革在实施过程中可以不断完善,但语文教学在努力前进,这是无可辩驳的事实。

  数十年来,我一直是在教学第一线摸爬滚打的普通教师。无高深理论,无震人耳鼓的口号,上的是常态课,说的是常识性的话,尽心尽力跟上语文教学前进的步伐,让生命绽开春天的光彩。

一辈子做教师,一辈子学做教师[①]

我做了一辈子教师,自1951年从复旦大学毕业后,一直工作在基础教育领域。我深深地体会到,选择教师就是选择了高尚,就是选择了跟我们国家前途命运紧密联系的伟大的教育事业。不是什么人都可以做教师的,因为教师这个工作是育人的工作,教师要用自己高尚的人格去引领学生形成健全完美的人格,要以自己的真才实学启发学生旺盛的求知欲。汉代韩婴在《韩诗外传》中曾讲过:"智如泉涌,行可以为表仪者,人师也。"做教师一定要德才兼备,自己的思想言行要给孩子做榜样。教师的人格对学生的影响是非常大的,它无时无刻不在潜移默化影响着学生。我一辈子的理想就是做一名合格的人民教师,这里讲的"格",不是指电脑上的排位,而是国家的期望、人民的嘱托。国家把后代交给我们教师,国家就放心了;老百姓把自己的子女交给我们教师,他们就放心了。这才是合格。

一、学历水平不等于岗位水平:清醒地认识自己

做教师,身教远远重于言教。《论语·子路》中讲过:"其身正,不令而行;其身不正,虽令不从。"我经常和年轻教师讲,教师对学生的作用,

---

[①] 本文是作者在2010年9月26日由上海市教卫党委、市教委举办的"全国教书育人楷模于漪老师报告会"上的发言。2010年,作者当选为首届"全国教书育人楷模",在人民大会堂受到党和国家领导人胡锦涛同志的亲切接见。

绝不会是零。教师工作无时无刻不是你世界观、人生观的亮相,你整天和学生在一起,你有什么样的思想观念,自然会对学生产生相应的影响。要成为一名合格的人民教师,不辜负党和人民的期望,自己首先必须做一个一身正气、有中国心的堂堂正正中国人。在此基础上,才谈得上教师的专业发展、教育教学的技能技巧。在我心中有很多榜样,苏步青、谢希德先生那样为国为民、忧国忧民的意识始终是我学习的榜样。我是一名平凡的普教老师,但是我想,千里之行,始于足下,我也可以一步一步攀登,一步一步修炼,成为一名合格的、学生爱戴的、人民放心的教师。所以,第一步就是要清醒地认识自己,这是塑造自己人格魅力的前提。

我22岁大学毕业做老师,不知天高地厚。做了老师以后我才发现,学历水平不等于岗位水平。学历水平只能说明职前接受教育的程度,岗位上是要有综合素质、综合能力的。有两件事情一直让我刻骨铭心。讲到阳春白雪、下里巴人,我就这样和学生讲,下里巴人就是通俗的,而阳春白雪是高雅的。后来读宋玉《对楚王问》才发现,我教的是多么不准确。原来它是这样的,有客到楚国郢中唱《下里巴人》曲子的时候,属而和者数千人;唱到《阳春白雪》曲子的时候,属而和者不过数十人;而到了引商刻羽、杂以流徵的时候,属而和者数人而已,因此曲弥高和弥寡。我由于治学不严谨,误把第二等的作为最高的。基础教育是不能有半点差错的,因为它是伴随人的终生的,小学学的字、对数字的概念,一辈子都在用。当时我非常内疚,对学生讲,我讲错了。我是改行来教语文的,因此要用五倍、十倍的力气来学。天天学习,明灯陪我过半夜。每晚9点以前工作,9点以后自修。我用了三年的时间,把大学中文系的全部课程学完。我想做教师非常重要的一条,就是要谦虚谨慎,好学不倦。

当时,我们语文组有18名老师,我是唯一的女教师。那个时候听老教师一堂课很难,不像今日,现在党和国家对青年教师的关爱和期望是我年轻时候没有感受到的。我们那个老组长很有学问,有一天他来听我的课,我清楚记得上的是王愿坚的小说《普通劳动者》,讲的是将军和士兵的故事。课上完后,我向他请教,他先表扬了我几句,接着说道:"不过,语文教学的大门在哪儿你还不知道呢!"我简直像五雷轰顶一样,晕了。他说:"人物分析有像你这样分析的吗?将军平易近人,热爱劳动,这是贴标签。"他的这句话激励了我一辈子:既然做教师,我不仅要把大门找到,而且要登堂入室。

从此,我下定决心要拜众人为师,两把尺子伴随自己的人生,一把尺子专门量别人的长处,一把尺子专门量自己的不足。

一把尺子量别人的长处。每次开教研组会,我都拿本子记。每个人思考问题都会有很精彩的地方,我用心听,认真记。我体会到教师要学会借脑袋,要博采众长,把别人所有的长处、思考问题的结晶都学过来。别人会从各个不同的方面给自己以启发,所以我向教研组所有的老师学习。我不断地"照镜子",寻找自己的不足。

一把尺子量自己的不足。每一次课上下来我都有"教后",每堂课都要反思。"教后"主要记两点。一是记学生的闪光点。当孩子学习全神贯注的时候会超水平发挥,往往超过我备课时的所思所想,这是孩子创造的火花,我要把它记下来。二是记自己的不足。不管备课的时候多么认真,但是当孩子的主动性发挥出来以后,就会发现自己的准备总有这样那样的漏洞,因此我就记下自己的不足。不用长篇大论,一二三四五写它几点,这样长期下来就掌握了教与学的规律。

二、一辈子自我教育:学而不厌、勇于实践

教育事业真是遗憾的事业,我一辈子没有上过一堂十全十美的课。罗曼·罗兰说过,累累的创伤,就是生命给你的最好的东西,因为每个

创伤都标志着前进的一步。每次课上下来认真思考，都会看到自己的不足、缺陷乃至错误，因此不敢有丝毫的懈怠。教师的成长与发展最重要的是内心的深度觉醒，就是把日常平凡的琐碎的工作与我们党未来的事业、与千家万户紧密联系在一起，这样每件事情就会有育人的非凡意义，就会满怀激情千方百计做好。在我的教育生涯当中有两根支柱，一根支柱是学而不厌，一根支柱是勇于实践，两根支柱的聚焦点是反思。

第一，学而不厌。要诲人不倦，首先要学而不厌。一个教师学不好，就无法担当教书育人的重任。关于学而不厌，我想有这样几个方面。一是重要的理论要反复学。一定要武装自己的头脑，要有正确的世界观、人生观。现在教育问题纷繁复杂，不用辩证唯物主义、历史唯物主义观点来思考，就会非常茫然。比如，学习小平同志讲的"三个面向"——面向现代化、面向世界、面向未来，当联系很多具体材料学习这个理论时候，我就觉得重任在肩，坐立不安。20世纪六七十年代，西方发达国家对教育的重视程度是惊人的。撒切尔夫人曾经讲过，办教育要有救火一样的紧迫感。美国总统克林顿执政时，发现小学生的阅读能力很差，因此他就花十年时间来进行一个特种阅读挑战，花了15亿美元，动用100万中小学教师、10万大学生半工半读来提高中小学学生的阅读能力。我们学校曾和英国牛津大学教育学院、美国密歇根大学教育学院搞了个跨国研究课题，研究职初教师培训"师带徒"的方法。我们的优点是，中国师带徒教育的技能技巧是三个国家中最强的。但是我们带徒弟的视野明显落后于美国，师生之间关系的密切程度也不如人家，这使我不得不思考一些问题。我们课题组里有个斯坦福大学的博士后，他的孩子在硅谷小学读书，上四年级的时候，我问他暑假作业是什么，他说没有书面作业，就是读40本书，其中就有儿童版的《水浒传》和《西游记》。每个理论的后面，都有丰富的内涵，要联系国内外实际去思考问题,这样就会更加清醒。

其次要紧扣教材深入学。我经常想,假如教师的教和学生的学是在同一层面移动的话,学生怎么会有求知欲?教师起码要提高一步,要紧扣教材深入学。教要教在学生不知道的地方,教在他似懂非懂之处。比如,教《木兰诗》,"东市买骏马,西市买鞍鞯,南市买辔头,北市买长鞭",用"东西南北"方位词写木兰替父从军购物准备出征的繁忙。于是我紧扣这一点深入学习,其他诗词里面是怎么用方位词的呢?《楚辞·招魂》中是这样的,"魂兮归来!东方不可以托些……魂兮归来!南方不可以止些……魂兮归来!西方之害,流沙千里些……魂兮归来!北方不可以止些……"四方不可以留,楚怀王的灵魂要回归故里,这是表现屈原忠君爱国思想的。这和《木兰诗》里面用法不一样。在曹植的《游仙诗》里面又是另外的用法,"东观扶桑曜,西临弱水流,北极玄天渚,南翔陟丹丘",东西南北都堵在那里,无路可走,表现他受到猜忌,郁郁寡欢。《捕蛇者说》里面是结合起来用,"叫嚣乎东西,隳突乎南北"。还可以有打油诗的用法,在《儒林外史》里面,落拓知识分子杨执中屋里壁上的对联是"三间东倒西歪屋,一个南腔北调人"。教师一定要紧扣教材深入学,不断增加自己的文化积淀。什么叫作备课?备课不是让字躺在纸面,而是钻研到让它站立起来跟你对话,那你就不仅知道字的表面意义,而且知道字的后面作者为什么这么用词造句、谋篇布局,不仅知道工具的使用,而且知道工具背后的情和意,用现在的话来讲就是蕴含的情感、态度和价值观。《后汉书·列女传》中讲:"一丝而累,以至于寸,累寸不已,遂成丈匹。"我就是用古人讲的这种精神来学习的。学习是光荣的荆棘路,教师没有丰富的智力生活是不可能点燃孩子旺盛的求知欲的,是不可能让孩子在每一堂课都兴味盎然地吮吸到精神养料的。

第二,勇于实践。教育事业是实践的事业。教育不是说出来的,不是讲出来的,而是做出来的,因此,怎么做,用什么教育理念来指导,非常重要。我一辈子上了近2 000节的公开课。1978年第一批评上特级教师,堂堂课有人听,少则几十人,多则几百人。所有的事情都在众目睽睽之下。这也有个好处,使我养成了严谨的习惯,不敢有丝毫的懈怠。还有就是做班主任。我各个层面的学生都带过。比如,1977届的学生乱到全校没有办法上课,我们年级组有三十几位老师,女老师除了我没有哭过以外全部哭过。我担任年级组长,天天早上6点多到学校,一直到晚上9点多才走。有一个阶段,我还上三个班的语文课。我当时就想,一定要抓好各个班级的小干部,把他们抓在手里培养。我把各个班的小干部集中起来,每周集中培养两次。一个下午专门学习理论,把学生的思想理论底子打好,学理论其实也在学文化;还有一个半天,因材施教,发挥学生的特长,搞各种各样的课外小组、课外活动。粉碎"四人帮"后,1977届学生参加"文革"后首届高考,两个快班百分之一百考取大学。因此,做老师的一定要教在今天,想到明天,孩子是有未来的,一定要为孩子的未来着想。虽然当时我顶着"修正主义教育路线吹鼓手""反动学术权威"的帽子,但我想,在一个文盲半文盲充斥的国家是无法建设社会主义的,这种状况是一定会改变的。

我年轻时多病,唯一的一个儿子,身体极差,生了很多病,小孩子有一年住了七八次医院,两次是病危,一次是败血症。我是班主任、教研组长,教两个班级的语文,工作一直超负荷。孩子胸口生了一个疖子我都不知道,后来发展为败血症,住进了二军大医院。上半夜我爱人陪,下半夜我陪。一天夜里,医生找我们谈,说药用了没有明显效果,要我们有思想准备。他说现在只有一个办法,要用一个健康男子的血液给他输进去,看看能不能救过来。谁没有亲子之爱?我求求医生救他的命。我每天早上离开医院时,把他扶起来,他总吐得我一身,嘴唇都烧焦了,头用冰袋敷着。每次走他都要哭,问我会不会死,让我不要走。

我说这里的叔叔阿姨都很好，一定会救你的命。其实我心里非常难过，但我不是医生，我不会救孩子的命，我咬咬牙还是去学校上课了。那时正值高考复习，考大学确实影响到一个人的人生道路，我不去上课，谁来代课？我想，我一定要忠诚党的教育事业，全心全意爱学生。什么叫懂道理？懂道理不是写在纸上、说在口里的，身体力行做到，才是真正的懂。所以，我几十年来，没有为家庭私事脱过一节课、请过一次假。我孩子的命最终救过来了，但人一直抖，一年未能读书。后来我们老书记说你这么困难为什么不说？我说我不是医生不会治孩子的病，但我是老师，学生在高三最后一个月复习，我走了，谁来带？我们的事业要千秋万代，国家的未来、人民的嘱托，这是沉甸甸的历史使命，要有责任感和使命感，要负起责任来。因此，我觉得一辈子肩上都挑着千斤重担，一个肩膀挑着学生的现在，一个肩膀挑着国家的未来。今天的教育质量就是明天的国民素质，所以我不敢有丝毫懈怠。

三、"胸中有书、目中有人"：不断追求教育的理想境界

教师要努力攀登，追求理想境界，也就是说要不断地自我超越。人最大的敌人是自己。大学毕业、研究生毕业去做老师满腔热情，四五年下来就会有些懈怠。有的评上了高级教师，就产生"高原现象"。我觉得，作为教师，一定要追求高尚的理想境界，不断地努力攀登。我对自己有八个字的要求，即"胸中有书、目中有人"。胸中一定要有书，这个书不是教本、学本，而是书要烂熟于心，如出己之口，如出己之心。

我上课是从来不带教案的，拿着教案怎么面对全体学生？你要察言观色，眼观六路，耳听八方，观察每个学生的学习情况，因此备课的时候要备得十分熟练。备课要目中有人，我们所有的学科都是为了育人，这是教育的本质。教育就是为了促进每个学生的终身发展，把学生蕴藏的潜能通过教师的开发把它变成现实。我体会到，一个班教一二十

个学生,教出来是不稀奇的,要教好每一个学生,那是千难万难的。因此一定要深入了解,目中有人,不仅要走进学生的知识世界,而且要走进他们的生活世界和心灵世界。你只有了解学生,知心才能教心。不知心,他觉得你讲的都是假的和老八股。因此,了解学生、研究学生非常重要。

要研究学生的心灵世界,我连周杰伦的歌都研究,为什么?现在学生上老师的课不感动,开班会不感动,而一个"还珠格格"就把初中女生全部打倒了,周杰伦起码打倒了80%的高中女孩子。于是,我把周杰伦的带子买回来,听听到底好在什么地方。我找了些女生聊天,我说我不反对流行歌曲,韩红的《青藏高原》,激昂高亢,歌颂青藏高原,她们说不好,太露了;腾格尔的《天堂》,歌唱家乡,那种浓浓的乡情,她们说也不好。我说周杰伦好在什么地方啊?她们说,流行歌曲是容易学的,但周杰伦的歌就是学不像,好就好在学不像。这我怎么也没有想到,我们想的和学生的距离有多大啊!后来我再和她们聊,觉得也是有道理的。周杰伦的歌词有它的文化含量,如《青花瓷》《双截棍》等,都有中国文化的元素。还有就是,他的歌是又说又唱,很适合现在的孩子。现在的孩子条件好了,回家一个人一个小房间,爸爸妈妈忙得没有办法和他们交流,但是孩子要成长、要诉说,所以又说又唱是很合适他们的。做老师无论如何都不能误解孩子,不能随便对孩子说"不","不"是最没有力量的。"不"是否定,否定一百遍也不等于"行"。我教课也是如此。学生作文写不好,不能说你怎么怎么不行,而是要精细地指导,教他怎么写就能好,就能行。要正面引导,让他们饮琼浆,对他们灌醍醐,让他们有精神养料。所以一定要目中有人,走进学生的世界。教育确实是春风化雨,和学生有共同的语言才可能逐步地引导向前,绝不能高高在上。

我写的几百万字的文章,都是教育教学中学生帮我出的问题。针对教育教学中出现的问题,我要思考、要学习、要探讨、要试验。有一次,学校请人作报告,报告内容很好,我跟学生说,"今天报告很好"。谁知一个学生说:"好什么呀?"我看他的笔记,一个字也没有记,画的全是"正"字。他说这个人一共讲了150多个"这个",我都给他统计好了。我听了很震动,简直没想到,这样的一个语病竟然影响了孩子对报告内容的吸收。我马上反躬自省,我有没有?我是江南人,也有语病,脑子转不过来时就来一个"呶",或者"但是",其实是不要转折的。我想,既然教语文,我不仅要带领学生学习规范的书面语言,而且课堂就是活的语言学习的场所,我自己的语言必须规范生动优美,词汇丰富。怎么纠正?当时我年纪轻,有股劲,就用以死求活的办法,用比较规范的书面语言改造自己不规范的口头语言。我就写详细的教案,把自己上课要讲的每一句话都写下来,然后认真修改,把可有可无的字去掉,把不符合逻辑的地方去掉,然后把它背出来再口语化。我每天要走一刻多钟才能上公交车,于是就利用这一时间在脑中过电影。我怎么用精彩的导语激发学生的兴趣,然后这堂课怎么铺开、怎么发展、怎么掀起高潮、怎么收尾,一个个环节都考虑好。就这样用以死求活的办法大概进行了两年,力求"出口成章,下笔成文"。教师的思路十分清晰,教课才能一清如水。我自己的体会是,当我对问题透彻理解的时候就能一语中的,因为我对这个问题认识得很深刻;如果我对这个问题有些含糊的时候也是我废话最多的时候。废话一多,学生就倒霉了,如堕五里雾中。我一直和年轻教师讲,你一路走过去,教育脚步有深有浅,你要停下来,深入思考哪些是对的,哪些是错的,哪些是不足的,久而久之就能摸到规律了。

  课堂教学是要深入研究的。教师绝不能做教书匠,不能只是灌输知识。在传授知识、培养能力的同时,要发展智力,熏陶情感,要育人,我在20世纪80年代就在课堂教学中试验了,绝对不是"我讲你听""你问,我回答"。课堂教学要多功能、立体化。要以学科智育为核心,融合态度、情感、价值观的教育。教学是立体的,育人和求知应该互相渗透。语文教学不仅有实用功能,还有教育功能、发展功能、审美功能。比如,《岳阳楼记》中的名句"先天下之忧而忧,后天下之乐而乐",难道只是讲字句知识吗?不是。它不知道哺育了多少代志士仁人。因此,智育和德育是紧密结合的,学校全面贯彻教育方针绝不是班主任管德育,教务处管智育,体育老师管体育,课堂教学本身就应该全面贯彻教育方针,以学科智育为核心,融合德育、美育、体育。教师是给学生的心灵滴灌智性与德性的,智性是学生生存和发展的本领,而德性是其做人的底线。二者是一而二、二而一的,不是外加的、分离的。因此,所有课程都要能够立体化施教、全方位育人,人人都是德育工作者。

改革开放以后,我多次面临调动工作的诱惑,包括从政、到高校,但我舍不得三尺讲台,我说三尺讲台就是我生命闪光的地方。上课,我是用生命在歌唱,因为我觉得每节课都影响到孩子的生命质量。课如果只是教在课堂上,随着声波的消失也就销声匿迹了,课要教在学生身上、教到学生心中,成为他们良好素质的一部分。

四、教师责任大于天:教育的希望在青年教师身上

退休以后我主要抓教师教育。教师教育可以说是我的一个期盼,从 70 年代末开始我就一直带青年教师。教育的希望在青年教师身上,所以多少年来我对教师教育非常重视,手把手地教。我做第二师范学校校长时就是这样的。校长是培养教师的第一责任人。我要求学生明日教师今日做起。良好的习惯能形成良好的素质,良好的素质能造就高尚、完善的人格。因此习惯的培养非常重要。我做校长,最大的事情就是培养青年教师。我出入课堂听课,听完课就评,听一节课,起码评两三节课,要站在理论和实践结合的高度来评课。我倡导的是"活的教育学",要让老师觉得上这堂课是师生都有收获的,要知道好在哪里,为

什么好；不足在什么地方，为什么不足，怎样改进。人是要靠培养和鼓励的，不足的地方，我们具体指导，因此我们年年有提高、有发展。

我一辈子做基础教育的教师，教师的生命是在学生身上延续的，教师的价值是在学生身上体现的。有位诗人在读了屈原的《离骚》之后，写了这样几句诗："你埋下了一坛老酒，酒坛上的红纸沉沉地写着黑字——魂。每当到了汨罗江悲怆的那一天，那酒坛里就溢出芦叶的清香，回荡起亘古不变的激昂，路漫漫其修远兮，吾将上下而求索……几千年了，喝过这坛酒的人，都醉成了龙的脊梁。"我一辈子上下求索，就是为了做一名合格的教师，将学生培养成龙的脊梁。生命是有限的，我毕竟是81岁了，但是教育事业是常青的。我们的希望在中青年教师身上，他们手里掌握着国家的未来。中华民族的伟大复兴，不仅在物质文明方面，还要用高度的精神文明来向世界展示，那才是真正的中华民族的伟大复兴。我们教师最大的心愿就是学生健康成长，学生成人成才，能够出现数以亿计的素质良好的建设者，能够出以千万计的拔尖人才，特别要出卓越人才，不仅要对我们的民族国家做贡献，还要对人类做出贡献。育人先育己。我一辈子走的是与学生一起成长的路，在教育学生的同时首先教育自己，教育自己成为一个堂堂正正、表里如一、言行一致的、有中国心的中国人，成为一个能和学生知心教心的教师。

我说一辈子做教师，一辈子学做老师，绝不是一句空话，我一辈子都在学，不断完善健全自己的人格。我不断地反思，我一辈子上的课，有多少是上在黑板上的，有多少是教到学生心中的。我梦寐以求的是，上海的教育兴旺发达，在全国有广泛的影响；我希望中青年教师人才辈出，创造教书育人新业绩。为了每一个孩子的终身发展，通过我们的艰苦奋斗，把这个理想变成光辉的现实，理想实现之时，就不仅是全国的创新，在世界上也是了不起的创新。

金色的记忆　灿烂的前景[①]

《国际展览公约》中指出:"世界博览会是一种展示活动,无论名称如何,其宗旨在于教育大众。它可以展示人类所掌握的满足文明需要的手段,展现人类某一个或多个领域经过奋斗所取得的进步,或展望未来的前景。"159年来,世博会的展示历程确实表明了世博会是人类新思路、新文化、新创造、新产品的伟大聚会,是人类文明进步的窗口。

从1851年英国伦敦首届世博会建造的"水晶宫"开始,无数科技创新与进步都聚集于此。自工业革命以来,人类所取得的每一项重大科技发明,如蒸汽机、发电机、复印机、电报、电灯、电话、汽车、飞机、电视机、传真机、计算机技术等,都在世博会上先后亮相,有的引起了相当的轰动。这一项项发明创造,展览会后迅速传播到世界各地,促进了技术的进步、文明的发展。

要在中国举办令人瞩目的世界博览会,是中国人的百年梦想。早在1893年郑观应就提出在上海开世博会的主张。"欲兴商务,必开会场。欲筹赛会之区,必自上海始。"从这以后,梁启超、吴趼人、陆士谔等人在他们的著述中都提到要在上海开世博会或国内博览会。在整整一百年前的1910年,中国第一次召开全国博览会,有人又提出中国应在不久的将来召开"全球大博览会"。虽然屡次三番提出,但在当时看来,

---

① 本文发表于《上海教育》2010年第15期。

一个积贫积弱的国家距离梦想的实现是多么的遥不可及。

"必自上海始",预言散发着现实的光芒。而今百年梦想终成现实,几代人心愿熔铸的世博会终于在上海举办了。其规模之大、规格之高,可称历来世博之最。不是日月换了新天,不是改革开放取得宏伟成就,哪会有如此奇迹的出现?抚今思昔,心潮澎湃,民族自豪感油然而生。

世博会是世界的微缩,参加国家多,展览文化、科技纷繁多样,俨然已成为一个"小世界"。世博会历来有促进青少年了解世界、追求科技创新的好传统。1970年日本大阪世博会对日本学生向往科技、实践科技、追求创新起到很大作用。而今,世博会办到我们家门口,须珍惜与掌握这百年难得的机遇,参观世博,了解世界,让青少年学生扩大视野,接受一次生动具体的科技创新教育,思考人类进步发展应走的路径,在精神上获得激励,增加责任感和求知欲。

最早的世博会名为万国博览会,呈现的主要是工业方面的产品、技术,偏重物质文明。经过一个多世纪的进展,人类遇到了环境、资源、生态等许多问题,必须直面,必须反思,必须寻求共识,找到解决问题的途径。为此,20世纪中叶起,世博会就不仅仅是商品、技术的展示,更是思想观念、思想文化的交流,这次上海世博会以"城市,让生活更美好"为主题,正是为了追求城市发展中的低碳、环保、可持续发展,达到城市与人、城市与自然的和谐发展。从理念上说,认识显著提升,对人类的生存发展作了整体性思考,以技术的创新为人类生存环境的改善服务。从战略上讲,聚焦在城市更有其特定意义。城市是人口最集中的地方,从物质到精神各种问题复杂、交错,自然界既难以承受无节制的开发,也难以承受人类无休止制造的污染。城市与人、城市与自然必须和谐相处,才能做到可持续发展。这个主题的内涵既包含高科技的物质,更包含高素质的精神,让参观者深受教育,明确城市以及人类发展的方向,从而自省、自悟、自律,获得适合时代需要的提升。

且不说参展的欧、亚、非、美洲等各国展馆设计地新颖独特、色彩斑斓，展示的内容千姿百态、迥然有异，单是世博园区31个省、区、市展馆里（不含港澳台），就汇聚了各地历史文化之精粹，集中了各地经济科技发展之亮点，展示了各地创意独特的风格，认真参观，会不断有新的发现、新的惊喜。

当然，最激动人心的是中国馆。身披"中国红"，层叠出挑，古朴大气。那雄浑威仪之势、端庄华美之姿，让你不由自主地感受到中华民族历史的厚重、文化的渊源、脊梁的挺直、精神的矍铄，不由自主地脑子里会跳动许多美妙的词汇：伟大、刚强、奋斗、开拓……跨越一个个台阶，随人流涌入，幸福、神圣的感觉促使你浑身有用不完的劲。

展馆布局匠心独具，展示以"寻觅"为主线，带领参观者行走于"东方足迹""寻觅之旅""低碳未来"三个展区，发现并感悟城市发展中的中华智慧。展馆从当代切入，巨大的屏幕凸显了30多年来中国城市文化的进程、规模和成就。许多事情我们亲眼所见，亲耳所闻，亲身经历，观看时倍感亲切，倍感温馨。"回顾"有时是最好的老师，使人从无意识到有意识，从模糊到清晰，辨识路是怎么走过来的，能清醒地懂得什么是珍惜。

《清明上河图》的展览是"东方足迹"展区的高潮。参观者拥着、挤着，有的踮起脚，有的指指点点，有的交头接耳，有的蹲下身子把手伸到"河水"中，伸下去方知波光粼粼不是水，受了光波动的"骗"了。

《清明上河图》是北宋风俗画的极品，以清明时节为题，描绘城市经济的繁荣景象。宋代城市风俗画的发轫是由于宋代经济的发展，城市进一步形成，布局也发生了变化。刘郭桢在《中国古代建筑史》中论及宋时城市说："宋、辽、金时期由于唐末五代以来手工业和商业的发展，全国各地出现了若干中型城市，城市的布局也发生了变化。"北宋城市在手工业和商业高度发展下形成了繁荣景象。人烟稠密，人流、货流集中,房屋拥挤,有些酒楼都是二三层的建筑,热闹街市的临街房屋也有二至三层的。

《清明上河图》是绢本,长5米多,描绘了清明时节汴京繁盛热闹的城乡、城市、水道间的形形色色,全景式构图,刻画细致。各色人物多达550余人,各种牲畜60多匹,各式船只20多艘,房屋楼阁30多幢,推车乘轿也有20多辆,十分壮观。全画大抵可分为三个部分。第一部分是汴京郊野的春光。草舍瓦屋,小桥流水,老树,扁舟,柳林,骑马的,挑担的,抬轿的。第二部分是繁忙的汴河码头。人烟稠密,粮船云集。第三部分是热闹的市区街道,城楼高大,屋宇鳞次栉比。活跃的古代社会生活在画笔中形象地再现。

对这样的艺术珍品,人们看法不一。有人认为"清明"非指节令,而指政局清明,这是值得商榷的。画的第一部分郊野春光里就有一顶轿子走在路上,轿内坐了一位妇人,轿顶装饰着杨柳杂花。轿后跟着骑马的、挑担的,从京郊踏青扫墓归来。有人将"上河"解为名词,指某一地方。其实,"上"就是上京、上坟的"上"。"河",是汴河,当时是南北交通要道。正如《宋史·河渠志》中所说:"汴水横亘中国,首承大河,漕引江、湖,利尽南海,半天下之利赋,并山泽之百货,悉由此路而进。"汴河几乎成了宋代的"建国之本",从而开封在宋代得到了空前的发展。画题"清明上河",显然就是清明节往汴河观赏风光的意思。

画面中最激动人心的是"虹桥",这是整卷画的中心所在。"虹桥"是跨越汴河之上的一座无柱的大木拱桥。《东京梦华录·河道》载:"从东水门外七里,曰虹桥。其桥无柱,皆以巨木虚架,饰以丹艧,宛如飞虹。"桥跨在汴河之上,拱形,巨木搭建,涂上红色,犹如美丽的飞虹。桥上桥下的各种形象栩栩如生,令人叹服。桥上众多的过路行人,姿态各异。有的吆喝抢道,有的骑马坐轿,有的摆摊兜售货品,也有凭栏观望的,车水马龙,人声鼎沸,一片热闹无比的景象。西桥下则是水深流急,为使运粮的船能安全过桥洞,船上的船工们拿出各自的招数,有的撑篙,有的掌舵,有的放桅杆,有的投掷缆绳,有的呼喊指挥,那种奋发的精神、紧张的气氛简直是触手可及,引得岸上的看客、船只上的人都帮着用力。

画面是感人的,与文字记载比较,毕竟胜了一筹。但无论怎样妙笔生花,画面呈现的终究是静态。中国馆展示的《清明上河图》出现了奇迹,一个个人活动起来,生动活泼地再现了900年前汴京社会繁华生活的情景。行路人的姿态各不一样,挑担往前迈的,肩扛货物身子往前倾的。乘轿人眼睛往轿外张望着的。划舟者齐心协力,仿佛听到橹划水的节奏分明的声音。太平车体量大,牛在拉,前面一头牛还回过头来往后瞧,生动异常。高大的城楼是这幅画面的最高点,蔚为壮观。一头骆驼正从城门踱步而去,后面的骆驼跟随着,驮货的骆驼队的行进,与城门脚下两个坐着闲聊的人构成一动一静、动静相映的生动形象。夜幕降临,酒肆、茶楼、沿街各式店铺灯亮了起来,黄黄的、晕晕的、影影绰绰的,有罗列杯盘互相劝酬的,有买卖交易的,有说书娱乐的,一个个店肆的招牌也隐约可见,如"孙羊店""正店""曹婆婆肉饼"等,十分热闹。夜晚,一些大船的船舱里也灯火通明,有的小酌夜谈,有的推窗观夜景。汴京夜市的繁华在高科技手段的处理下活灵活现。

中国馆选取这传统文化与当代科技有机结合的《清明上河图》大规模地展示,形成震撼人心的亮点,别有一番深意。上海世博会是作为发展中国家第一次举办世界博览会的创举。以往中国也曾参加过博览会,但都是跟进的角色,没有话语权,没有充分展示自己形象、智慧和魅力的机会,更不用说主导建构整个博览会了。而今世博会的主题是"城市,让生活更美好",既启迪世界思考,又回顾中国城市发展的历史,更想象未来的景象。启迪思考的是:城市虽是现代文明进步的表现,但面对越来越凸显的城市弊病,各国须根据自己的自然资源条件来选择城市发展政策。怎样的城市才能让生活更美好、让人民乐于安居？不同参展方可以此为契机，重新审视城市文明，分享各自对城市昨天、今天和明天的思考与想象，进而努力实现人与人、人与城市、人与自然之间的和谐。而回顾中国城市发展的历史，以北宋汴京为代表，具体形象地表明中国城市经济繁荣、文化昌盛的源远流长，今日中国城市的快速发展正是历史发展的必然。未来城市生活怎样？中国馆的第三展区聚焦"低碳未来"。低碳生活是人类不得不做出的选择。聚焦以低碳为核心元素的中国未来城市发展，展示中国人如何通过"师法自然的现代追求"来应对未来的城市化挑战，为实现全球可持续发展提供"中国式的回答"。回顾历史，直面现实，创造未来，中国人正以自己的智慧与力量建造更先进、更和谐、更激动人心的"虹桥"。

中国人的心态永远是开放的、海纳百川的。"城市最佳实践区"的展示，就开创了一项世博会的先河。在这个示范区首度出现了零碳馆，这是中国第一座零碳排放的公共建筑，是将英国伦敦先进的零耗能技术和中国本土的先进节能技术结合后的展示。这个最佳实践区浓缩了世界各地城市建设的精华，是眺望城市未来的极好窗口。

带领学生参观世博，在家门口亲密接触，是百年难逢的机缘。它有深厚的历史文化，先进的科学技术，创新的闪光智慧，是学生学习、感受、发展、成长的大课堂。参观绝不是赶庙会、嘉年华，而是要"慢慢走，欣赏啊"，张开灵敏的感官，调动思维的器官，吸取人类智慧的营养。

教海泛舟,学做人师[1]

我学的是教育,对教育一往情深。我梦寐以求的就是当一名好教师,在学生的心中撒播知识的种子、做人的良知和金色的希望。我憧憬着学生在人生道路上青枝绿叶,花朵芬芳,果实累累,自己作为曾经输送过生命养料的泥土,分享快乐和幸福,享受精神的富有。

我之所以有这样一个梦想,是因为求学时有幸遇到了许多位学高德馨的好教师。他们教课中情不自禁表露出的忧国忧民的情思,常使我心灵震撼,激起我无尽的遐想;他们传授知识、剖析问题时的一语中的、鞭辟入里常使我茅塞顿开,忽然天朗气清,快乐无比。上课求知明理是我的期盼、我的幸福,不仅对老师的崇敬爱戴充盈胸际,而且心中经常不由自主地升腾起当教师的强烈愿望。人不可能自然成才,要靠培养,去除蒙昧,走向文明。教师是文明的传承者、播火者,我要像我的老师那样三尺讲台倾注爱,编织人生的理想。

在委屈中起步

怀着满腔热情,带着感谢培育之恩的思想,我走上了教师工作岗位。可理想与现实之间的距离太大了。想得太美,做,可得站在地上,不能在半空中飘浮。学教育,教育学、心理学还有些熟悉,文理学科教

---

[1] 本文发表于《人民教育》2010年第17期。

学则陌生,无论教哪个学科,都得从头学起。

学校原本要我教历史,当我正沉浸在背诵中国古代史重要历史年代、熟悉历史事件、把握历史发展脉络时,校领导突然叫我改行教语文。教历史,已是勉为其难,缺少专业学养,改教语文,岂不是又要重起炉灶?汉语拼音、汉语语法都没学过,起码的基本功都不具备,怎么教啊?别说误人子弟,就连在课堂上一节节站下来都十分困难。于是,我诉说自己的难处,谁知校领导说:"战争中学习战争,哪有先学打仗再去打仗的?这是'最高指示'。"我无法再开口,认了,两分钟就解决了改教学科的大问题。

那个年代,没有教学参考书,全靠自己独立钻研,独立创造,根据自己的理解去教。自由度是大的,但教得正确与否、质量如何,我这个年轻教师没有把握。那时,课堂闭锁,不可随便进别的教师课堂听课、学习。我向老教研组长央求了多次,希望能听他一节课。听说他教得好,琴棋书画也行,令我羡慕。可他就是不吭声,不应允。古语说:"有事弟子服其劳。"我一清早就到学校,积极主动地把办公室的清洁卫生工作包下来,扫地、擦地板、抹桌子、泡开水、倒痰盂,想以勤劳"感动上帝"。然而,终未见效,他仍然未给我听课学习的机会。

一天,老组长突然来听我的课。推开教室门,见他坐在最后一排的椅子上,一脸严肃。由于毫无思想准备,腿不由自主地"弹起了琵琶"。我清晰地记得当时教王愿坚的小说《普通劳动者》,对作品中的"将军"和士兵"小李"进行人物形象分析。我定了定神,把课上了下来。学生认真阅读、听讲,我自认为讲得还是有条有理,过得去。

课后,他找我谈话。轻描淡写地肯定了我的板书、语言外,郑重其事地说:"语文教学的大门在哪儿,你还不知道,人物形象分析是这样贴标签的吗?""轰",如五雷轰顶,头脑炸开了似的。怎么办?我只得低声下气向他请教该怎么教,但他仍一脸严肃,金口难开,不吭声。他在办公室时一天都难说几句话,我们都怕他。

"门"在哪儿都不知道,我是名不合格的语文教师。专业不对口,一改再改,须知隔行如隔山,说得轻巧,我一肚子委屈。委屈又有什么用?路还得往前走。既然改了行,就要干一行爱一行,干一行专一行,把责任往客观推,永远不可能成为合格的教师。语文教学的大门究竟在何处?我脑子里整天翻腾着这个问题,即使路漫漫其修远兮,我也要寻找。不仅要找到门,而且要登堂入室,深味其中的奥秘。老组长这句"金石之言"成为我在教学生涯中不懈追求的动力,我常常反躬自省:"你入门了没有?'堂'在哪里?'室'在何处?你清楚了多少?一名对学科教学不入门不辨堂室的教师怎能称职?怎能对得起学生?"外力在教育历程中化为我的内驱的动力。从此,夙兴夜寐一灯明,寻寻觅觅。

一方面,我着力打基础,从语言、语法、修辞到中外文学史、经典文学作品,广为涉猎,吮吸其中琼浆,丰富自己的语文素养。另一方面,广泛地寻找借鉴,从中探索入门的途径。如到记忆中搜索。当年自己在中学求学时,语文老师是怎么教我们的,哪些课拨动我们心弦,使我们激动、感奋,引领我们在优美的语言文字、精辟深邃的思想里遨游,使我们享受语文,享受文化,享受快乐,经久不忘。又如从比较中学习。传统教法是什么,流行教法怎样,国外怎么教他的母语(尽管资料凤毛麟角,当时封闭,只可体悟一二),经常阅读有关报章杂志,比较利弊得失,逐步形成对语文的一些看法。再如到语文教育论述中寻觅。张志公的《传统语文教育初探》,朱自清、叶圣陶、吕叔湘对语文教育的众多论述,从识字教学到工具书的使用,从阅读教学到作文训练,我认真阅读,逐一推敲,从中寻觅有效的途径。

为了进入语文教学的大门,我如饥似渴地阅读、思考、实践。一把尺子量别人的长处,真心实意虚心求教;一把尺子专门量自己的不足,查找自己教课的差错、缺点、不足,每节课写"教后",记录下歪歪斜斜的脚印，寻找语文教学的规律。

"可惜我不会"

教了三四年，那种上课如履薄冰、如临深渊的感觉有所缓和，对语文教学的门径似乎有了点领悟。但有个问题又常让我心甚不安。课上学生颇有学习气氛，听讲也很专心，但进步不明显，尤其是部分同学的作文，长进很少。为此，课后我常与学生聊天，了解症结所在。不少学生自责，说自己基础差，不努力，有位课上从不发言的男同学笑嘻嘻地对我说："老师，我喜欢上语文课，你讲得很好听，可惜我不会！"说"可惜我不会"时还低下了头，露出些微歉意。

淡然一语重千钧。教课，学生没学会，我这名教师"合"的什么"格"？我认为自己已经尽了很大努力，讲得一清二楚，怎么学不会呢？别说打业务底子，力求摆脱知之甚少甚浅的窘境，告别孤陋寡闻，就是对教材我也是潜心研究，查检资料，独立分析，从语言文字到思想内容，从思想内容到语言文字，起码三四个来回，一篇篇课文反复推敲、研究，把文章的脉络、篇章的构成、语言的运用、作者的意图等，弄得一清二楚，力求使教材如出自己之口，如出自己之心。钻研一篇课文，有时要花 10 小时、20 小时，甚至 30 小时。我深知教师对教材若明若暗，一问三不知，别说有损教师的形象，起码愧对自己的良心。基于这样的认识，备课非认真读书、非刻苦钻研不可。三篇、五篇、八篇、十篇、上百篇独立钻研，开始尝到了庖丁解牛的滋味，往往能一眼看到底里。现在看来，真得感谢当时没有可提供抄袭的种种教学参考书，非自己学会走路不可，否则，高中课堂站不下来。阅读教材的本领是逼出来的。

当时，学生的话语看似平常，但激起了我的深度反省。不可否认，我是努力的，但我只着力于"心中有书"，忽略了"目中有人"。我误以为只要讲清楚，学生就会懂，就能学会，越俎代庖，荒唐可笑。在教学工作中,学习者是第一因素,没有学习者就没有教学。杜威对此有一精彩说法:在教学过程中没有学生,正像没有买主就没有销售一样,还谈得上什么教学?同样道理,课堂里有学生,但脑子里没有他们活生生的形象,不研究他们的实际,岂不和没有学生一样?教学是教师的教和学生的学两方面的活动,教师的主导作用就在于调动学生学习的自觉性和主动性,促使学生充分发挥认识主体的作用。钻研教材、使用教材正是为了教学生,教好学生,我这种有书无人、重书轻人的教学,在不经意间脱离了学生的实际,当然不可能收到实实在在的效果。

毛病出在自身。教学总不能建立在对学生情况毛估估的基础上,要疏通了解学生的渠道,和学生接触,和他们的学习动态、书面作业接触,和他们的家长接触,处处做有心人,让学生思想、品德、知识、能力、兴趣、爱好、性格特征、生理特征等各种信息进入自己的脑中,分别储存起来。无论教哪个年级哪个班级,都要尽心地走进学生世界,课内课外了解,直接间接了解。早在两千多年前孔子就说:教学生要"视其所以",观察学生的日常言行;"观其所由",观察学生所走的道路;"察其所安",考查学生私下的言行,摸清学生的个性,目的在给他们个性中智慧的花朵提供发展的条件。我采用观看、倾听、询问、调查等多种方法,探索学生的知识世界、生活世界、心灵世界,做他们的知心朋友。对有些学生学习中的困难感同身受,共同探寻破解的方法。此时此刻,学生就不再是一个个名字、一张张卷子、一个个分数,而是立体的、灵动的、有个性的、生动活泼的形象,是变化着的、发展着的形象,充满希望,有无限的可塑性。

我这个人真懵懂,教了那么多年才开始接触到教育的本质,才懂得教育教学的出发点和归宿点是学生,是我的教育对象;才懂得知之准,识之深,才能教到点子上,提高教学的有效性。离开了对学生的深入了解,悉心研究,那是在教教材,在表演给学生看。课如果只教在课堂上,就会随着教师声波的消失而销声匿迹;课要教到学生身上,教到学生心中,成为他们素质的一部分。特别是母语教学,语文能力、语文素养的培养应力求惠及终生。

咬定青山不放松

用清楚明白的语言传授知识、启发思维是教课的基本条件,含含糊糊,闪烁其词,杂乱无章,学生就会如堕五里雾中,得益甚微。教学用语里既要有经过锤炼的活泼的口语,又要有优美严谨的书面语言,有文化含量,学生的学习置身于语言美的环境之中,就会受到熏陶与感染。基于这样的认识,我就在行动上下苦功。我的目的是力求"出口成章,下笔成文"。作为语文教师,在语言文字运用方面,应该成为学生的榜样,不能说的是一套,做的又是另一套。如何规范自己的语言,清除语言中的杂质,提高语言的质量?我是多管齐下。一是训练自己思维的条理化,锻炼"心明",促进"言明";二是勤奋阅读,增加知识素养,丰富词汇量;三是用"以死求活"的方法,用比较规范的书面语言改造自己不规范的口头语言。当时年纪轻,有劲儿,追求完美。我把上课的每一句话都写下来,然后修改,把不必要的字、词、句删除,把不合逻辑的地方改掉,然后背下来,进而口语化。这样一来,啰唆、重复、语病大大减少。

这样的把心贴在教课上,不仅提高了语言的质量,而且一堂堂课心中很踏实,无丝毫飘浮的感觉。

写,也是如此。自觉地坚持写"教后",梳理思想,提升认识,评说得失;写学生品德评语,力求一人一个样,各有特点;批改作文,总批就是一篇小文章,与学生倾心交流。学校要求写的计划、总结、质量分析等,无不一丝不苟。

我一直认为写得好,首先是做得好。只有深入实际,深入思考,确有体会,确有见解,下笔才流畅无阻,言之有物,言之有序。而今,我已是80岁的老人,发言不用稿子,写文章不用打草稿,大概就是年轻时锲而不舍下苦功的缘故。

正当我兴冲冲地进行教学实践之时,疾风骤雨式的"文化大革命"开始了,我在劫难逃,被打入劳改队。"为什么教学那么卖力,受到市里表扬,是'修正主义教育路线吹鼓手'!""为什么那么关心帮助学生,是'腐蚀学生'!""为什么那么卖力钻研业务,是'知识越多越反动''反动学术权威'!"一顶顶"桂冠"压得我透不过气来。侮辱、监督劳动、审讯、批斗,周而复始,我从未遭遇过如此的打击,万思不解。特别是看到有些十六七岁的学生,原本很可爱,曾几何时,变成打砸抢的模样。一皮带抽下去,腿上留下一道痕迹,血就会冒出来,打的是他的老师啊!边剪老师的头发,边逗乐,边大笑,把快乐建筑在别人的痛苦之上。这着的是什么魔?人性到哪儿去了呢?我困惑,愤怒,欲哭无泪。善良应该是人的本性,为什么要扼杀,让兽性发作?在处境极端险恶的情况下,我更加想到教育非抓不可,一定要把青少年教育成"人"的样子,有人心,有人性,有情有义,把握做人的底线。

人间自有真情在,有的老师、有些学生关心我、鼓励我,我在逆境中活了下来。胡乱折腾了两三个月,总算放回家住,每天去学校报到:劳动,检讨,改造灵魂。熬到了所谓"复课闹革命",学校开始恢复上课,要我带一个乱班,做班主任。从此,我就成了带乱班、乱年级的"专业户"。对我而言,这又是一个新考验。以往教的都是比较好的班级,不存在纪律问题,而今学生受"读书无用论"及打砸抢影响,逃课、打架、偷窃,个别学生简直无法无天。面对学生无辜受害,我更感责任重大,要竭尽全力真心帮助他们。我挨家挨户访问,三次五次,八次十次,和家长做朋友;与学生相处,呵护,真诚,将心比心,遇到问题,换位思考;要求学生做到的,自己一定先做到,以此赢得了学生的信任。逐渐地我的话语能在知音者——学生的头脑里回响激荡,收到良好的效果了。学生进步了,所带班级转变了,所带年级先进了。

正有点沾沾自喜时,一篇周记猛击了我的心灵。"今日早操时,你骂学生十三点,你的阶级感情哪里去了?你还像不像个教师,配不配当教师?"太厉害了,上纲上线,我边读边脸上发热。我从不骂学生,同学总说这位女同学"十三点"(即北方说的"二百五"的意思),因她不断闯祸,无理取闹,又不听规劝。那天早操她在操场上惹这惹那,像旋转的陀螺一般一刻不停。我提醒多次,她不理睬,我黔驴技穷,脱口而出:"你又不是十三点!"这句话真灵,她马上不乱动了。话一出口,我就很后悔,深感自己的无能,但没想到对这位同学伤害的严重性。冷静下来扪心自问,确实有愧。

感情问题来不得半点虚假,对学生丹心一片,情深似海,就不会出言不逊,伤学生的自尊。学生的生命是宝贵的,是有尊严的,岂能冷嘲热讽伤学生的心!我没有掩饰自己的错误,主动到班级读了同学的周记,说明自己为何出言不逊,心里是怎么想的,并向被嘲讽的同学道歉,请她原谅。这件事我记了一辈子,教训深刻。面对各种学习懈怠、思想行为偏差,乃至被家长赶出门的学生,我总坚持满腔热情满腔爱,不断拷问自己的感情与责任,力求做一名合格的教师。学生千人千样,有个性有潜能、资质优良的学生,教育起来同样有相当难度。没有大爱,没有水磨的功夫,就不可能拨动他们的心弦,奏出悦耳的乐曲。

一个学生就是一本丰富的书,一个多彩的世界,每个学生的成长都是独一无二的。要尊重他们的人格、他们的个性,善于发现他们的长处与潜力,善于"长善救失",把蕴藏的种种潜力变为发展的现实。学生世界的事无须喋喋不休,动辄禁止令,管头管脚,要坚持正面教育,关键处引导。几十年来,我教过各种类型的学生,面对这些丰富的"书",我一本一本认真读,一点一点学习、领悟,逐步懂得师爱的真谛,也品尝到亦师亦友的无穷的乐趣。

长相忆,我那些个性迥异、充满活力的学生!

追求永无止境

1978年,特级教师的巨大荣誉突然落到了我的头上,我又惊又喜,兴奋不已。首批评选,无自己申报的手续,在开会颁证之前,我全然无知。面对如此好运,决不能让荣誉蒙上灰尘,定要让偶然性为必然性开辟道路,加倍努力,追求卓越,孜孜不倦地缩短"实"与"名"的差距。

首先面临的是极大的压力。我还是我,就是那点水平,可冠以特级教师以后,别人对我的要求一下子高了起来。一切教育行为,一切思想言行都在众目睽睽之下,似乎你应该什么都懂,什么都应十全十美。一下子怎么做到呢?我只能自强自立,奋勇拼搏,增强自我教育的内驱动力,以敞亮的胸怀、无限的热忱迎接来自各方面的挑战。比如听课,每一节都有同行听,少则二三十人,多则几百人。为了对得起学生、对得起远道而来的各地教师,我不敢有丝毫懈怠,备课全身心地投入,天天明灯伴我过半夜。那都是随堂听的家常课,未经过试教,很少有表演成分。外地邀我去上课,我都婉言拒绝。有人说我有架子,有人说只会教自己的学生没本事,对这些我没放在心上。我有我的想法。

"文革"一次批斗会上,使我内心有所触动的不是捏造的事实,而是一位老教师的讲话。他说:"公开教学,你不断借别人的班上课,你知道带给别人怎样的伤害?一个人有一个人的教法,你教得好死了,到别人班级上课,别人怎么进课堂……"至今那义愤填膺的模样我还清晰地记得。尽管借班上课不是我的本意,是下达的任务,但伤害同事,影响别人教学,自己却有不可推卸的责任。做任何事,都要为别人着想,设身处地非常重要。当时我就下定决心,日后如还有可能上公开课,决不借任何班级上课。再说,借班上课对学生情况不了解,违背教育原则,针对性较差,更多的是表演性质,推销授课教师的"才艺"。至于研究性质的课当另作别论。我的岗位是学校教学第一线,那就要脚踏实地耕耘,扎实提高教文育人质量,一心为学生,"巡回演出"的事不干,显然不是架子与否的问题。

其次教师身上要有时代的年轮,努力学习,不断提高认识,学会站在教育战略的制高点上思考一些问题,探索教育教学规律,跟随着时代奋勇前进。为此,我不断地挑战自我,清醒地看到自己的无知、缺陷与不足,寻求解决问题的途径与方法,追求超越。比如课堂教学,根据课程目标和自己的实际情况,制订努力的小目标,一个一个台阶上,一步一步攀登。先是"胸中有书,目中有人",知心教心,有的放矢;接着在语言的规范、生动、鲜明上下功夫,力求出口成章,下笔成文。再接着研究课堂教学的节奏与容量,怎样的教学节奏与内容的分量,学生最易接受,最能满足学生心理需求,不打疲劳战。然后又研究课堂教学的多功能,发挥学科教学的实用功能、发展功能和审美功能,以学科智育为核心,融合德育、美育,使教书育人落到实处,改变只是传授知识的线性思维。又研究课堂教学结构的改革,如何调动每个学生的学习积极性,组织到教学的情境之中,师生互动,生生互动,把传统的教学结构的直线往复转换成网络式的辐射型,能者为师,水涨船高,推动教学向深处开掘,往广处开拓。研究的问题均来自教学的困惑、学生学情的启示,目的是修正或否定自己不合语文教学规律与不合时代前进步伐的想法与做法,切实导引学生全面提高语文素养。

再次教师要有主心骨,不追时尚,不跟风,不炒作。教育是朴素的老老实实的学问,无须三流的化妆来涂脂抹粉,花里胡哨。有一个阶段有这样一种舆论,似乎没有什么动人的口号就是保守,就是不改革。当时我只能一笑了之。语文教学的科学性、复杂性难道用一句广告语就能概括?千人千面,千课千样,哪一个教学模式能包打天下,放之四海而皆准?多一点哲学思考,多一点文化判断力,就能经得起这个风那个风的劲吹,牢牢抓住教文育人不放松,一步一个脚印往前迈。语文教师的定力、个性不仅在课堂教学中反映,在课程建设、教学发展的重要时刻,我总是直言不讳地对许多问题提出自己的看法,撰文阐述自己的观点。比如语文教育的目标问题,语文学科的性质、特点、功能的问题,兴趣、情感、求知欲问题,素质、能力、智力问题等,我发表了很多看法,而且预料到会有不同意见,乃至反对的意见,但是本着当教师的良心,对学生的热爱,对语文教学质量的执着追求,坦率地讲述观点是应该的、必需的。意见能深化自己的研究,修正不恰当的不周全的乃至错误的看法。一名教师总不能只埋头上课,要抬头仰望教育大形势、语文教改大潮流,判别语文教学现状的利弊得失,了解向前发展的可能与期盼。胸中有全局,教学实践就能心明眼亮,措施有力有效。

20世纪90年代至今,社会上物质生活的诱惑对教师的冲击越来越大,我也未能幸免。调动工作,优厚待遇,兼职校长,房子车子,我都婉言谢绝了。90年代中期,一所规模宏大的民办学校邀我当校长,年薪60万,我也毫不犹豫地谢绝了。我也是食人间烟火的人,为什么会作如此的选择?毕竟在人生道路上走了几十年,曲折坎坷,最牵动我的心的是学生能健康成长,国家能繁荣昌盛。我是一名教师,不愿做知识贩卖者,人和金钱之间画上等号,人格也就扫地了。其实《乐记》早就深刻指出:"夫物之感人无穷,而人之好恶无节,则是物至而人化物也。人化物也者,灭天理而穷人欲者也,于是有悖逆诈伪之心,有淫泆作乱之事。"人总是有物欲的,因为要生存要发展。但君子爱财取之有道,追求的目标是人格的完美。泰戈尔曾说,鸟的翅膀一旦系上黄金,就永远也不能飞腾起来。人之所以为人,是因为有精神世界,有精神支撑。读书求知为什么?为明理,为明做人之理,明报效国家之理。教师是教圣贤书的人,当然,应是做人的表率。

教海泛舟,学做人师,无比幸福!

课堂春秋忆恩师[1]

这是赵继武老师在教李密的《陈情表》。教科书他一眼不看,脑子里好像刻着这篇文章,逐句逐句讲解。讲到"外无期功强近之亲,内无应门五尺之僮,茕茕孑立,形影相吊",他右手食指摇晃着,大声说,"茕,茕,不能读错,也不能写错",接着,在黑板上写个大大的"茕",并叮嘱:"和'贫穷'的'穷'一个读音,字的下面是'丮',不能看走眼,看成'丿',不是撇,是竖,笔直笔直的,'穷',要站得笔直。"说着说着,做了个笔直的姿势。生动啊,我一下子就记住了。课读读讲讲,委婉恳切,把祖孙相依为命的亲情表达得淋漓尽致,我们这些学生不知不觉进入了孝感动天的情境,感情不能自已。

这不是一般的传授知识,而是老师用心在教我们,给我们以精神上的哺育。

那时,教师穷,学生穷,缺的是物质,志气却没少。全面抗战胜利,1946年2月,省立镇江中学复校。名为省重点学府,但原校舍被毁,只得在日寇养马场复校。此处环境破烂,污秽不堪,经月余的清理修缮,才略似校园。学校在七里甸,十分荒凉,与市区隔绝,学生皆住读。无电灯照明,靠小煤油灯;无自来水,靠一台手工泵抽取地下水。住的是原日本士兵住的一间间小房间。房间里无床,只有一个榻榻米(用木板搭的

---

[1] 本文发表于《思想理论教育》2011年第18期。

高 0.6 米的大方块），10 个女同学一间，一人一张小席子，排成两排，铺在榻榻米上。空间很小，睡觉必须文雅，稍不留心就会"侵占"到别人的"床铺"上。房间里除榻榻米外一无所有，面盆、漱口杯都放在泥地上。伙食，谈不上营养，能填饱肚子就不错。饭堂里只有几张破桌子，所有人一律站着吃饭。

条件够艰苦的，但大家并不以为苦，因为学校许多优秀教师的课教得十分精彩，对学生有巨大的吸引力。他们铆足了劲，要在日寇投降、山河重光之时，办好学校，为国家培养栋梁之材。他们黎明即起，与学生一起参加晨会；夜晚，到一个个教室巡回晚自修，为学生解答疑难。夙兴夜寐，十分辛劳。老师们不仅创建了良好的教风，也引领学生创建了良好的学风。别的且不说，单是晚自修就是学校的一景。教室里每张课桌上一盏煤油灯，两个同学合用。尽管油灯大大小小、高高低低有差别，但排列整齐、星星点点，远远望去，简直有纳兰性德《长相思》中"夜深千帐灯"的味道。年轻学生伏案读书求知的背影和老师轻轻走动悉心指导的身影交织成"一切为民族"的生命交响曲，那么生机蓬勃，那么充满希望。

教中外地理的严老师，被学生称为"活地图"。他粉笔在黑板上一勾，地界、山脉、河流、城市、交通线……再配以文字、数据说明，极其形象生动，经久难忘。数学毛老师一边板书一边用英语讲述，推理之严谨令人折服，他那"……is equal to zero"的语调成为他的代号。

国文老师赵继武特别令我佩服，他是著名国学大师黄侃的弟子，文学修养深厚，十分儒雅，无学究气。他上课别说备课，讲义没有，有时连课本都不带，只拿两支粉笔，学问全在他肚子里，上课时只要调动调动，一套一套就出来了。他教诗词更是一绝。不同风格的诗词到了他的嘴里都会风采别具，余音缭绕。有人说，人生最快意的事之一就是用家乡音调引吭朗诵诗词。我的家乡话很悦耳，抑扬顿挫，富于音乐性，尤其读诗词,颇具歌唱的韵味。教辛弃疾的《南乡子·登京口北固亭有怀》,"何处望神州?满眼风光北固楼。千古兴亡多少事?悠悠,不尽长江滚滚流……"老师朗诵时头与肩膀左右摇摆着,真是慷慨悲歌。我们这些做学生的,忧国忧民的情怀油然而生。此后,每逢假日三五同学登上北固楼,总是感慨万千,抒发"生子当如孙仲谋"的宏愿。这首词我至今还能背得滚瓜烂熟,从此,我也就深深爱上了辛弃疾的词。

赵老师从不训斥学生,总是和颜悦色地谈自己的看法、想法,从不把自己的意见强加于人。对待同学中的突发事件,处理的艺术更是令人钦佩。班级里调皮捣蛋的男生总要制造点小事热闹热闹。有一次上作文课,有个同学恶作剧,偷偷地把我的凳子搬走,我十分生气,不去找,就站着写。那次是自由命题还是要求写"丙戌重阳",记不清楚了,但清晰地记得我针对这件事大发议论。其实,事属鸡虫得失,没什么了不起,而那时,我竟不知哪里来的那么多意气,那么多文思,笔端汩汩滔滔,写下了一篇类似"檄文"的东西。写好一看,觉得不妙,大概要被老师责怪了。出乎意料的是老师大为欣赏,风趣地批道:"……于生失座,成此佳作,遂使孟嘉落帽的事不专于前矣!"妙笔轻点,化解了矛盾,慰藉和安顿了我这颗少年气盛的心。那种宽容,那种用典故、用文化底蕴循循诱导的艺术,我永志不忘。35年后,与同班同学忆及此事时,我情不自禁地写下了:"草'檄'何曾两腿麻,灌夫骂座笔生花。鸡虫得失浑闲事,赢取先生说孟嘉。"

教师教育学生的最高境界大概是并不摆下教育人的架势,而是自然的、质朴的、从心底流淌出来的做人道理与知识的传授、能力的培养融合为一体,课内课外撒播到学生心田,春风化雨,滋养心灵,学生品尝到成长的喜悦,深切感受到成长的幸福。赵继武老师为我播下了成长的良种,师恩浩荡,刻骨铭心。

复旦精神谱就我生命的底色[①]

我这名已年过 80 的校友今日能获得"第八届复旦大学校长奖"的殊荣,感到无上的光荣与幸福。

大学毕业离开母校走上工作岗位已整整一个甲子。岁月流逝,60 年一晃而过,但当年复旦的许多老师上课的精彩情景仍历历如在眼前。子彬院、A 教学楼、B 教学楼,我们奔着上课,抢座位,对知识的渴求难以言表,至今,许多老师的谆谆教导仍常在耳畔回响、萦绕。母校的培育之恩刻骨铭心,永志难忘。特别是母校"博学而笃志,切问而近思"的复旦精神谱就了我生命的底色,激励我一辈子锐意进取,奋勇直前,将自己的生命和教书育人的使命结伴同行。

人无志不立。人有了脊梁骨才能直立行走。人没有志向,没有理想信念,没有精神支柱,就不可能成为名副其实的人,脱离卑琐的动物状态。复旦精神"笃志"教育了我四年。志,要一心一意地立,专心致志地立。在复旦精神的感召下,在许多优秀老师的教育下,我立下了这样的志向:一辈子从事基础教育,做人师,做一名合格的人师。这个"格",不是打分,不是量化;这个"格",是国家的期望,人民的嘱托。我做老师,把孩子交给我,要让党和国家放心,要让千家万户老百姓放心。我

[①] 本文发表于《复旦学报》2011 年 9 月 29 日,是作者在"第八届复旦大学校长奖"颁奖仪式上的发言。复旦大学作为一所百年名校,为国家培养了无数英才,作者就是其中的杰出代表。

怎样才能不做知识的二传手,而是人师呢？智慧要如泉水一样喷涌而出,思想言行能为别人做榜样的德才兼备的人,方能为老师。为此,我刻苦修炼,要求学生做到的自己一定率先做到。教师对学生的影响不可能是零,不是正面影响,就是负面影响,为了学生的健康成长,我必须努力做到德才兼备,带领学生打好做人的基础,有一定的文化积淀。基础教育基础打得好,高校教育就能起万丈高楼。

我教过中学各个年级,各个层面的学生都教过,特别是"文化大革命"期间,说我是"修正主义教育路线吹鼓手",除了挨斗挨批,罚我带乱班乱年级。我都把他们带好,包括被家长赶出去的孩子都培养得健康成长了。这是复旦精神"笃志"要我做的事情,是党和国家交给我的任务,因为教师一个肩膀挑着学生的现在,一个肩膀挑着国家的未来。今日的教育质量,就是明天的国民素质。

教育教学工作中碰到许多困难,有的时候真是问题成堆,怎么从困境中走出来,克服那些困难？又是复旦精神"博学"指引我,使我开了窍。做老师,要提高教育教学的有效性,身上必须有时代的年轮,跟随着时代前进。为此,我不断学习,努力学习,摆脱无知,增长才干。有人问我：你做了一辈子老师,有什么经验？我告诉他：与其说我一辈子做教师,不如说我一辈子学做教师。为了可爱的学生,为了他们的成长、成人,我一辈子在学。怎么立德,怎么修身,怎么求知,怎样才会有比较丰厚的文化积淀,怎样才能有娴熟的教学艺术。

孩子只有一个青春,青春是无价宝。每个学生都是国家的宝贝,家庭的宝贝,工作中我不敢有丝毫的懈怠。复旦精神"切问而近思"常给我鞭策。我经常拷问自己的灵魂："你尽责了没有？尽心了没有？你耽误了学生的青春没有？"中学生进学校求知,一天要上七八节课、九节课,生命的大量时间是在课堂里度过的,因此,课的质量会影响学生生命的质量。课如果只教在课堂上,教在黑板上,就会随着你声波的消逝而销声匿迹。课要教到学生身上,教到学生心中,成为他优良素质的因子,才尽到了责任。因此,每堂课下来,我都要反思,寻找和记下自己教学的不足、缺陷乃至错误,探求学科教学的规律,探求育人的规律。我的几百万字的文章,如《于漪文集》《于漪新世纪教育论丛》都是教学反思、探索学科性质功能、探求教育教学规律的表述。正如罗曼·罗兰所说,累累的创伤,就是生命给你的最好的东西,因为它标志着你前进的步伐。我做了一辈子的教师,上了近2 000节的公开课,反思下来,没有一节十全十美的课,有的还创伤累累,为此,我必须不断学习,刻苦学习,这种永不衰败的内驱动力来之于复旦精神的支持与哺育。

基础教育不像高等教育尖端,但是基础教育是每个孩子都必须接受的,关系到国民素质的提升。我们中华民族的伟大复兴,不仅要靠物质文明,还要靠精神文明,国民素质的提高至关重要。

我一辈子承受母校的教育之恩,难以言说。现在尽管我已82岁,还在做些工作,为审查上海中小学12个年级的语文教材,基础型的、拓展型的、教学参考、初审、复审、复核,来来回回多达几百本次。又为基础教育培养中青年骨干教师,教育的希望在中青年教师身上,一名优秀教师,就能恩泽莘莘学子。为此,我尽心尽力带教,带出了三代特级教师、特级教师团队。我有限的知识,有限的精力,能为基础教育做一点奉献,是我此生荣幸。

即使到现在,我仍然承受着母校的教育之恩。报纸上、校刊上、校友杂志上,只要有老师的发言、校长的讲话,我都会认真学习,特别是一些育人的真知灼见,阅读时总抑制不住心中的激动。高等教育确实应该是时代的良知,智能的火把,自强不息、追求卓越的教育精神的代表。衷心祝愿学校在新时代弘扬复旦优秀传统,大力开拓创新,为国家培养各个领域的优秀人才、杰出人才做出巨大贡献。

国歌,永远是我的生命之歌①

一想到国歌,我心情就非常激动,儿时的记忆刻骨铭心。当我还是六七岁的时候,有一位年轻的男老师教我们音乐。他非常爱国,教我们唱很多爱国歌曲。尽管那所小学只有一架破风琴,但大家唱起歌来,快乐无比。唱哪些歌呢?我至今还记得的就不少。一个就是电影《风云儿女》中的《义勇军进行曲》,老师教的时候非常激动:"起来,起来……"把我们这些孩子的全部感情都调动起来了。还教我们《大路歌》:"哄,哄,哄,哈哈哈哈,哄……"再就是《卖报歌》:"啦啦啦,啦啦啦,我们是卖报的小行家……"《渔光曲》也是一唱再唱。这位老师的爱国情怀给我们幼小的心灵撒播了爱国的种子。1931年日本鬼子侵略我国,铁蹄踩躏我大好河山,上海被占领后,日军沿长江而上,我们家乡也失守了。老师给我们上的最后一堂课是《苏武牧羊》。他一再讲,"苏武留胡节不辱,雪地又冰天,苦忍十九年……",要牢记不要做亡国奴,又唱起了"起来,不愿做奴隶的人们"。我们小小年纪,从来没听到过"亡国奴"等字眼,一下子好像长大了。从此,这首歌在我心中留下了极其深刻的印象,那激昂的旋律常在我心中回荡。

每当听到国歌,唱到国歌,总是心潮澎湃,思绪万千,其中有几次特别难忘。一次是粉碎"四人帮"的时候,我被邀请到北京瞻仰毛主席的

---

① 本文是2012年8月2日作者应邀赴国歌纪念馆所作的发言。

遗容，并到天安门广场参加升旗仪式。这是我第一次来到天安门，直接看到鲜艳的五星红旗冉冉升起，在蓝天下飘扬。我情不自禁地想到为这面红旗献出了青春、献出了生命的无数英雄、先烈，我们活着的人要永远记住他们的奉献、他们的牺牲，要有担当的精神，要有忧患的意识。还有到人民大会堂开会，特别是参加颁奖典礼时，心情总难以平静。如对"全国三八红旗手"表彰，上海有五位标兵，我也是其中之一。在颁奖典礼上，当国歌奏响的时候，我就激动地想到我们妇女肩负着社会主义建设的半边天，确实要"起来，起来……"，一定要万众一心，在自己的岗位上做出奉献。又比如1989年，我作为全国劳模，参加在人民大会堂举行的颁奖典礼。当国歌奏响的时候，我真是热血沸腾。我们之所以有当家做主的日子，之所以能够有机会施展自己的才能，那是因为有无数英雄儿女，过去抛头颅、洒热血，而今在建设中攀登、创造、无私奉献。因此，国歌代表我们国家的生命，代表我们国家的尊荣，是我们每一个中华人民共和国公民的生命之歌。

  一想到国歌，一奏起国歌的旋律，我就会增强我的忧患意识、责任感和使命感。我是一名教师，我所从事的事业是培养学生成为合格的、优秀的中华人民共和国的公民。因此，我一定要把国歌这样一种精神，这样一种要奋斗要奉献的精神，传递给我们的学生。教师的生命价值在于内心的深度觉醒。当一名教师把自己日常的平凡的工作和我们伟大祖国的建设事业，和我们中华民族的伟大复兴，和千家万户老百姓的幸福生活紧密联系在一起的时候，那就会胸襟宽广，有用不完的劲。这是我孜孜不倦追求的目标。从儿时刻骨铭心的学唱歌，到一辈子接受国歌的教育，再到薪火相传，将这种精神传给一代一代的学生，深感重任在肩，一定要不辱历史使命。

  国歌，永远是我的生命之歌。

化作春泥更护花[①]

耄耋之年的吕型伟同志仙逝，走完了他一直眷恋的 70 余载的教育人生，给基础教育留下了宝贵的精神财富，启迪后辈不尽的思考。

我见到吕型伟同志是在"文化大革命"结束后的 20 世纪 70 年代末。那个时候，信息渠道不像今日的通畅、快捷。我是一名草根教师，学校地处贫穷的工人区，又名不见经传，没有机会直接聆听市教育局有关的教育教学报告。60 年代初，育才中学教学改革风起云涌，蓬勃发展，在全市乃至全国产生很大影响，我这名年轻教师积极投入，才有机会到育才中学等名校听课，参加一些教学研究活动，参加孙兰局长召开的小型青年教师座谈会。那时吕型伟同志已调至北京工作，未能见到。

尽管未直接聆听指导与教诲，但他对语文教学的看法已深入我的心中。因工作需要，我先教历史，又由于工作需要，再改行教语文。说实在的，我非中文系科班出身，教语文碰到许多困难。究竟如何切实提高语文教学质量，使学生真正具有理解和运用祖国语言文字的能力，一直是我朝思暮想须破解的难题。切入口在哪里？怎样突破？语文界众说纷纭。此时，吕型伟同志对语文教学提出了八个字：字、词、句、篇、语、修、逻、文。后来被语文教师称之为"八字宪法"。现在看来，就是明确了语文教学的内容，不要为一篇篇课文所拘囿，为教课文而课文，须

[①] 本文发表于《思想理论教育》2012 年第 9 期。

教字、词、句等语言常识,须教文章的篇章结构,还须教些语法、修辞、逻辑及文学知识。当时,给我最深的启发是:语文是一门综合性很强的学科,须有整体意识,单打一,支离破碎,不可能切实提高质量;尽管综合性很强,但字、词、句是语文教学的原点,以此为切入口,就既能深入底里,又能纵横驰骋。随着课程教学改革的深入,人们对语文学科的性质、目的、任务、功能等的认识大大向前发展,但对当时处于教学困惑中的年轻教师而言,"八字宪法"的提出无疑是一盏指路明灯。

吕型伟同志为基础教育的地位、质量、发展,一辈子鼓与呼,并数十年如一日身体力行,感人事迹甚多,我眼见耳闻,亲身经历到的就不少。

在那个"知识越多越反动"的荒唐年代,教育被推向苦难的深渊,教师头上戴的是甩不掉的"臭老九"帽子。"十年浩劫"后,教育的问题成堆。教育究竟怎样拨乱反正,怎样建立正常的秩序,重拾办学校教育的信心?吕型伟同志专门撰文,强调要造舆论,大力宣传教育的重要性,具体分析上海教育的优势与劣势,阐述不能把教育当作消费事业,要重视智力投资,培养人才。鼓励大家因地因校制宜,想办法争取各方面的支持,办好教育。许多地区,包括周边农村,许多学校受到鼓舞,想方设法办好学校,短短几年,教育就出现了新的面貌。

工读学校的创办确实是好事一桩,它既挽救了有轻微犯罪行为的中小学生,又减少了普通中小学校的压力,为创造学校稳定的教育秩序提供了重要保障。由于"十年浩劫"中打、砸、抢的恶劣影响,由于读书无用论的泛滥,由于原本的社会秩序被摧毁,许多方面都处在无法无天的状况,许多孩子生下来就未能受到良好的教育。又由于家庭和周边环境的种种影响,有些学生误入歧途。当时,我是市人大代表、教科文卫委员会的委员,周谷城教授是我们委员会的主任委员、市人大常委会副主任,多次讨论青少年犯罪问题,并寻求解决的途径。教科文卫委员会还组织我和毛蓓蕾等同志到好些中小学校调研,深入了解青少年学生的犯罪情况，了解犯罪背景及成因，寻求对策。也就在这个时期，吕型伟同志提出如何看待学生的问题，反对简单地将有轻微犯罪行为的中小学生推给政法、公安部门处理的做法，主张办工读学校，进行教育挽救。在他的主张下，上海办了多所工读学校，根据教育对象实际，开设多门课程，制定合适的管理规章，以治病救人的赤诚教育失足者。经过多年努力，青少年犯罪率明显下降，收到了显著效果。唯有对学生的仁者之心，才会想出如此妙招。

20世纪80年代中后期，教育质量评价的问题困扰着许多地区从事教育的同志。质量评价似乎只有一把尺子，而这把尺子又追溯到我们的教育计划、课堂设置、教学大纲与教材编写。那时，教育部基础教育司首先尝试在"一纲多本"上突破。我清晰地记得，基础教育司组织全国中学语文方面的专家，对各省市报送全国的六套中学语文教材进行评审。当时全国没有统一的语文教学大纲，报上的六套教材各有不同的思路、不同的结构，虽质量上有差异，但姿态多样形式新，给人以勃勃有生机的兴奋感。这次山东省长岛会议上大家畅所欲言，觉得从东海之滨到青藏高原各学科只用一套教材的时代即将结束，迎来的必将是解放思想、从实际出发编写教材百花齐放的春天。吕型伟同志不仅看到了这一点，而且思想更为激进，他认为实行"一纲一本"高度统一的制度不可取，应在统一方针的指导下，采取"多纲多本"的制度。我比较保守，在计划经济模式下形成的思维习惯，认为"一纲多本"的突破已有大进展，"多纲多本"总得一步步来。事实证明，吕型伟同志的看法有前瞻性，他明确提出要允许并鼓励各省市自编教材，中央可加强宏观指导，并建立全国的审定制度。基础教育要地方化与多样化。由于这个主张有利于同时调动中央与地方的积极性，释放地方同志办好教育的才能，因而获得了认可。上海一期课程改革的实施如火如荼，已远远超越学科"多纲多本"的范畴，在以学生为主体，注意学生个性发展的高度上攀登了一大步。

在20世纪90年代开会,吕型伟同志谈得最多的是"三个面向"。尽管会议的内容不同,但他总要提邓小平"三个面向"的指示。他说,作为教育工作者必须有教育敏感,"三个面向"不能只看作是题词,而是教育改革的方向,要宣传,要真干、实干。他说,1983年,通过拨乱反正,教育的正常秩序已经恢复,人们在思考教育前进的方向,邓小平同志"教育要面向现代化,面向世界,面向未来"的题词,就是把教育放到战略重点地位,为实现社会主义现代化这个总目标服务。"三个面向"是对传统教育观念的一场革命,须对教育进行整体革命,而教育内容的改革又是整体改革的核心。一方面,他身体力行到全国各地宣讲和支持教育改革;另一方面,他又严肃批评相当多的地区和学校,不认真学习,不按此去实践。他说,这些人心中有另外三个面向:一是面向升学率,二是面向竞赛率,三是面向创收率。他忧虑地说:"如果这样,'三个面向'的教育思想要到何时才能落实呢?"并非什么教育都可以兴国,关键在把学生培养成为怎样的人,这是关系到国家命运、人民幸福的根本大事,忽悠不得,虚伪不得,功利不得,精致的利己主义更是罪过。吕型伟同志90年代敢于直言的真挚情感仍然是今日的一面镜子,令人清醒,令人汗颜,更应深刻反思,拨正教育发展的方向。

20世纪八九十年代,中小幼教师出书有一定困难,为了不让他们行之有效的办学经验与教育教学经验流失,上海市中小幼教师奖励基金会筹划出版《上海教育丛书》,组织一批老校长、老教师著书立说,与出版社联系资助出版。该套丛书由吕型伟同志任主编,从策划、选题、组稿、催稿到具体修改,他无不躬身参加、分析、指导,其认真、执着的精神令人叹服。我也被组织在写书之列。90年代初,我患严重的心脏病,常住医院诊治,说心里话,实在不想写。有次教师奖励基金会召开教育丛书组稿会,我也应邀参加。见组稿有一定难度,会议中间,吕型伟同志看着我大声说："于漪，你不死就要把书写出来！"看到他那副神态，我感动了，他这位原市教育局的老领导，是在为我们教学第一线的教师做经验的积累和学术上的支撑，这份深厚情意与关怀期望，我们怎能无动于衷？参加会议不是就事论事，而是受了一次教育。尽管我当时身体极差，但还是家里、病房，病房、家里，完成了《语文教学谈艺录》的写作任务。我深深体会到：做事难，做好事也难。出丛书碰到了阻力，吕型伟同志不改初衷，排除困难，执着追求，这种对工作高度负责的精神值得我们学习。

70余年的教育生涯，吕型伟同志为教育、为教师、为学生做了许许多多好事，我接触不多，能表述的也微乎其微。吕型伟同志说，他喜欢龚自珍《己亥杂诗》第五首，其中有这样的诗句："落红不是无情物，化作春泥更护花。"他一辈子钟情基础教育，遗留下来的丰富的精神财富必能"化作春泥"，培育更多的为教育做奉献的校长、老师。

一辈子学做语文教师[①]

我本一草根教师,由于工作需要,学校领导安排我几易学科教学,最后落户语文。学的是教育,实习时是心理学,先教文化班识字,再改行教高中历史。非中文系科班出身,改教高中语文,实属难事。先天不足,缺这少那,是我教学生涯中的常态。我们那个年代,没有个人价值,领导一句话"在战争中学习战争",两分钟就改了行。

隔行如隔山,改教语文,步履维艰。且不说语文教学的奥秘,单是汉语拼音就不识。只学过章太炎的注音字母,不知道周有光先生主持的汉语拼音方案;只学过英语语法,未接触汉语语法。诸多无知、愚昧,逼得我边教边学边思,用"洪荒之力"重塑自己,力争做一名不耽误学生青春的合格的语文教师。

一 清 如 水

我的第一追求是把语文课上好。在班级教学教育体制中,课堂教学是教师安身立命之本。学生进学校求知,大部分时间在课堂里度过,如若课上得不好,学生听起来味同嚼蜡,岂不抑制他们的求知欲望?为此,我给自己立下规矩,课一定要上得一清如水,不能有半点含混与模糊,糊弄学生。我的榜样是我的高中数学老师毛振璿,他教高中范氏大

[①] 本文发表于《语文教学通讯》2017年第5期。

代数要言不烦,一语中的,思路之清晰,推理之严密,令人折服。他教的数学定理,我们刻骨铭心,经久不忘,考试都不用复习。

为了追求一清如水的目标,我展开了两条线的努力。一条线是备课、教课,独立思考,在真懂上下功夫;一条线是苦读中文专业书籍,阅读经典名著,增添文化积淀。两条线既并行,又交错,支撑起课堂教学质量。

先说苦读,绝不是如学生时代读列夫·托尔斯泰的三大名著、巴尔扎克的《人间喜剧》、雨果的《巴黎圣母院》时,或感情激荡,或潇洒快意,或梦幻神游,而是正襟危坐,一本本啃,从《语法修辞讲话》《修辞学发凡》《艺概》《文心雕龙》,到《左传》《史记》,再到《中国哲学简史》《辩证唯物主义与历史唯物主义》,以中外文学史为经线,翻阅各时代重要作家的作品。读这些磨脑子的书往往都在晚上八九点之后,白天忙于教课、备课、改作业,只得明灯陪我过半夜。西汉目录学家刘向说:"书犹药也,善读之可以医愚。"坚持阅读,在文、史、哲精神文明中汲取养料,提升气质,增添识见,力争早日脱愚,改变思想贫乏、言之无物、面目可憎的状况。20世纪80年代出版的《学海探珠》,就是我此前学习的点滴体会记录。前辈张志公先生为之作序说:"锲而不舍,入宝山不会空手回。""看上去是一本轻轻松松的小品文集,实际上是一本很严肃的讲学习法和教学法的论著,请容许我掉一句书袋:寓庄于谐,盖亦为学为教之一道也欤!"先生之鼓励令我惶恐,但让我更深切地体会到读书是教师生命的必需,是创造教育气象的源泉。

备课,也是煞费苦心。那时没有教学参考书,开学时,教务处发给你一本教科书,教什么,怎么教,悉听尊便。组里有一本很简单的教学大纲,薄薄几页,并不受重视。起初,眼睛只盯着教科书,以为钻研了教材,能讲出一点名堂来,就是完成了教学任务。在教学实践中,越来越觉得不符合教学规律,零敲碎打,支离破碎,怎能有效地培养学生的语文能力？教语文不能无目的无计划，不能只跟着教材转，教一篇算一篇。胸中要有中学阶段培养学生语文能力、语文素养的总体框架，点、线、面、体要一清二楚，总目标须达到怎样的要求，各学年段要达到怎样的要求，各类文体的一根根线该让学生掌握哪些知识，具备怎样的能力，听、说、读、写能力的各自要求及相互间应怎样支撑与促进，文学素养熏陶的途径与方法应如何处理，等等，均须作通盘考虑。把薄薄的一本教学大纲读了又读，心中有了较为清晰的蓝图，既有教具体课文的近景，又有较长时期的规划，而这个整体规划是根据大纲的原则规定自我设计的具体化，步步踩在实地，提高教学自觉性，而不是在"暗胡同"里徘徊。七宝楼台本令人叹为观止，拆解下来，破砖残瓦一堆，美感丧尽。教课也是此理，切忌肢解，七零八落。

语文教学是有机整体，每堂课也是有机整体。什么叫备课？先做读者，读懂教材，在真懂上下功夫。三遍五遍，八遍十遍，来回往返地读，从语言文字到思想内涵，从思想内涵到语言文字，从结构框架到细节点染，从细节巧施到缜密构思，从查阅资料到文献佐证，把文章读得字已不躺在纸上，而是站起来与你对话。此时此刻，文章脉络、主旨要义、语言精粹一一显现，使你乐不可支；咀嚼、推敲、思考，你有了自己独特的体会，独有的认识。有些课文已烂熟于心，如出我口，如出我心。如此，八篇十篇、数十篇、上百篇独立阅读下来，初步尝到了庖丁解牛的滋味，阅读的水平、阅读的基本功有了切实的提高。现在看来，亏得当时没有现成的种种教学参考书，没有被他信力所左右而损伤阅读自觉。

备课，既要胸中有书，又要目中有人，备教材，备学生，备学生与教材之间的桥梁——启发、引领学生阅读理解与语言运用的主要问题。教学目标明确，恰当，具体可行；切忌庞杂，多目标必然导致无目标。教学内容清晰，重点突出，根据教学目标的要求认真剪裁，主次分明，详略得当；切忌舍不得割爱，旁枝繁叶一大堆，目标被淹没。教学环节清晰有序,线索分明,切忌东一榔头西一棒子,杂乱无章。教学方法要慎选,要适切,符合文章个性特征,符合学生学习心理需求,切忌"琳琅满目",哗众取宠。教学语言清楚明白,干净生动,有磁性,有文化含量;切忌干瘪无味,含混不清,语病丛生。

在教学工作中,学习者是第一因素,没有学习者就没有学习。教学是教师的教和学生的学双方面的活动,教师的作用就在于调动学生学习的自觉性和主动性,促使他们充分发挥认识主体的作用。为此,花功夫研究学情,通过望、问、听、阅和材料跟踪,了解学生的思想、性格、兴趣爱好、学习心理、学习习惯、学习方法、语文基础、语文能力等情况,以他们的现状作为教学的出发点,因学而教,力求减少盲目性,加强针对性。

凡此种种,就今日崇尚高阶思维、言必高大上来考量,俨然是小儿科,不屑一顾。然而,对我这名改行的人来说,是为做合格语文教师奠基,打精神底子、业务底子。且不说别的,就拿教学语言而言,为了清除语言的杂质,纠正语病,增强语言的吸引力、感染力,打动学生的理智与心灵,我曾用以死求活的方法,把讲课的每一句话写出来,然后进行修改,删除多余的字、词、句,以及不合逻辑之处,然后背出来,再口语化,用比较规范的书面语言改造自己不规范的口头语言。坚持近两年,有了成效。既然教了语文,就应在语言文字运用上为学生做榜样。我追求的是"出口成章,下笔成文",体会了运用的艰辛,指导学生就有了底气。

精 神 突 围

正当我兴冲冲地钻研语文教学规律,努力改进教学之时,厄运突然降临。"文化大革命"的疾风骤雨席卷全国,学校未能免灾,我这名年轻的老教师也罪责难逃。且不说什么乌云压城,丑类跳梁,单是打、砸、抢,侮辱人、折磨人的恶行就令人毛骨悚然。学校本是师生温情脉脉的场所,瞬间情意全无,恶意诽谤,皮带抽打,毁坏校舍,撕裂人性。其间,竟然不少是我们教的学生,我愕然了。有的是来听过我的文学讲座的,有的是借班上公开课的,有过一面之缘。学语文的积极分子,怎会有如此表现?在这场暴风骤雨中,人人登台亮相,我的灵魂受到"洗礼",重新认识世界,认识社会,认识教育,认识人生。

皮肉受点苦无所谓,关键在精神上要突围。

我不断拷问自己:教育是什么?教师是什么?语文教师是什么?我在做什么?我应该做什么?目标在哪里?如何跋涉?这寻求解答的一连串问题,常使我夜不能寐。学生处于青春年华,那么清纯无瑕,那么可爱,他们中的有些人怎会在风吹草动之时,一下子就判若两人?轻则有出格的言行,重则心中爬出了魔鬼,凶狠野蛮,血腥暴力,更可悲在有些还自认为自己的举动是正义的、神圣的。殊不知,人是有尊严和权利的,人性泯灭还能算人吗?教育,首先要教做人的底线。柏拉图在《理想国》中用他老师苏格拉底的比喻说,教育就是把在洞穴里囚禁的灵魂引出来往上升,达到真实之境。《大学》开宗明义第一句话就是:"大学之道,在明明德,在亲民,在止于至善。"教育要彰显内心的美德,自我修养,达到至善的境地。陶行知说:"千教万教,教人求真;千学万学,学做真人。"显然,教育的本质就是培养人,培养有人性、人品、善心、善行的人,是人之完成,追求以达到真善美的境界。

反思自己的教育思想,重智轻德,关心的是学生掌握语言文字的技能技巧,很少研究学生的心灵世界。20世纪60年代就提出教师要教书育人,而自己在教学实践中,往往认为教书是硬任务,要扎扎实实,不遗余力,育人是大概念,大家的事,或不以为意,或空泛虚幻。

培养什么样的人,是教育的根本性问题。我国教育培养什么样的人,是具有战略性意义的大事,关系到未来的国民素质,关系到国计民生。想到这些,我心潮澎湃,强烈地意识到自己肩负的责任。当年在高中学习时,母校"一切为民族"的校训教导我们学子读书求学的目的,激励我们在苦难岁月中卧地铺、点油灯求知识学本领,做人有担当。今日,角色转换,作为教师,育人是第一要务。我是语文教师,教文必须育人,所有学科教学都应为育人这个大目标服务。

人的德性与智性是生命之魂。智性是本领,是科学文化素养,是生存与发展的本领;德性是方向,是只为一己私利,还是在生存与发展的过程中为集体、为社会、为国家。教师在学生心田撒播知识种子的同时,须撒播做人的良知,滴灌生命之魂。育人不是空洞的概念,"育"有极其丰富的内容。培养一个学生,对他的思想素质、道德情操、知识的深度广度、能力的强弱、智力的高低,包括体质的情况等,要全面关心,因材施教。育人,就是对学生德智体美全面培养。

站在育人的战略高度思考,对语文学科的价值与意义就有了认识上的突破。语文学科教学当然要重视实用,但绝非只教雕虫小技,而是要清醒地认识到语文是育人的重要载体。语文教育是母语教育,母语教育在促使学生成为"社会人"的过程中发挥着特殊的功能。它与其他学科最重要的区别在于它始终是指向人的,与人的思维、情感、品质、能力密切相关。可以说,语文就是人生,它伴随人的一辈子。语文能力培养与思想道德熏染融合塑造,对人的成长发展会有长期的影响。

从重技轻人到把立人放在第一位,知识、能力是攀登精神世界的阶梯,我尝到了精神突围的快乐。原本总在实用、功利、技能技巧的圈子里转,看不到全局,想不到未来。现在,精神上突围,狭小的心似乎一下子有了伟大的宇宙。学生不好好教育,不能成人成才;语文是人生,不精心教育,影响学生成人成才。语文教师肩负教文育人的历史使命,生命与使命应结伴同行。我立下了这样的志愿。

"文革"中经历锤打,我没有倒下,而是更昂扬地工作。学校当时的当权者罚我专门带乱班乱年级，我有机会接触到各个层面的学生。走访家庭，走访里弄，经常课内课外与学生为伴，不仅了解他们的知识世界，更进入他们的生活世界、心灵世界。一个个形象那么鲜活，那么各具特征。对我而言，这简直是极大的专业进修，弥补了我教育教学上对学生认识若明若暗、浮光掠影的短板。有好心的老师规劝我："你还没被斗够啊？还那么卖力？还这么拼命抓学习，别忘了'知识越多越反动'的帽子。"我感谢他的好意，可他哪里知晓我的脑中风云、胸中浪涛？教师不仅要考虑学生当下的培养，且要思考他们的未来。当下为未来奠基，让他们日后走得更好，走得更远。对学生、对专业要一片赤诚，不能有虚假的心。夹杂个人的荣辱得失，眼就不亮，判断就会有偏差。当年借别人的班上课，夹杂着自己的好强好胜，实际上是伤害了别人，被斗是活该。教训深刻，此后从不借班上课，不去表演。乱班一个个带好，乱的年级面貌逐渐改变。"文革"后恢复高考，我们年级两个进度快的班级，百分之百考取大学。时隔20年，这些学生来看我，对我说："那时你抓我们那么紧，德智体美全不放，现在才体会到你的苦心。"学生的理解就是最好的奖赏。当年被父亲赶出家门的"捣蛋鬼"，我领到家里来培养；当年逃课、言行偏差，乃至偷窃的所谓无救的"重读生"，我带到家里来教育，将心比心，以心换心，以情感化，以文化滋养。而今，他们皆立足社会，发挥正能量。来看望我时，说到往事，脸上还会浮起红晕，露出几分羞涩。几十岁的人了，"老学生"，还是那么可爱。教育，学科教学，发挥着改变人的巨大功能，不可不慎重视之。

调动生命的精华

"人总要把自己生命的精华都调动起来，倾力一搏，像干将、莫邪一样，把自己炼进自己的剑里，这，才叫活着。"作家汪曾祺的警言不仅震撼我的心灵，更激励我身体力行，开拓前进。

我首先着力改革课堂教学。课堂教学质量一直是我关注的焦点,教学兢兢业业,不敢有丝毫懈怠。然而,学生对语文的热爱、学习的积极性、语文能力的提高,并不如人意。有位学习困难的学生曾这样对我说,"老师,你的课很好听,我喜欢听,可惜我不会,学得不好"。学生看似带有歉意的检讨,实则点破我教课的症结所在。有些课我只教在黑板上,教在课堂里,没有教到他们的心中,内化为他们的能力和他们的素质基因。也正因为如此,我教的课也就随着声波的消逝而销声匿迹了。

非改不可,不能浪费学生的青春。只有改掉不符合学生学习内在需求、不符合语文学习规律的认识与做法,才能有效提升质量,开创语文教学新局面。我从两个方面思考与实践:一是语文课到底教什么,语文究竟具有怎样的性质;二是课堂教学谁是真正的主人,怎样的课堂教学结构才能发挥所有学习者的积极性。课堂教学的第一立场是学生,改革的根本力量是学生的需求,他们迫切需要优质语文教育的滋养,迫切需要在有限的青春年华养成对语言文字的敬畏之心、热爱之情,学得理解与运用祖国语言文字的真本领,切实提高语文素养。

语文课堂当然是传播语文知识、培养语文能力的场所,但它首先应该是一个诗意的存在。语言文字是民族之根基,对传播民族情感、滋润学生心灵具有不可替代的作用。语言的背后是一种文化的深层编码,是一个民族的集体意识。语文课堂营造的应该是学生语文素养成长的精神家园。语言文字是文明的风向标,理解与运用,不仅要掌握其形式,更要掌握其内涵;也只有真正掌握其人文内涵,才能充分展现语言文字的表现力、生命力。语言文字来自人生,而不是来自书斋。语文教学在传授知识、培养能力的同时,要进行文明的教化。不管是东方还是西方,教育最初的目的都是文明的教化。尽管近现代教育内容随着科学技术的进步与发展已无限丰富,但文明的传承、真理的追求、人格的塑造仍是教育的要义。培根说过,物质是以它感性的诗意光辉向着整个人微笑,语言文字也是如此,它应该以诗意的光辉向着学生微笑,来感染、影响学生。在引领学生对语言文字含英咀华、探讨篇章结构、研究运笔技巧的同时,传播高尚思想,传播优美情操,指引人生的追求,让他们品味到、享受到精神成长的快乐。

基于这样的认识,我在课堂教学中追求综合效应,实践"熔知识传授、能力培养、智力发展、思想情操陶冶于一炉"的教学观,以"熔"揭示语文教学目标的整体性与多元性,实施教文育人,使教学真正服务于我们的教育总目标。引导学生学习语文知识、进行语文能力训练,是语文教学的主旋律。与此同时,根据不同学段的要求、不同课文的特点,挖掘文本中固有的育人资源,进行思想交流、精神沟通、情操陶冶。课文各具个性,有的有认识价值,有的有审美价值,有的有教育价值,有的综合价值显明,教学时可适时适度阐发、熏陶,力求使学生的能力、智力、素质都获得培育,实现"学力形成"与"人格形成"的统一。也就是在教学过程中既有形成语文能力的侧面,又有形成个人思想情操、道德品质、价值追求的侧面,二者有机地、和谐地统一,学生能多方面获得培养。

"教育性教学"是近代教学论研究的重要课题。无数事实证明,任何真正的教学,都不仅是提供知识,而且给学生以良好的教育。离开了"人"的培养去讲"文"的教学,就失去了语文教师工作的制高点,也就失去了语文教学的真正价值。因而,我告别了课堂教学的线性功能,只讲实用,代之以多功能、立体化,以语文实用功能为核心,佐之以思维功能、认识功能、审美功能、教育功能,时空交错,多维立体,学生受益良多。21世纪课程教材改革的三维目标,当今提出的语文核心素养,正是对我当年认识与做法的概括、提炼、提升,我感到无比荣幸。

课堂教学结构同时也进行改革,从单向型的直线往复转换为网络式、辐射型。"教"作用于"学","学"反作用于"教","教"与"学"相互作用,让课堂真正成为学生听、说、读、写的运用与实践语言文字的场所,沉浸在深厚的学习气氛中,每名学生都成为学习的"发光体",而不是只有教师发光。充分发挥学生学习的主动性、积极性,语文学科的多功能才能有效地落到实处。这种课堂教学的合理构成能不能形成,网络式作用能否充分发挥,不是凭教师的主观臆想,而是要做诸多扎扎实实的启发、引导。且不说课前对教材的深入钻研,对学情的深入了解,就是在课上也要努力增强学生的主人翁意识,积极创造学生生疑、质疑、解疑的条件,营造探究问题的宽松、和谐的气氛,激励勇于寻根究底的求知冲动,赞扬发自内心的独特体验与感受。师生之间、生生之间思想碰撞散发的火花,更是要在全班点燃。从不同层面学生的需求出发,既抓共性,又有坡度地抓个性,使每个学生品尝到学习的成就感、满足感,身心解放,无拘无束。语言实践活动实际上是生命活力的展现,课堂因此充满了人文的关怀。

支撑生命涌动课堂的美丽风景线,是课外广阔的天地。组织学生坚持不懈地阅读和写作,组织学生参加社会实践、观察、考察。语文教师应该是高级营养师,要告诉学生什么是营养丰富的食品,什么是垃圾食品,什么是优美与高尚,什么是丑陋和低俗。教师推荐读物,学生推荐读物,口头介绍,文字推荐,每月读书交流,或书面,或口头,开展活动。为了激发学生阅读与购书报杂志的兴趣,并了解到他们无宽松的钱购书之窘后,多少年来,我将特级教师津贴全部让学生自购书籍、杂志,引领学生逐步养成喜爱书、阅读书的习惯。平时经常交流书报信息,评说书的内容与表达,个别交谈多于集体交流,久而久之,我发现有些学生在暗地较劲,比谁读得多、读得好,尤其是在交流读书体会的活动中。

阅读助推写作,实践增添表达光彩。节假日经常去郊野,观察大自然,吸收天地之灵气;去博物馆,看各种展览;去名胜,看古迹,用脚丈量历史的脉络,让学生进入情景现场,产生文化回音壁的效应。有时我还充当现场讲解员,或者能者为师,请知晓的同学介绍,学生兴趣盎然。至于组织语文知识、文学常识竞赛,举办月光晚会、元宵晚会等,往往是学生主动要求,自主撰稿,争相表演,争做主持人,那种对语文活动的热情与喜爱,令我感动。由于阅读与实践的丰富多彩,学生作文也好,随笔也好,不仅一学期能写二三十篇,且言之有物、言之有情、言之有文,常有"神来之笔"使我眼前一亮,欣喜不已。

正因为学生读了点书,有了点生活体验,思考力、想象力获得发展,上课时他们常拿"神来"的问题"将我的军"。有老师随堂听课,二三十人也好,数百人也好,他们都旁若无人,或猛追直逼,或侃侃而谈,充满自信。我虽如履薄冰,不敢有丝毫怠慢,但心中的甜蜜却难以抑制。这就是生命涌动的课堂,师生全身心投入,求知的探讨飞扬变化,神意相通,诗意地存在。

三尺讲台虽小,演绎的却都是古今中外经典中的社会更替、人生感悟、思想结晶,其博大精深,穷毕生之力也难得一二。在探索学生语文素养成长之谜的过程中,要启发、引导他们主动积极地吮吸其中的精神养料,这不仅是科学,更是艺术。然而回顾数十年的教学耕耘,遗憾的事比比皆是,故常有愧对学生之忧。

岁月如歌,追求永无止境,一辈子学做语文教师。

反 思

目中学生知多少[1]

《花儿为什么这样红》是著名科普作家贾祖璋科学小品中的佳作，充满了科学的智慧，单是文章的题目就能激起人们无限的遐想。然而，初中学生学语文，有不少学生对说明文有一种"天然的抗阻力"，不愿学，也不大学得进去，因而，激发学习兴趣，进入课文进行探究成了我首先要考虑解决的问题。

在教学方法上，我做了两个大胆的设想。起始阶段用科学实验激发学生兴趣，吸引他们的注意力，让他们积极开启求知的大门，这是一。二是用一节课理清文章的结构，让学生初步把握作者从横、纵两个角度说明事物，先按逻辑顺序分类说明，说明花色的本质特点；后按时间顺序说明花色形成的历史过程。一横一纵，层次清晰。第二节课放到校园里，分四个小组，一名学生随机抽取各种颜色的花提问，要求答题的学生从不同角度回答。比如，有的从花颜色的物质基础解答，有的从花的生理上的需要解答，等等。讲不清楚、讲不完备的可以看书，可以边看边说。我自认为这样在实践中学习课文的内容与语言，天地广阔，活泼生动。

我抱着好几支试管，好几朵红、蓝、白色的花以及酸碱试剂兴冲冲地走进教室。当我把试管架放在讲台上，好些学生的眼睛已放射出好

---

[1] 本文发表于《语文教学通讯》（初中刊）2007年第1期。

奇的光芒,个别调皮的男孩还做了个鬼脸。于是,我请一名女学生上讲台做实验,把花瓣揉碎挤出汁,然后分别放到不同的试管中,再滴上测定酸碱度的试剂,观察试管里水的颜色有何种变化。操作实验的学生用手使劲地搓揉,忙得鼻尖上都沁出细小的汗珠。座位上有的男生嚷着:"太慢,太慢,这样搓这样搓……"边说边用手比画着;有的屁股离开椅子,半躬着腰,身体往前倾。女学生文雅、含蓄,但也有交头接耳,低声细语的……

校园里景象:

(第一组)

生1:(指着几朵黄菊)为什么它是黄色的?××,你从物质基础来解释。

生2:因为它的花青素是酸性的……

生3:不对。它的细胞液是酸性的,花青素呈黄色。

生1:看书要仔细,不能马虎。(俨然教师口吻)×××,你从花的生理上的需要来解释。

生4:光波长短不同,这谁不知道?阳光强的地方,如果红花、黄花不反射出热效应大的长光波,花瓣不要被晒枯?这当然是生理上的需要了。

生1:毕竟物理学得好,说起来一套一套的……

(第三组学生嚷起来,我急忙跑过去)

师:有问题可以讨论,叫叫嚷嚷总不大文明吧。什么事情?

生(七嘴八舌):××同学不肯回答问题,他要"考"别人,不要别人"考"。

生5(辩解):她问的什么问题?要我从进化的观点来说这朵蓝花为什么是蓝色的?进化是很长的过程,我没有看见,怎么说得清楚?

生6：什么事都要自己看见才说清楚,那还要书干什么？课文告诉我们:"裸子植物的花是原始的形态,都带绿色。""花色以绿色为起点,向长波一端发展,由黄而橙,由橙而红;向短波一端发展,是蓝色和紫色。"知道了吗？

生5(不服气)：要我问问题,就要比她好得多。她那么生硬,没头没脑。

师(息事宁人)：好了,继续学吧！要知道科学要力求不停留在事实的表面上,要洞悉事物发生的奥秘,寻找那些支配事实的规律。

学生学得积极主动,有争执正是学有兴趣的表现,当时我不觉得有什么问题。今日细想起来,觉得当时的处理有诸多不当。起始阶段做实验,为什么只选一名女学生做？因为她喜欢理化实验,动手能力强。难道别的学生不能做吗？如果两个人一组,人人动手,做一种颜色的花的试验,岂不是更好？还能节省时间。校园里的答问本可以放松一点,让学生自主选择,选择出题或答题,或几人拟题,几人回答,完全没有必要指定小组长问,其他学生答。

教学环节组织得得当与否,看似教学方法问题,实质是教育理念问题。方法受理念的支配。尽管平时把"面向学生""目中有人"挂在嘴上,但目中究竟有多少学生,是几个学习尖子,是10多名学得积极的分子,还是全体学生,每一个？布置学习任务给每一个学生,就是面向全体学生了吗？是不是在教学过程中,给每一个学生创造了发表意见、施展聪明才智的机会？是不是特别关照有个性的学生,促使他们的个性获得健康发展？课堂教学几乎形成了一种思维定式,学生学习积极性的调动与发挥要在一定的框架内,只要有一些"学习台柱"支撑,教学过程就能顺妥地推进,课就会发光。

教学中培养尖子当然责无旁贷,但这与教每一个、大面积提高并不矛盾。关键在承认学生的独特性、多样性，一视同仁地尊重与爱护。脑科学的最新研究成果表明，每个常人身上都蕴含着有待开发的巨大潜能，教师的责任就是把每个学生身上蕴含着的潜能变成发展的现实。千万不能因为自己的思维定式，因为自己的粗疏，抑制乃至挫伤一些学生的求知欲望和创造意识。"目中学生知多少?"要经常以此警示自己，牢固树立面向全体学生的观念。

保护创造意识的萌芽[1]

师：《南州六月荔枝丹》一文运用了多种说明方法，特别是引用，通篇运用多达10多处。请同学们在原来通读的基础上梳理一下，这些引用有何特点，在文中各起什么作用。

（生阅读思考，在书上做记号）

师：谁先说？不一定说周全。

生1：一开始就引用了白居易的《荔枝图序》。有两个作用，一是和幼时印象中的荔枝对比，引起读者的兴趣，想知道荔枝究竟是怎样的水果；二是表明白居易描写的荔枝形态不完全正确，说明事物要讲究科学性，评述引用得不够正确的材料，也是为了更好地说明。曲曲折折，容易引起读者兴趣。

师：理解得很好。

生2：文中的引用有特色，不仅数量多，而且和其他说明方法，如比喻、描写、对比等方法结为一体，显得更加具体生动。

师：能不能举例说明？

生3：刚才同学说的引用，就是引用比喻描写的诗句。"绛囊""红星""珊瑚珠""飞焰欲横天""红云几万重"等都是比喻，引用它们说明荔枝成熟的色彩和成片树林的美丽。

---

[1] 本文发表于《语文教学通讯》（初中刊）2007年第10期。

师：你读得很仔细。"成熟"一词不可丢,因为只有成熟的荔枝才有如此美丽的色彩。

生4：引用唐代杜牧的诗"一骑红尘妃子笑,无人知是荔枝来"是嘲讽,但也是用来与白居易说的"一日而色变,二日而香变……"作对比,说明荔枝不耐贮藏,妃子要吃,皇帝只好用特权飞骑快送。引用诗中反映的确凿的史实来说明,文学性更强。

生5：你们尽说赞美的话,我有不同的看法。

师：好啊,请发表。

生5：引用是一种说明方法,为了说明某个事物,当然可以用,但一篇文章用那么多,实在没有必要。老师不是说过,任何一种修辞方法、说明方法的运用,都要根据写作内容的需要,过了头,架床叠屋,效果适得其反。

师：好啊,在这儿等着我呢！

生5：我不是开玩笑,是真的。这篇说明文内容已经够复杂的了,从荔枝的生态说到荔枝的生产,生态说明也够复杂的,说了八九样东西,什么外壳、颜色、形体、果实怎样怎样；生产的说明也不简单,也是好些内容。说明就是要让读者明白。可现在弄了一大堆的诗文,读的时候我累死了,我已经要绞尽脑汁了,怎么像障碍赛跑一样,跑几步就要看注释,不然就读不下去。

师：你能畅谈自己的看法,很好,不过……

生6：我读的时候也和他一样,有这种感觉,引用得太多,就成了累赘。

师：引用是说明的一种有效方法,要引得可靠,引得精当,这都没有错。这篇文章之所以引用的资料很多,一是由内容所决定。说明的方面比较多,信手拈来,你可能会产生错觉。二是为了增强文艺性。高士其说,科学小品是"科学和文学结合之子",旁征博引,为的是达到艺术地宣传科学的境界。阅读时,我们有这点困难不足为奇,毕竟我们接触到的诗文很有限,文化积淀不够,读多了,逐步积累,这种状况就会大有改进。

(生沉默了,只有生5以极轻的声音嘟囔了一句:"老师总有理!"师没搭理,课正常进行)

当时没感到有问题,还自以为对学生阅读作了指导,今日看来,毛病真不少。

首先,没有充分尊重学生的意见。学生袒露胸怀谈自己的看法是很不容易的。不反复思考,不鼓足勇气,要在大庭广众之间直言不讳,是做不到的。学生没有否定引用在文中的作用,只是觉得有些偏多,有些偏难,那就应趁势让学生举一两个例子说明,也可启发大家辨别。有的虽未明说引用,学生一看就明白,不必探究。如文章标题"南州六月荔枝丹",注释写引自明朝陈晖《荔枝》诗,虽然学生不掌握全诗内容(南州六月荔枝丹,万颗累累簇更团。绛雪艳浮红锦烂,玉壶光莹水晶寒……),但该诗句介绍了荔枝的生产地点、季节和色彩,让人一目了然,与以"荔枝"为题比较,诗情画意得多。学生阅读的难处在于对所引的诗文、资料实在不熟悉。大段引述,学生如能了解点来龙去脉,难度会降低,而文中为了说明的需要,或摘句,或意引,或分段截取引用,难度就大增。教学本身就应帮助学生排除困难,我却说了几句拎空的话,难度、障碍,搁在那儿没有管。

为什么会出现这种状况呢?那是由于我的思维定式的缘故。"老师总有理"这句话是击中要害的。备课,钻研教材,可说是一心为作者,总是千方百计找优点,找特色,从内容到语言,从构思到结构到表现方法,一套一套,自圆其说,常有理,总有理,学生已司空见惯,不足为怪。课文嘛,文质兼美,当然不应挑剔。教师的思维定式、思维缺陷,对学生起着负面的影响。

课上这个环节的处理最可悲的不是判别引用的是与非,而是有意无意之间抑制乃至扼杀了学生的求异思维。语文教学的弊病之一是太强调求同,趋同已成为一种习惯,就好像标准化试题、标准答案一样。语文若是太信奉标准答案,语文教师就可以废除,让机器代劳就行。课文是静态的,阅读是动态的,如果阅读者完全对作者唯命是从,哪还会有什么独特的看法和见解?人云亦云,一味求同,没有疑问,哪来创造?在教育"一刀切"排山倒海般的气势下,要能有点不同看法已十分稀罕,十分宝贵,怎能不费吹灰之力就加以抑制?其实这样抑制的不是某些知识的增减,而是打击了一颗求学征途中追求真知的心。

平时总说要培养学生的创新意识,可做的时候却常常背道而驰。课堂教学中学生完全有发挥自己聪明才智的机遇与空间,遗憾的是自己往往"麻木不仁",无意中掐掉了机遇,剥夺了空间,让创造意识的萌芽轻易流失。教训要记取,牢记:保护,悉心保护!

坐失良机[①]

师：刚才我们已了解到本文围绕林黛玉进贾府这一中心事件，通过林黛玉的所见所闻，介绍了贾母，大舅母邢夫人，二舅母王夫人，大嫂子李纨，表姐妹迎春、探春、惜春，二嫂王熙凤，表兄贾宝玉，大舅父贾赦，二舅父贾政等主要人物。贾赦、贾政是虚写，其他均通过林黛玉所见，一一实写。脑子里有了这个人物框架，阅读时就不会糊成一片了。

林黛玉进贾府，人物出场描写得十分精彩。《红楼梦》这部小说描写了贾宝玉和林黛玉的爱情悲剧，林黛玉的出场描写，已经暗示了这个人物的悲剧结局。你们同不同意这个看法？同意，请在文中找出根据；不同意，也请说明理由。

（生阅读，思考，圈画）

师：请大家发表意见。

生1：既然是贾、林的爱情悲剧，主要人物出场当然就有暗示，要知道这是大家之笔，是曹雪芹的笔墨啊！（俨然一副满腹经纶的样子，十分可爱）

生2：别绕弯子了，快说说根据！

生1：一进贾府，见到贾母就哭，岂不是告诉大家她日后以泪洗面的日子多了。寄居在别人家，没有父母支撑，怎可能不悲苦？再说，这

[①] 本文发表于《语文教学通讯》（初中刊）2007年第5期。

么复杂的大家庭,这么复杂的人际关系,怎么受得了?因此,一个"哭"会牵出日后的无数"哭",这种暗示清晰可辨。

生3:单是一个"哭"不能说明问题,关键在她有"不足之症"和癞头和尚说的话。癞头和尚化她出家,父母不答应,癞头和尚说:"既舍不得她,只怕她的病一生也不能好的了。若要好时,除非从此以后总不许见哭声;除父母之外,凡有外姓亲友之人,一概不见,方可平安了此一生。"曹雪芹写得多么明白!林黛玉不能哭,可到了贾府,贾母一见她就"心肝儿肉叫着大哭起来",这当然暗示黛玉结局悲惨。

师:看得仔细,说得有道理。

生4:"除非从此以后总不许见哭声"和贾母的"大哭"形成对照,这就隐含着林黛玉命运悲苦的必然性。

师:除"哭"有暗示外,其他描写之处还有没有?

生5:我这"哭"还没有说完呢,您别着急。黛玉的可悲之处在对癞头和尚说的话不当一回事,你们看,"疯疯癫癫,说了这些不经之谈,也没人理他"。我不是说和尚"神",说的话灵验,而是说林家不重视,一定会倒霉。这种交代实在不错。

师:读得仔细,还有吗?

生6:对林黛玉的心理描写也作了暗示。文章一开头就说到贾家与别家不同,仆妇"已是不凡",因此,写她一进贾府就"步步留心,时时在意,不肯轻易多说一句话,多行一步路,唯恐被人耻笑了去",这种沉重的心理负担说明心里很苦。这里暗示林黛玉到贾家难做人,稍有差错,必然悲惨。

生7:寄人篱下,命运肯定悲苦,她坐的轿子,正门都进不了,"只进了西边角门",可见她在贾府所处的地位——低下。地位低下的人在这声势显赫的荣国府,日后的境遇是可想而知了。

……

应该说，学生对文中林黛玉出场的描写理解得是不错的。对林黛玉的心理描写、神态描写、语言描写，直接的、间接的，都说到了。现在看来总觉得缺了点什么。学生言未尽意，教师指导不力。为什么会发生这样的情况？相当大的程度是因为我这个教师在赶教学进度。脑子里定好了框框，只要学生把描写的几个方面都谈到，就算完成了任务。这里有两个问题：一是"为教"还是"为学"；二是怎样指导，节骨眼儿在何处。

心里想的、口里说的常常是"为学"，为学生主动学习提供条件，引导他们学有兴趣，学有所得，但在教学实践中，一旦课时紧，不知不觉就走了样。学生对"哭"的暗示作用并未较为完整掌握时，我就立即用"堵"的办法刹车，于是，就提出如下的问题："除'哭'有暗示外，其他描写之处还有没有？"貌似开启学生思维，实则岔开所谈内容。刚好发言的学生不让步，要我"别着急"，他不紧不慢发表自己的看法。这一看法正是浅阅读的学生容易忽略之处。当时，我还未清醒过来，于是出现了第二次的"堵"："还有吗？"教学内容有所转移。这个"哭"字实在是作者的点睛之笔，如果不把见贾母时"黛玉也哭个不住"的前因弄清楚，这个"哭"的暗示悲剧命运的分量就不够。黛玉的自我介绍是预言其悲剧命运的极其重要的内容，这一笔的描写十分周到，似乎介绍时不经意，埋下的伏笔却贯串全文。学生虽一点两点说了看法，但应该有点综合起来思考的时间，在脑子里转几转，留下痕迹，而我却急匆匆地拽着他们往前赶。可见，"为教"的根子深，"时时处处为学生想"要落到实处很不容易。

与此相关联的是：学生讲得精彩处未作充分肯定，未及时剖析精彩的原因，只是轻描淡写地说了一句"读得仔细"，不痛不痒。学生阅读感知与理解的能力是有差异的，有的仅停留在字面，有的区别不清重要与次要，有的大而化之、浮光掠影，有的往往只注意局部，缺乏整体意识。

形成差异的原因有多种,但读得粗疏几乎是通病。拿到文章,一目十行,扫视一番,有的是跳读,了解一点故事情节,细致描写不看,跳过去。阅读方法多种多样,有些文章可浏览,可跳读,但精读课文须认真阅读,仔细推敲,潜心体会。否则,学与不学差不多。学课文与读小说不能完全等同,前者要在开掘、精研上下功夫,养成良好的阅读习惯,唯其如此,才能从课文中感受到观察生活、认识人生、语言文字运用的奥妙,从中汲取成长的养料。阅读良好习惯的培养绝不是空说道理,有效的做法是紧密联系学习的实际,做具体生动的引导。教学中相机行事是一种教育机智、教育智慧。"为教"使我坐失良机,后悔莫及。

学生实际不可忽略[1]

学习《拿来主义》，由学生的课外阅读状况引入课文，激发学习兴趣。

学习课文前半部分，学生阅读、思考、讨论：鲁迅先生在提出"拿来主义"主张之前，先批判了哪些主义？重点在揭露和批判什么主义？

生1：批判"闭关主义"和"送去主义"，重点批判"送去主义"。

师：谁能用学过的历史知识阐述"又碰了一串钉子"这个句子的内容？

生2：鸦片战争以后，又是中日甲午战争，后来又是八国联军侵略中国。

生3：清政府和英、法、美、德、日本、俄国、意大利等列强签订了一系列丧权辱国的不平等条约，所以说"碰了一串钉子"，一个又一个的钉子。

师：非常概括地说明了中国近百年来从盲目排外到一味媚外的过程。文中摆了三件事来揭露，所举三件事都着眼于一个字。请阅读梳理，说说是哪三件事，着眼于哪个字。

（学生阅读，在书上圈画）

---

[1] 本文发表于《语文教学通讯》（初中刊）2006年第12期。

生4：古董展览，绘画展览，梅博士到苏联唱戏。都是"送"。

生5：其实，"送去"的内容很多，文中只讲"学艺"，"别的且不说"。

师：看得仔细，很好。卖国媚外，岂止是学术文艺方面？其实，批判的锋芒不是对着几位艺术家，而是指向利用这几件事大叫什么"发扬国光"，催进"象征主义"的无聊文人。

生6：这些历史太复杂，有这么回事就行。有些事弄不懂，文章就看不懂，比如"佳节大典"这一句，谁的佳节大典？什么"残羹冷炙"？

生7："抛来"和"抛给"不是一样吗？分不清。

生8：什么叫"阴功"？

生9：一所大宅子"或是合法继承的，或是做了女婿换来的"，后半句什么意思？这女婿指谁啊？

……

师：大家的问题不少，我们学到有关的段落，再结合起来逐一解决，好不好？

（不少学生点头示意）

生6：当然也可以，不过，还是讨论一下好，否则，读起来疙疙瘩瘩。

师：（迟疑了一下）好吧，先读一读关于"佳节大典"的句子，请大家发表意见。

生10："佳节大典"是指外国人的。卖国媚外的结果是危害子孙，子孙已"拿不出东西来"孝敬，只得磕头贺喜了。

生11：洋大人榨取中国人身上的血汗，吃剩下来的，抛一点给走狗，作为进一步榨取的诱饵。

生12：这里是揭露卖国媚外的危害，表达作者内心的愤慨。

师：说得好。接下去的句子读一读，"抛来"与"抛给"的区别也就出来了。

生13："抛来"无褒贬，"抛给"是贬义的，有对象的，用鄙视的目光。

洋大人"抛给"的东西,"送来"的东西,令中国人恐怖。鸦片,废枪炮,香粉,电影,各种商品,无非是欺诈、掠夺和侵略。

师:前后联系起来,对用词的感情色彩就更清楚了……

回想起来,当时处理学生质疑的被动情况,真是有点儿汗颜。为什么会出现这样的毛病?简单说来,一是追求教学内容的完整性。初中学生初学议论文有难度,教学中一定要把文章先破后立,在批判中把立论的模式装到学生的脑子里,让他们留下深刻的印象。教学过程中讨论一些问题,就把程序打乱了,课的线索就会不清晰。二是赶任务,赶时间。课的重点在课文的后半部分"拿来",运用比喻,以小见大地阐明抽象、深刻的道理,树立对待外国文化的正确态度与方法。如果纠缠在一些具体问题上,时间必然来不及。

根本问题在于自己只是从教师的教出发,而不是从学生的学习实际出发。学生阅读这篇文章,确实有不少障碍。当时的人和事,百年的历史背景,语言的辛辣讽刺,论证的犀利深刻,学生都不熟悉,阅读像障碍跑,一会儿这里绊一脚,一会儿那里绊一脚。问,是求知欲旺盛的表现,应积极鼓励,十分爱护。有的问题学生不仅是不了解,而且出于好奇,教师更应该满足学生的需要。"做了女婿换来的"是讽刺做了富家翁的女婿而自我炫耀的邵洵美之流,学生知道了,读起来顺畅,也就高兴了。

问题还出在自己课前考虑不周。教材中的注释比较简单,课前可印一些相关链接的材料让学生参阅;课的起始可让学生质疑,对基本事实有所了解,文字障碍基本扫除,思考、讨论文章的观点、思路、语言就能集中注意力了。

教学生学这类文章,不仅是理解文意,更重要的在于学会运用。在经济全球化、社会信息化的今天,文化大潮汹涌澎湃,文化产品风起云涌,文化时尚层出不穷,出现鱼龙混杂、泥沙俱下的状况不足为怪。面对纷繁复杂的文化现象,中学生切不可照单全收,要提高文化判断力,"运用脑髓,放出眼光,自己来拿"。学生能学以致用,教学才算真正成功。

岂能越俎代庖[1]

师：约在公元760年春，诗人杜甫瞻仰成都城西北的诸葛亮祠堂，写下了著名的《蜀相》诗。

蜀　　相

丞相祠堂何处寻？
锦官城外柏森森。
映阶碧草自春色，
隔叶黄鹂空好音。
三顾频烦天下计，
两朝开济老臣心。
出师未捷身先死，
长使英雄泪满襟。

（生抄写诗句，小声朗读）

师：这首律诗后半部分是名句。"三顾频烦天下计"这一句从学过的《隆中对》中已了解，后一句表明诸葛亮经历先主刘备、后主刘禅两朝，开创大业，匡济危时。诸葛亮兢兢业业，一片忠贞。公元234年伐魏时，病死在五丈原（今陕西勉县西南）军中，故而说"两朝开济老臣

---

[1] 本文发表于《语文教学通讯》（初中刊）2006年第5期。

心"。诸葛亮是三国时杰出的政治家和军事家。刘备死后,辅佐后主刘禅治理国家,承担了蜀汉政权的全部实际责任。公元 227 年,他率军北驻汉中,以图中原。鉴于刘禅暗弱无能,不无内顾之忧,故临行前上《出师表》奏章,请求刘禅亲贤远佞,励精图治,以巩固和扩大蜀汉的事业。

"表"是一种什么文体呢?

(生摇头)

师:"表"属于奏章一类的文体,古时臣子对君主有所请求,就使用这种上行的公文。最古时就把这一类文体称为"上书",约到汉朝,才有"章""奏""表""议"等名目。

讲到诸葛亮的《出师表》,人们总常讲"前后出师表"。《前出师表》即今日学的这篇文章。在《三国志》中没有篇名,篇名是梁朝萧统(昭明太子)编《文选》时加的。"出师",指出兵攻魏。《后出师表》有人怀疑是伪作,但诸葛亮兄长诸葛瑾之子诸葛恪曾说看见他叔父的这篇表章。"鞠躬尽瘁,死而后已"的名句就是出自该文,也是对诸葛亮一生兢兢业业为国效劳的高度概括。

《前出师表》是千古传诵的名篇,由于诸葛亮是"两朝开济"的老臣,上的"表"不同于一般。无诚惶诚恐,而是谆谆规劝,诚挚恳切,无虚饰、自卑之言,也无傲慢之气,十分切合他先帝托孤的老臣、后主丞相的身份,一句句话从肺腑流出,感人至深。《文心雕龙·章表》称赞说:"孔明之《辞后主》,志尽文畅……表之英也。"苏轼也说《出师表》写得"简而且尽"。

学这篇文章要掌握两点:一是理解体会"两朝开济老臣心",二是学习体会"志尽文畅""简而且尽"的写作特点。

课的起始这样开场,当时还有几分得意。认为以名诗《蜀相》引入课文的学习，至少有几点好处：一是扩大阅读量，让学生脑子里再储存一首好诗；二是激发学习兴趣，进入学此名篇的境地；三是突出要点，明确诸葛亮的特殊身份和可鉴日月的忠心。认为这篇名文前前后后应明确的人和事都已简要地作了交代，评价的语言择其要加以表述，可以说清楚明白；学这篇名文的目的也点明，让学生心中有底。

教后，乃至今日看来，不当之处不少。一是掠学生之美，犯了越俎代庖的毛病。诸葛亮这个历史人物，学生从史书、演义、戏剧、电影多渠道中有所了解，更何况读过《隆中对》，完全可以让学生从知识储存中取出作介绍，无须教师喋喋不休。学生介绍时会品尝到运用知识的快乐，增进求知欲，而且会注意筛选，把真实的和艺术加工的加以区别，教师的职责不过是在学生含糊处或讲得不到位的地方点拨一二罢了。喋喋不休，影响了学生自主学习的积极性和概括能力的培养。

二是充当了学习资料广播员。用现在的话来说，把与课文的相关链接材料通过教师口述传递给学生，教学模式仍然是"我讲你听"。教学中"讲"与"听"是重要的，但这里是否可用更好的方式？印发有关资料，让学生自己阅读，乃至引导学生自己查找，不是更有利于学生自学能力的培养？求知，求知，"知"要自己去"求"，而不是坐在那里听现成的。被动接受和主动学习的效果有时迥然不同。

三是预先告知学习目标，在一定程度上会影响学生思维的发散。我们的教学中经常用演绎的方法，先高高悬挂起一个结论，然后要求学生沿着这个轨迹去寻找一鳞半爪的例子来验证，而不是引导学生真正进入作者所写的文中，从整体到局部，再从局部到整体，体会、体验彼时彼地作者的思想、情感和语言的斟酌与推敲。学生阅读与思考，把点点滴滴的体会归纳、概括、提升，这种感受、这种认识就会真切而不虚幻，具体而不空泛，能切实有效地提高阅读能力。演绎的方法当然可以用，但要重视论证，强化结论与材料的关系。否则，学生往往只记住现成的结论,究竟怎样"志尽",怎样"文畅",为何"简而且尽"却不甚了了。这就无补于阅读文言文能力的真正提高。再说,课起始花这么多时间,课文本身学习受到影响,更是得不偿失。

  课的某一环节处理就如此不易,更何况整堂课呢?

因势利导,难![①]

(生1朗读课文第1、2段)

师：读得流畅,尤其这一句"也有解散辫子,盘得平的,除下帽来,油光可鉴,宛如小姑娘的发髻一般,还要将脖子扭几扭。实在标致极了",读出了清国留学生令人作呕的丑态。

作者满怀寻找救国救民道路的希望,离开故土,然而在东京见到清国留学生腐败堕落,感到失望、愤懑、厌恶,于是离开东京,赴仙台学医,新环境又是如何呢？第二部分是文章的主体,着重写对藤野先生的怀念……

生2：既然着重写对藤野先生的怀念,为什么要写赴仙台途中见闻？又为什么花不少笔墨写住宿受关心？是不是游离了主题,太啰唆了？

生3：那倒未必。我看是铺垫,为藤野先生的出场做铺垫。

生4：第5段写"几个职员还为我的食宿操心",确实是铺垫,第4段铺垫什么？

生5："思考与练习"里说"记得'日暮里'与'水户'表露了鲁迅强烈的爱国主义思想感情",我觉得难以理解。"水户"是明遗民朱舜水客死的地方,犹可理解,"日暮里"就无法理解了。

---

① 本文发表于《语文教学通讯》(初中刊)2006年第10期。

师：这一部分学了再讨论好吗？

生6：其实很清楚，文中的话不一定每个句子都包含什么意思。法国大作家雨果就曾这样说过。

生7：不同意。长篇小说尚可这样说，短篇小说，篇幅短的散文，如果是好文章，就不应如此。

生8(很少发言的一名男学生)："日暮"象征着国家的衰败，日薄西山，气息奄奄，鲁迅东渡日本为的是寻求救国救民的道路，可到了东京看到清国留学生醉生梦死，感到前途渺茫。旅途中一看到"日暮里"这个地名，触景生情，故而记得。因而，和记住"水户"一样，表露了鲁迅的感情。

生9：不同意。你能断定日文的含义是和我们中文的含义一样吗？不能望文生义。

生10：别争了，看书。（读）"从东京出发，不久便到一处驿站，写道：日暮里。不知怎地，我到现在还记得这名目。"你们看，"不知怎地"，至今还记得，鲁迅自己都不知道是什么原因，你们比他还清楚，岂不笑话？

师(赶紧收场)：大家能畅所欲言，发表自己的看法，这很好。我看小章同学（生10）讲得好，"不知怎地，我到现在还记得这名目"很重要。学问中有一门考据学，考据最重要的是讲究本证，想想，就知道该怎么理解了。

当时这样处理，我觉得很合适。如果没完没了争论下去，课时怎么受得了？教学计划无法完成。再说，这也不是教学重点，已从明遗民朱舜水客死的"水户"知晓一二了。再次，我还顺带指导了做学问的一种方法。考证事物应注意本证，不能牵强附会。鲁迅先生自己写的是最可靠的证明。推论要有根据，不能建筑在臆断的基础上。

其实，自己因势利导的本领实在欠缺。小曾（生8）同学平时很少发言,课后同学之间的交流也甚少,难得如此激动,如此声音响亮地侃侃而谈,别说我有点愕然,不少同学也用惊异的眼光看着他。这是鼓励他重视口头表达、勇于发表意见的极好的契机。我竟木然,白白地丢失了鼓励的契机。再加上生9劈头盖脸三个字"不同意",对他发言积极性的负面作用可想而知。此时此刻,作为教师,哪怕是抢空挡,也要抢着讲几句,充分肯定他的主动性、积极性。须知,要点燃学生心中求知的主动性这盆火是多么艰难。一个学生一个样,特别是内向的学生。课堂教学必须有敏锐的目光,学生些微进步都不能有丝毫疏忽,要及时添薪加柴。

"导"欠缺还在于紧急刹车。这个问题确实无须铺展开来争论,但也不应急于下结论,可以悬挂在那儿,引导学生学习下文。学生通过作者对藤野先生外貌、语言、动作的描绘,认识其精神品质,认识其在日本帝国主义恶浊空气泛滥的情况下,对鲁迅热情关怀,不倦教诲,无民族偏见的难能可贵,与受日本军国主义思想毒害的日本青年比照,更是泾渭分明。作者满怀愤慨和内心的痛楚写下了受侮辱(被翻检讲义、匿名信、流言)、受刺激(看时事影片)的片段。民族自尊心受到践踏,热爱祖国的炽热感情化作深思,化作对生活道路的抉择,弃医从文了。文中生活事件、世态人情、历史材料、科学知识及现实斗争等种种材料如胶似漆地有机组合在一起,是由于思想内容的内在联系,这内在线索就是鲁迅先生浓烈的爱国主义思想。把握住文章的精髓,"日暮里"被记住就不难理解,犹如"东京也无非是这样"。课起始就讲"无非",意味怎么也出不来,先引导学生弄清东京清国留学生精神空虚、堕落腐败的情况,"无非"就有着落,学生就能比较具体地领会其中饱含的厌恶之情。

至于仅局限于"不知怎地"字面的理解,更是荒唐。鲁迅作品嬉笑怒骂皆成文章,字面义、字中义、字背后义须深入咬嚼,怎能草率从事?糊涂!

浑然一体,还是分步走[1]

《范进中举》课的起始,调动学生的学习积累,引出新课的学习。

师:与《孔乙己》写作意图有类似之处,均为控诉科举制度戕害读书人的罪恶。孔乙己是科举制度的败北者,范进是中了举,发了迹。皆是热衷功名,一个爬上去,一个被吞噬。皆是中毒极深,一个被吞噬而仍然麻木不仁,一个中了举欢喜得发了疯。请同学们迅速翻阅课文,找一找描绘范进发疯丑态的语句,站起来谈一谈。

(生翻阅课文)

生1:"噫!好了!我中了!"

生2:"自己把两手拍了一下,笑了一声,道:'噫!好了!我中了!'说着,往后一交跌倒,牙关咬紧,不省人事。"

生3:"他爬将起来,又拍着手大笑。"

生4:"走出大门不多路,一脚踹在塘里,挣起来,头发都跌散了,两手黄泥,淋淋漓漓一身的水,众人拉他不住,拍着笑着,一直走到集上去了。"

……

师:无论从外形,从语言,从动作来看,范进确确实实疯了。作者吴

---

[1] 本文发表于《语文教学通讯》(初中刊)2006年第11期。

敬梓运用妙笔把这个人物疯疯癫癫的丑态、狂态刻画得淋漓尽致,入木三分。为什么范进一进屋见到升挂起来的中举人的报帖,就拍手,就笑,就发疯?那就得了解他中举前过的是怎样的日子。前后对照起来思考,就能体会他考中前后天翻地覆的变化给他的心理、感情带来怎样的冲击。这种变化又不是孤立的,岳父胡屠户是怎样的嘴脸,后面出现的张乡绅又是怎样的嘴脸?请同学们边听录音,边把范、胡、张三个人物前后变化的要点画在课本上,然后在练习簿上列出简表,前后变化一目了然,再进行交流。

(生全神贯注地听录音、看书)

生5:来不及画出来,那么多。

师:心静下来,就来得及。(走到生5身边轻声说)

生6:画范进一个人可以,三个人就脑子里打架了。

生(齐):来不及,再放一遍录音,好用不同颜色的笔做记号。

(只好再放一遍相关部分的录音。生看书,思考,抓要点列表)

……

真是欲速则不达!学生对故事情节还不熟悉,就要求他们把握人物的刻画;一个主人公还可说,三个人物一起把握,不是顾此失彼,就是乱打架;在故事情节还不清晰的情况下,又立即要列几个人物前后对照的表,一个要求接一个要求,层层加码,学生应接不暇。学生要听,要看,要想,要写,貌似浑然一体,实则脱离了学生的实际水平。原本考虑,课文中生字多,学生读不顺口,听录音,使无声的文字变成有声的语言,不仅帮助学生识字,而且加强了文中语言的讽刺效果。实践过程中反映出两个目的均未能实现。

教学中须"目中有学生",但真正做到实在不易。从教材出发安排教学环节,有时几乎成为教师的本能。只着力于教教材,忘掉了教学的根本任务是用教材教学生。学生的学习需求、学习能力是必须面对、必须思考、必须研究的第一要义。话要一句一句说,饭要一口一口吃,路要一步一步走。先学什么,后学什么,须考虑得井然有序,根据难易的程度或铺路,或搭桥。糊成一片,学生如何承受?

教课有时候完全是"想当然",认为这点要求下去,不会有问题,学生"吃得下",多"压"一点,学生就"吃得饱一点"。殊不知学生毕竟是娃娃,我们常把他们当作成人,脑子里似乎同时可装好几件事,于是就不恰当地扩容,超越现有的学习能力。再说,学生的学习能力有高低强弱之别,教学时心中有学生,就会重视因材施教,既提出一般要求,适应所有学生,又提出较高要求,满足学习积极性高涨、学习能力比较强的学生,在求知道路上攀登。关键在于自己教育思想中经常缺了这根弦,习惯于"统一要求""一刀切",简单,方便,痛快,不自觉地人为造成一部分学生学习的困难。再进一步说,教师往往把问题看得很简单,认为学生动一动脑子就会。其实,这是未设身处地为学生想。教师自己已多次读教材,对课文从语言文字到思想内容回环往复进行钻研,当然来龙去脉一清二楚。学生只是初读、浅读,怎可能如教师那样轻而易举地抓要点、思考概括?我们自己学一点知识,真正懂得一点道理,也是要花工夫,有个过程的。

心中有学生,教学设计就自然而然分步走。先让学生把握文中主人公范进的前后变化,列表显现要点。而后,引导学生再读课文,列出胡屠户庸俗势利、张乡绅逢迎拉拢嘴脸的要点。前后对照,人物内心世界毕现,极其深刻地表现出世态炎凉,讽刺矛头直刺封建科举制度。教学中步步推进,学生学起来顺理成章,容易接受。

至于对历史上科举制度的全面评价,则是另一回事。

脑海里问题涌动[①]

有人说，在每个孩子的心灵深处，都有一种根深蒂固的需要，那就是希望自己能成为一个发现者、研究者、探索者。此话有道理。求知是人的天性，求知过程中主动积极地寻觅、探求，获得期盼的效果，那种愉悦和欢乐简直难以言表。

教师对此确实要有深刻的认识，如果只是将自己扮演成知识的传授者，把学生的大脑当作器皿"灌"，学生学习的主动性受到侵害，就会厌倦，产生消极情绪，学习质量也就可想而知。不少学生常有语文课上与不上无所谓，乃至厌倦的感觉，这与学生少动脑筋或不动脑筋有密切的关系。

语文教学过程应该是师生共同参与的一个协同的脑力劳动过程，教师的脑力劳动应当跟学生的脑力劳动相结合，而最终目的还是学生开展积极的脑力劳动。从这个意义上说，教师应该是学生脑力劳动的指导员、引航员。要学生积极地开展脑力劳动，十分重要的是抓住"疑"字做文章。学始于疑，有疑才有问，才有思。阅读时脑海里问题涌动，学习就真正进入良好的境界。

教师要善于激发学生生疑。要产生疑问，首先须认真阅读课文，咀嚼文字的含义，尤其是内涵丰富的语句，更需停下来，读几遍，想一想。

[①] 本文发表于《语文教学通讯》（初中刊）2005年第10期。

如学《闻一多先生的说和做》,其中有"1930年到1932年,'望闻问切'也还只是在'望'的初级阶段。他从唐诗下手,目不窥园,足不下楼,兀兀穷年,沥尽心血。杜甫晚年,疏懒得'一月不梳头'。闻先生也总是头发凌乱,他是无暇及此的。"这个句子如仅扫视一下,学生只会有闻先生治学刻苦的粗略印象,要学生读一读,讲一讲,问题就出来了。如:"兀"究竟怎样读?"望闻问切"是怎么回事,钻研文化典籍为什么要用这四个字?"目不窥园"又是怎么回事?"兀兀穷年"有没有出处?杜甫晚年为什么"一月不梳头"?学生脑中涌现一连串的问号,思维如活水,脑子转动起来,就可品尝到其中的奥妙。"兀",音"wù",辛勤不懈的样子。"兀兀穷年","穷",尽,一年到头勤苦不息。查查出处,原来出自韩愈的《进学解》,该文中有"焚膏油以继晷,恒兀兀以穷年"。"望闻问切",原来是中医诊治疾病的方法,一字一法,四法结合起来使用。为什么钻研文化典籍要以诊断疾病的方法来比喻呢?原来是承接上文钻研的目的——"开一剂救济的文化药方"而来,承接紧密,语势顺妥。"目不窥园"呢?仅是一般的形容吗?一查检,才知用了典故。《汉书·董仲舒传》中写董仲舒因专心致志学习,"三年不窥园",文中以此形容闻一多,可见其钻探文化宝藏精神的惊人。"一月不梳头"原来引的是杜甫自己的诗句——"百年浑得醉,一月不梳头"。杜甫奔波一生,难得在成都草堂有较安定的生活,故疏懒得一月不梳头。文中引这一句在于进行反衬,突出闻先生孜孜矻矻日夜不懈的精神。把几句联系起来思考,就会发现文简意丰,比喻、反衬、用典恰到好处,深刻而形象地刻画了闻先生为寻求拯救民族于危亡的良方而勤奋刻苦的精神。脑子里如果不涌现诸多问题,怎可能领悟其中意味的深刻、隽永?又怎可能提高阅读的实际效果?

从上面这个例子可知,要激发学生并使其在学习中生疑,可推敲课文中的字、词;可前后联系起来思考,发现问题;可联系自己已有的知识,包括阅读所得、生活经验、学习经验进行思考,发现问题。发现问题、分析与解决问题,离不开翻检工具书,强化识字、辨词的认识;离不开翻检有关资料,开阔自己的视野,深化对课文文字的使用与寓意的感悟。

为了使学生学习时脑中有问题涌动,我从三个方面入手。一是组织学习《说"疑"》等短文,反复强调学习中生疑、质疑、析疑的重要,让学生懂得"心之官则思,不思则不得""为学患无疑,疑则有进";二是鼓励和指导学生生疑,除上述的指导外,常在学生不易产生疑问处设疑,启发学生动脑筋思考,抓住矛盾加以展示,激发学生思考,创设辨疑、析疑的条件与气氛,在谈看法、摆见解的过程中,又有疑的生成,可作进一步探究;三是尊重学生思维的火花,把学生提的问题立刻在头脑里进行梳理,分清主、次、轻、重,按一定顺序巧妙地安排在教学过程中逐一解决,引导学生相互启发,寻找答案。注意因材施教,尤其要鼓励创造精神。教师不能以自己思考问题的范围给学生"画地为牢",叫学生"就范"。学生感兴趣的不全在长知识,更在于独立开展抽象思维过程的本身,也就是喜欢长知识和长智慧相互结合的智力活动过程。

换个角度行不行[1]

《驿路梨花》对初中低年级学生来说,有相当的吸引力,因为故事情节曲折起伏,引人入胜。于是,课这样开篇:

师:听课文录音,阅读思考下列问题。
1. 画出生字难词,圈出准备积累的词语。
2. 本文是围绕何物开展故事情节的?
3. 贯串全文的线索是一句话,试着找出来。
4. 文中描绘的主人公是谁?作者写他们的目的何在?
5. 这篇故事的最大特点是什么?请用四个字概括。
(学生边听边读,全神贯注。录音一停,就有学生举手)

生1:文章是围绕小屋写的,小屋在山里,草顶,泥墙,"门从外扣着"。

师:你看得仔细。

生2:贯串整个故事情节的是这一句话:"这是什么人的房子呢?"制造了这一疑问,哦,不,悬念,故事就一步步发展了,读的人也就特别有兴趣,希望弄个究竟,把谜底揭开。

师:说得真好,他把这句话在文中的作用都作了具体的剖析。

---

[1] 本文发表于《语文教学通讯》(初中刊)2007年第4期。

生3：作品中的主人公是小梨花和梨花的妹妹,活泼可爱的小姑娘。

生4：不只是他们两个人,还有解放军,他们是建造山间小屋的人。梨花姐妹也不可能建造。没有小屋,她们照料什么？

生5：照料小屋的人多了,除了她们两个人,还有瑶族老人,还有老余他们……

生6：还有文中没有出现的,但作者作了交代。请看第217页,"瑶族老人又说：'过路人受到照料,都很感激,也都尽力把用了的柴、米补上,好让后来人方便。'"可见凡是过路人都是小屋的照料者,因而,文中的主人公是小屋的建造者和照管者,不是一个两个,而是一批一批,说明助人为乐蔚然成风。

师：真不简单,既准确无误,又滔滔不绝,这么一个动人的故事,请你们说说看,用哪四个字概括最合适。

生7：一波三折。

生8：引人入胜。

生9：美不胜收。

生10：悬念迭起。

……

师：都有一定道理,如果选择的话——

生(大部分)：引人入胜。

师："引人入胜"的"胜"如何理解?

生11：优美的,"引人入胜"就是领人进入优美的、美妙的境地。

于是,师生就按照课文的顺序一步步进入课文描绘的优美境地。教学过程中,有时学生眼睛发亮,煞有兴趣；有时有的学生却有疲沓之感,注意力不集中。当时不以为意,让这些现象如流水般逝去。今日回想起来，对自己的教学应变能力得打个问号。

课的起始，学生对文中的故事情节、主人公已熟悉、理解。显然，这个故事切合学生的年龄实际，尤其是三个悬念和两次误会的安排，对充满好奇心的初中生来说，很有吸引力，也许新学期课本拿到手时已阅读，故而思考后能准确阐述。学生已掌握，自己还按部就班梳理情节，一一解谜，有些学生不领情应是意料中的事，因为他们求知的积极性受到压抑。

换个角度行不行？抓住了"引人入胜"，就在"胜"字上下功夫。本文的画面很美，而且充满诗意，给人以温馨的感觉。景美、人美、心灵美，如果引领学生沉浸在这诗情画意之中，发现美，欣赏美，感受美，教学气氛就会是另一番气象。就以景美而言，文章下笔就引人入胜。朗读第1段"山，好大的山啊！起伏的青山一座挨一座，延伸到远方，消失在迷茫的暮色中"，说到"这种以惊叹语气开头，如异峰突起，气氛浓厚；群山起伏延伸，暮色迷茫，一起笔就展现了故事发生的广阔背景。渲染了环境气氛，把读者带进哀牢山南段的群山密林之中"，学生眼睛睁大，看得出在想象群山密林的景象。学到两个"看"，一看梨花，二看人家，有段精彩的边疆美丽夜色的描绘——"一弯新月升起了，我们借助淡淡的月光，在忽明忽暗的梨树林里走着。山间的夜风吹得人脸上凉凉的，梨花的白色花瓣轻轻飘落在我们身上"，于是我又迫不及待地点拨了："月光，晚风，梨树林，花瓣飘落，人在花中走，花伴人夜行，好一派边疆优美的风光……"凡此种种，为什么要出自教师之口？让学生朗读、默读，自己品味，自己发现，效果岂不更好，记得读到"我们正在劳动，突然梨树丛中闪出了一群哈尼小姑娘"时，就有一名学生情不自禁地用手做动作，以显示"闪"的快速和出人意料。

学生的基础不是零，不能把他们的学习能力估计得过低。这种文质兼美的课文，学生已初步掌握情节，教师就不能按图索骥，应敏锐及时地调换角度,让学生的思考步上新的台阶,在画面诗意美、情节跌宕美、人物纯真美上着力,发挥联想与想象,受到美的熏陶。

美文要力求教出美,赞可夫曾说:"教师本身先要具备这种品质——能够领会和体验生活中和艺术中的美,才能在学生身上培养出这种品质。"有无教育机智,还得看教师本身的素质。

语文教学切莫边缘化[①]

暑热难熬之时读到报载的《文坛一怪：14个标点成"小说"》，惊出一身冷汗。作者以14个标点成"小说"，用14万元悬赏找读者。这篇无字小说《〇》分为5段，全文为：

　　：？
　　：！
　　""……""
　　（、）。《，》
　　：——

文字用来表情达意，写小说舍汉字而只用标点符号，似乎是蹊径独辟，刻意"创新"，实质上是出谜语让读者猜，读者只能是一头雾水，找不着北。复旦大学中文系教授王宏图认为："标点符号毕竟是汉字的辅助，不能代替文字本身。语言有着社会性，不可能完全私人化，即使是无字小说，也依然要用原来的词汇来解释，这说明所谓无字还是要靠文字来得到认同。作者让读者猜谜，实际是自己筑起了一堵墙，阻碍了读者的理解。"我完全赞同这种看法。与此同时，我又不得不联想到许多

[①] 本文发表于《中学语文教学参考》2005年第11期。

问题：这种现象怎么会出现？你说不是"小说"，他说是"小说"，究竟什么是"小说"？作者可花了功夫，他已经用标点符号组合了3 000多个"文字"，这样做的意图究竟何在？说不是"小说"，又明明冠以"小说"，是变形了，还是边缘化了，实在令人费解。由此，我又联想到我们语文课堂上的一些令人费解的状况，这些状况无以名之，姑且说它是边缘化吧。常见的有以下几种情况。

从教学内容来说，一泻三千里。抓住课文的某一点，背景、人物、景物、事件、关系等，进行无限制的延伸。如《林黛玉进贾府》，课文内容与词句不沾边，整堂课画贾氏家谱和人际关系。又如把课文搁在一边，对课文作者大肆评论，天南地北，悠悠千载。此类情况多在较高年级发生，俨然有点博学鸿儒的模样。

从教学方式来说，满堂问，满堂讨论。问题不论巨细，小到一个字词，大到整篇课文的主旨和意义，一律要探究，要四人小组讨论（这在许多班级已成机械化动作），学生讨论到哪里，教师的教就跟到哪里，学生对问题讨论到什么程度，教师的教就跟到什么程度，课堂闹嚷嚷、乱哄哄。

从教学手段来说，凡公开课一律用多媒体，课件做得很美，声、光、色、像俱全，黑板上光秃秃，没一个字。整堂课就是看电视，看电影，课本起客串作用，以多媒体为主线，需要时选两三段读一读。形象化有余，语言文字的咀嚼缺失。

以上仅举其要而言。教师用心良苦，总想运用课程教材改革新理念，充分激发学生学习语文的积极性，实现理想的教学效果。然而，天底下的事从来会有种种蹊跷，你原本想进入这幢房子，稍不慎，不经意间步入岔道，进入了那幢房子。认识上进入误区，行为就发生偏差。有些问题很值得进一步探讨。

语文教学再基础些

基础教育,本中之本。我国的基础教育面向数以亿计的儿童、少年、青年,面广量大,属世界之最。努力深化基础教育改革,切实提高基础教育质量,对提高全民族素质,促进祖国繁荣富强起不可估量的作用。语文学科教学在基础教育中又是基础的基础。《义务教育语文课程标准》中明确指出:"语文课程应致力于学生语文素养的形成与发展。语文素养是学生学好其他课程的基础,也是学生全面发展和终身发展的基础。语文课程的多重功能和奠基作用,决定了它在九年义务教育阶段的重要地位。"《高中语文课程标准》中又指出:"高中语文课程应进一步提高学生的语文素养,使学生具有较强的语文应用能力和一定的审美能力、探究能力,形成良好的思想道德素质和科学文化素质,为终身学习和有个性的发展奠定基础。"显然是一而再、再而三地强调语文课程的基础性。确实如此,语文教学是母语教学,识字、写字、作文、阅读能力、口语交际能力等,陪伴人的终生,从小打好底子,一辈子受益不尽。

现在不少中学生字迹潦草,错别字屡见不鲜,说起话来言不及义,不得要领,时尚语言、网络语言夹杂,写作文常下载文章的某些段落拼凑。形成这种状况的原因很多,但毋庸讳言,语文课堂教学也应反思,负起责任。一些课热闹非凡,学生此起彼落地发言,课后了解学到些什么,对课文感受最深的是什么,往往茫茫然,或答非所问。

学有所得是一堂课的基本要求,也是一堂课成功与否的底线。学生的青春是在一堂堂课中度过的,每堂语文课学什么,怎么学,直接关系他们语文学习的质量、语文能力的提高、语文素养的形成,学生的青春耽误不起。我在教课的时候,课前课后总要反复问问自己:这堂课你教给学生些什么?学生能学到什么?经过教学实践检验,学生究竟有多少收获?与预先设计的有何距离?教学是有计划有目的的行为,随意性越大,漂浮无根,学生所得必受影响。"有心栽花花不开,无心插柳柳成荫"毕竟有很大的偶然性,并不能反映事物发展的普遍规律。

要想学生"得"什么,每堂课就必须有明确的目的和要求,教材内容的剪裁,教学重点与难点的确定,教学方法的选择,教学过程的安排等,均要为实现教学目的和要求服务。旁枝斜逸,杂草丛生,可能会博得课堂里的"轰动效应",但"乱作为"的结果是丢失了原本教学的基础,得不偿失。教师备课时,每篇课文都有明确的教学目的,但写在教案上不等于在课堂实践中就付诸实施。常见的走样有两种:一是抓住一点乱生发,二是散了板,多目的变成了无目的。原先预设的教学目的要求欠妥当,在教学实践中加以修正、改进,无可厚非,问题在离线离谱,不知所云。课堂教学可以教成优美的散文,但形散还得神聚,教学究竟达到怎样的目的须一清二楚,不能糊成一片。

教学目的和要求的落实,离不开三个维度中的知识传授与能力培养。语文课就得咬文嚼字,该教的语文知识就得让学生掌握,通过对语言文字理解与应用的扎扎实实的积累,提高语文能力。语文课就是要和语言文字打交道,通过对语言文字的诠释、识别、辨认、理解、探究,感受作品的丰富内涵,领悟作者深寓其中的思想、见解、品德、情操。学生在一堂堂语文课中咬嚼文字精华,感受思想情感,形成并提高语文素养。比如学《木兰诗》,学生常把"朔气传金柝,寒光照铁衣"的"柝"读错写错。那就要正音、辨形,与"析、折、拆"辨析一下,字形、字音、字义究竟怎样,让学生查查字典,脑子转一转,留下痕迹。否则,一带而过,学生仍然把"柝 tuò"误读误写成"析""拆",因为"柝"现在很少碰面,于是也就只好似曾相识。又如王昌龄《出塞》中的"秦时明月汉时关",学生背出来以后仍然理解为"秦朝的明月和汉时的边关"。其实,教师点一句又何妨?告诉学生,此句采用互文手法,秦汉并举,意思是"秦汉时的明月秦汉时的关口",也就是一轮明月映照着秦汉时期的关口。

课程改革绝不是淡化知识与能力，而是进行整合、筛选，"强主干，删枝叶"，去旧、去偏、去繁、去难，该教的基础知识必须教，不该教的繁枝茂叶，要忍痛割爱，千万不可碰到知识犹如触电。

初中低年级学生学习林海音的《爸爸的花儿落了》，教师拎空地讲父女情，讲生命的延续与传承，就没能把握住语文的个性。父亲对英子的教育及英子的成长，是通过一件件具体事情表现的，而这些事情又是围绕"毕业典礼"这个中心事件展开的。有些事是现实，有些事是回忆，如何纹丝不乱地组合在一起，又如何过渡，如何紧密衔接，必须引导学生弄清楚。理清文章脉络，理解并熟悉顺叙、插叙等多种叙述方式，是学生应具备的语文基础。离开了具体的知识与能力，情感态度与价值观又与谁融合？过程与方法又如何体现？讲语文教学再基础些，首先不能忘记语文固有的性质，不能忘记语文教育担负的任务和要实现的目标；其次是不能把语文的目标、任务割裂开来，不能顾此失彼，厚此薄彼。割裂开来，就违背了工具性与人文性统一的基本特点，学生的语文基础、语文素养的形成与提高必然受到影响。

平等对话与"不作为"

"语文教学应在师生平等对话的过程中进行"，《义务教育语文课程标准》中的"教学建议"第一条第一句就如是说。对这句话，由于理解上的差异，做法有时就大相径庭。这个问题也是很值得探讨的。

课程改革的基本理念之一是积极倡导自主、合作、探究的学习方式。这种新的学习方式需要的是民主平等的师生关系。较长时期以来，"灌输—训练"的方式是语文教学的主要方式，教师控制着话语权，学生处于被动接受的地位。倡导新的学习方式，关键在尊重学生是学习和发展的主体，爱护他们的好奇心和求知欲，关注他们的个体差异和不同的学习需求，充分激发他们的主动意识和进取精神。不少教师在教学实践中尝试,取得了良好的效果。值得注意的是:既然是"平等对话",师生双方都应"有作为",而不是一方"有作为",一方"不作为"。

平等对话的目的是让师生充分发挥在教学中的主动性、积极性、创造性,挖掘文本中的语言资源、精神财富,感受文字魅力,体悟社会人生,培养和提高学生的语文素养。平等对话过程中,学生要学会学语文,要学好语文,要学会用语文,因而,须在准确、正确上下功夫,须实实在在,不能空泛,不能不着边际,更不能听之任之。

学生是学习语文的主人,教师是学习的组织者和引导者,是把学生引入语文天地的向导。学生学习语文的兴趣,自主学习的意识和习惯,不可能自然生成,也不可能一蹴而就,要靠不断激发,要靠持续培养,要靠努力唤醒,对此,教师责无旁贷,须有所作为。教学过程中的平等对话,应充满学生的发现、质疑、思考与探究,与此同时,必然伴随着教师的启发、引导和点拨,乃至必要的讲解。对话过程应该充满了师生的讨论、沟通、理解,必要时也离不开精彩、精要、精湛的指导。师生平等对话是为学生创设良好的自主学习情境,让学生充分发挥聪明才智和学习潜能。然而,倡导自主、合作、探究的学习方式,并不排斥与否定接受性学习,自主、合作、探究的学习方式与有意义的接受性学习相辅相成。

平等对话,师生双方都有话语权。由于对学生自主学习理解的不到位,有些教师误认为上课自己应少讲乃至不讲,否则,就影响学生的主体地位,影响他们的自主学习。于是,就出现了种种"不作为"的情况。比如:一而再、再而三地重复某种教学方法,让学生自己"感悟"。无点拨,无指导,要求泛化。朗读是学语文的好方法,让学生整堂课朗读课文未尝不可,但每次朗读应有具体的要求,并且要求应循序渐进,读错的字、读不顺的句子要指点,不能任其溜滑过去;关键词句、重点段落,要让学生咀嚼、品味,谈自己的感受和领会。读书百遍,其义自见。当今课堂上学习不可能有那么多充裕的时间反反复复读,因而,必要的指点就不可缺少。再说,朗读的目的就是要熟悉课文、理解课文,入目、入耳、入心,与作品和作者交流思想、沟通心灵,从中吮吸语言和思想的养料。故而,口读必须心想,精要之笔要琢磨,教师的点拨同样不可缺少。感悟也好,整体感知也好,总要建立在理解的基础上。浮光掠影,囫囵吞枣,怎能有真切的感受?这样的课,教师"不作为",学生虽读,也没有发现、质疑、探究,主体作用未发挥,形式上有作为,实质上还是无作为。

讨论是课堂教学很好的学习方法,切磋琢磨,相互启发。可全班,可小组,可学生之间讨论,可师生共同讨论。然而,有几点必须把握:一是探究什么问题,这个问题在理解文本中起怎样的作用,芝麻绿豆无关紧要的就不必大动干戈。二是讨论过程中可能生成课程资源,但不能捡到篮里就是菜,要辨别、筛选,决定去留。不能脚踏西瓜皮,滑到哪里算哪里。三是须紧扣讨论的目的和要求,不能"放羊",听之任之,名为讨论,实为闲扯,与文本不沾边。讨论追求的境界,应是学生求知欲高涨,心灵得到解放,主动性、创造性被激发,同学对话、师生对话中有观点碰撞,对文本的理解、领悟往纵深发展。语言表达做到有序、有物、有理、有情,启人心智,令人信服。如果"放羊",教师"不作为",学生也就不可能有所作为,讨论流于形式,实质被掏空。

师生平等对话须坚持教学目的和要求的落实,正误判别不可马虎,尤其不能在是是非非面前和稀泥,不能都说对都说好,不能认为跟着学生转就是"平等"。学习任何一类课文,讨论任何一个问题,均必须坚持科学性,对的就是对的,错的就是错的,切不可把"不对"说成"对",那就离了教学的"谱"。对文本的内容、形式、语言运用、个性特点,可以多层面多角度理解,答案可以多种,不是强调"标准",强调"唯一",但正误一定要分清。例如茨威格的《世间最美的坟墓》是作者于1928年俄国之行写下的著名文章。篇幅虽短,内涵却十分丰富,寓意深刻隽永,学生学习从文字到内容,从写作特点到寓意,均要动一番脑筋深思、品味,并非一目了然,并非能立即把握其中精髓。有的学生在阅读中体会到文章的结构很有特色,认为它虽是游记散文,但游踪并无清晰的痕迹。既有写景状物——树林中一个小小长方形的土堆,又有插叙追忆——托尔斯泰埋骨于此的缘由;既有对比烘托——反复对比,构成反差,又有深思感怀——表达崇敬之情。把这些有机组合起来的是作者思想感情的流动,而这感情的起伏升降正是结构全文的线索。学生能认真梳理文章脉络,理清结构,找准线索,教师就要明确表态。表态时不能只说一个"对"、一个"好"就了事,要赞扬学生为什么能做到整体把握。让这名学生自己讲,其他学生帮着讲,教师点拨、补充,这样的对话,师生都有作为,学生能真正受益。有学生认为茨威格说托尔斯泰墓是"世间最美的坟墓"言过其实,一个土堆有什么美?怎么可能"强烈震撼每一个人内心深藏着的感情"?不过是作者硬做的罢了。教师说:"对,这也是一种看法,各人有各人的体会。"学生有这样的看法不足为奇,敢于发表出来也值得鼓励,关键在教师要有所作为,不能没有下文。这种看法也"对",那就全盘否定了这篇文章,在全班学生的脑子里形成了混乱。这名学生对托尔斯泰这位文化巨匠可能知之甚少甚浅,对作者茨威格于托尔斯泰诞辰一百周年应苏联作家协会邀请赴俄参加纪念活动时所见所闻产生的困惑与感动不甚了了,对文中不少启人深思的语句未潜下心来仔细推敲,有这样的看法,产生这样的疑问十分自然。他过多地注意了"坟墓"的外形,为这个"物"箍住了思想,忽略了这个小小的、隆起的长方形包容着"当代最伟大的人物当中的一个",忽略了作者描写托尔斯泰墓地逼人的朴素是为了实现托尔斯泰崇高的精神境界。名人常为自己的名所累,与拿破仑、歌德、莎士比亚比较,更显得托尔斯泰的超凡脱俗。托尔斯泰的坟墓的安排完全出于他自己的选择,他以最朴素的方式与自然融为一体,与广袤的大地母亲融为一体,和他一生义无反顾地去追寻人的本质的平凡一脉相承。作者对此有极其深刻的研究,为托尔斯泰的毕生追求和人格力量所震撼,因而字里行间充满了崇敬之情。以上种种,教师应积极引导。

教师在教学中拥有话语权,不该用时滥用,当然会抑制学生学习的主动性、积极性,影响他们表达自己独特的体会、独特的见解。教学从来不能一味求同,要鼓励学生求异思维、创新思维。但教学毕竟不能杂乱无章,各行其是,正误、是非、深浅等总要组织学生辨别清楚,进行指导。就这一点来说,教师的话语权须牢牢掌握,发挥画龙点睛的作用。那么大的学生面,无师自通毕竟是极其有限的。

功夫要用在融会整合上

许多地方有条不成文的规定:凡是教学观摩、教学比赛,必须用多媒体,否则这一项就是零分。参赛对象当然绝大部分是青年教师。我并不排斥课堂教学中运用现代信息技术,因为任何教学手段都是为了引发学生的学习兴趣,在教学过程中化抽象为具体,化难为易,为学生学习提供方便,更有效地实现教学目的和要求。以往语文课上用挂图、用实物、用录音带示范等,均为此目的。今日,现代信息技术发达,运用到课堂教学中是时代发展的必然,顺理成章。但为何一定要作为评价、选拔优质课的硬性指标,就百思不得其解了。语文课程标准只在九年义务教育"教材编写建议"中指出要"重视运用现代信息技术",在高中"教科书编写建议"中指出要"重视现代信息技术的运用",课程目标、学习方式、评价建议等对此均无硬性规定。为了反映语文课堂教学的时代性特点,在教学手段方面更新,大胆实践,积极探索,应该肯定,应该鼓励。但在实验实践的同时,须总结利弊得失,发扬正面作用,减少负面影响,使这种教学手段能更健康更有效地发展。

教学中由于面广量大,常出现一窝蜂的状况。模仿、追逐时尚,无须号召,就挤挤挨挨,而静下心来沉思、分析、判断、筛选,就不够重视。这种急功近利的浮躁心态和其他各行各业呈现的情景,虽不一致,但也大同而小异。

运用现代信息技术应注意:一是千万不能冷落文字。语文学习的主要凭据是文本,文本中的一篇篇课文是由语言文字组合而成。作者织锦成文,学习者感知、感受、感悟,着力于对语言文字表情达意的表现力、生命力的推敲,从而体验母语传承文明、传承中华优秀文化的魅力,提高对母语理解与应用的敏感性,全面提高语文素养。如果以画面,以声、光、色、像代替语言文字的学习,那就背离了语文教学发展的主流方向,不像语文课,不是语文课,是语文教学边缘化了。二是不能和文本剥离,贴标签,外加,要在融会整合上下功夫。运用现代信息技术,目的在帮助学生学习课文时,在知、情、意诸方面发展得更有兴趣,更能动心动情,更能开阔视野,放飞心灵,更能触发奇思妙想,更有表达内心感受的欲望与行为,让学生遨游于语言文字与现代信息技术融会整合的学习氛围之中,品尝学习的欢乐。

现代信息技术可用可不用的,就不必用。例如教泰格特的《窗》,屏幕上出现了窗子的画面,画面很精美。整堂课除课的起始让学生看这个画面外,再也没有派上用处。哪个学生脑子里没有"窗"的形象呢?没有必要介绍。关键在病房里两位病人的思想、情感、发展、变化,"窗"在文中起何作用,这倒是学生须弄清楚的。又如,教余光中的《乡愁四韵》,整个黑板被大屏幕遮盖,时而长江水,时而红海棠叶,时而雪花飘,时而黄蜡梅,忙不迭地更换画面,结果诗的意境消失,学生的想象力未获得培养,对文字的感悟、意念的领会都受到影响。任何一种教学手段的运用都要有"度",有分寸,只有需要,只有恰当,才是最佳的,否则,就有赘疣之累。

现代信息技术与文本融会整合,能产生极佳的语文学习的效果。

光未然的《黄河颂》是语文的传统教材,现放在小学高年级教。以往教这篇课文时,多采用反复朗读、有表情朗读的方法,引导学生体会这首以黄河象征祖国的热情颂歌,受思想情操的感染。而今学习这篇课文,融会了现代信息技术,课立体化了,内涵丰富得多,整堂课学生朗读、质疑、交流看法、寻求解答,一直处于兴奋状态,处于感情激荡之中。课的起始阶段,教师用多媒体着力渲染气氛,引导学生进入颂赞黄河的特定情境。屏幕上波涛滚滚,耳旁《黄河大合唱》乐曲此起彼伏,执教老师出示课题,调动学生富有激情地朗读,把学生带入了中华民族的母亲河。朗读后,随即交流听音乐与读诗歌后的初步感想,转入下一个教学环节,探讨内容,赏析词语。全诗分"望"和"颂"两部分。学习前一个部分主要引导学生欣赏黄河的形象,感受黄河的气势,体会诗作对黄河的动感描写。于是,老师利用多媒体在屏幕上用红色标出了"奔""掀""结""劈"等几个动词,引发学生对词语表现力的思索。有学生问:"'惊涛澎湃'是一个成语,为什么在诗中写'金涛澎湃'?"画面上出现黄河的汹涌波涛,激起了学生对黄河的多种解释的热望。"黄河主要是黄色,所以有点金的色彩","据我查实,黄河是世界上河流中含沙量最高的……",讨论加深了对词语的理解,加深了对黄河的认识。

"颂"是全诗的主要部分,教师组织学生围绕诗中所用的13个感叹号,3次出现"啊!黄河!"等表现形式,对如何理解"你是中华民族的摇篮""筑成我们民族的屏障""伸出千万条铁臂膀"展开合作学习。5人一组切磋,主要是阅读文本,查阅词典,阅读事先准备的有关黄河地理位置、《黄河大合唱》内容简介等有关资料。讨论到"摇篮"时,屏幕上既出现黄河流向简图,又要求仔细阅读文本,从文本的语句中寻找解答;讨论到"屏障",既让学生查阅词典诠释,又在屏幕上展现一组以黄河为屏障的抗战镜头,学生谈自己的理解、体会,有的情不自禁地说:"黄河,中国母亲河,我们永远热爱您!"有的说:"黄河是我们的骄傲,不愧为祖国的第二大河。"学生纷纷吐露对黄河的崇敬之情,升华了爱国的情感。教师自始至终扣紧文本,让学生情绪高涨地投入其中,发现,质疑,探究,解答,字词句的教学扎实,思想情感积极向上,洋溢胸际。课上得很厚实,多媒体起了营造气氛、增强直观、突出重点、介绍知识、解答疑难等多种作用,和文本融为一体,学生学有所得,学有所乐,提高了语文能力,激发了旺盛的求知欲。此类课在中学也不少见。只要深入钻研教材,从学生的身心需要出发,精选现代信息技术中与之密切相关的画面、片段,进行有机组合,无缝焊接,课堂教学就能跨越时空,给学生学习语文以更广阔的天地。

语文课就是学语文,努力做到三个维度融合,养成和提高学生的语文素养,任何教学手段都应为之服务。师生平等对话,任何一方少作为、不作为,都会影响课堂教学的全局。

要顺理成章①

师：请齐读"就在这一瞬间，他发现那个同志的脸色好像舒展开来……'好，好同志……你……你把它带给……'"，分清叙述语言与人物语言的情感表达。读后请思考回答：无名战士留给人间的最后的话语是什么？最后的动作是什么？表现他怎样的内心世界？

（生齐读有关文字）

师：读得有感情。请思考回答刚才的问题。

生1：无名战士留给人间的最后的话语是："记住，这，这是，大家的！""好，好同志……你……你把它带给……"他留给人间的最后的动作是"用尽所有的力气举起手来，直指着正北方向"。他边说边指，表现了他心里想的只有大家，无私忘我。

生2：我补充。在荒无人烟的草地里行军，风吹雨浇，只要有火柴，就能点燃篝火，就能取暖，就能救命。无名战士在生命垂危之时，没有用一根火柴为自己取暖，而是要把以自己生命珍藏的几根火柴，托付同志，交给大家。这表现了他对党的无限忠诚，对事业必胜的坚定不移的信念。

生3：正因为如此，他忍受着难以形容的痛苦，在死亡线上挣扎，硬是咽不下最后一口气，他一定要找到同志，把火柴交给大家。他一心想

---

① 本文发表于《语文教学通讯》（初中刊）2007年第12期。

着长征途中的同志,无私忘我,生命爆发出耀眼的火花。

师:理解得很好。这就使我联想到我们学过的《生命的意义》中的名言,尼古拉·奥斯特洛夫斯基说——

生(立即齐背):"人最宝贵的东西是生命。生命属于我们只有一次。一个人的生命是应当这样度过的:当他回首往事的时候,他不因虚度年华而悔恨,也不因碌碌无为而羞耻——这样,在临死时候,他就能够说,我整个的生命和全部的精力,都已献给世界上最壮丽的事业——为人类的解放而斗争。"

师:小说主人公无名战士所花笔墨不多,但形象鲜明、高大,这是由于作者紧紧"抓着人物性格历史的一段,抓着人物性格闪出耀眼光辉的一刹那"来刻画表现的。在短小篇幅里为了突出主人公,结构上作了巧妙安排。文中以卢进勇为故事线索,展开情节。主人公是通过他的"听"引出来的。外貌是通过他的"看"展现在读者面前的,他的牺牲也是在卢进勇的臂弯中。请大家默读第21段,这段饱含感情的描写感人至深,请边读边想象,这是一个怎样的场景。

(生默读,思考)

生4:既然是眼睛"模糊"了,怎么那只手是"清晰"的,不符合生活的真实,用词矛盾了。

师:能看到这一点,不简单。为什么这么用呢?这是一个怎样的场景呢?

生5:这是一个极其悲壮的场面。"卢进勇觉得臂弯猛然沉了下去",无名战士牺牲了,故而卢进勇的眼睛模糊了,这表明他心里非常悲痛,为失去战友无限悲痛,眼泪夺眶而出,视线模糊,所以远处的树、近处的草,一切都是灰蒙蒙的。至于手"清晰",那是强调手的作用,指向长征部队前进的方向。

生6:"模糊"和"清晰"同时运用,收到了独特的艺术效果。既表现卢进勇失去战友的无限悲痛,又给无名战士高擎的手再加上一个特写镜头,叫人永远铭记。

师：说得好。这就好似台上的场景,周围的景物都暗淡了,把光束集中在那只手上,这就使无名战士的形象不仅矗立在茫茫的草地,也矗立在我们的心中。"模糊""清晰"交织在一起,我们会如卢进勇一样,伴随着整个草地的哭泣,为顶天立地的英雄唱哀歌,唱赞歌。

……

学生学得主动积极,而我却犯了一个低级错误。文章的第二部分(第 8 段至第 21 段)是文章的主体部分,七根火柴故事的核心内容,第 21 段"话就在这里停住了。卢进勇觉得臂弯猛然沉了下去……"与上两段朗读的内容紧密不可分,而我教学时却拦腰一斩,割裂开来,断了文气。

怎么会出现这样的毛病呢？

备课时,为了让学生感受到无名战士生命的意义和价值,对他最后嘱托火柴的语言、动作曾三次更改问题的提法。第一次设计的问题是：这里对无名战士进行了怎样的语言描写和动作描写？随后立即否定了。在写作技巧上打转,问得苍白无力,学生难以激动。换个提法行不行？无名战士牺牲前说了什么话？有怎样的动作？表现了他怎样的思想？和前一个相比,进了一步,摆脱了纯文字技巧的客观立场,把无名战士放在主要地位。选择最佳入口处,可以激荡学生的感情。于是,就有了本文开头的提问。众所周知,一首激情洋溢的歌曲,主旋律一出现,就会把人的心抓住,把感情"吊"起来,欲罢不能。关键之处的提问也应如此,要把学生的感情"吊"起来。一个人的遗言是心声的表露,"留给人间的最后话语、最后动作"的说法就是起激荡感情的作用,把学生感情的潮水"吊"起来,涌上心头。语言、动作中显现的无私忘我的精神光华四射,于是就立即要学生背诵《生命的意义》中的名言,全然不顾文中"话就在这里停住了"的表述,把垂危和牺牲的一刹那人为地斩断,夹入了延伸的以及写作方法的内容,破坏了整体的阅读。

备课,钻研教材,应该也必须有自己的独特体会,教学中该不该与学生交流,放在什么场合交流,以什么方式交流,均应深思熟虑,而不是靠一时热情,一厢情愿。不管交流什么看法,或贯彻怎样的教学意图,都必须尊重文本,与文本内容有机结合,而不是乱插一杠子。其实,学生学了第 21 段后,再延伸开来,顺理成章,无半点斧凿痕迹。就事论事来说,延伸部分不当,错位了;更深层次反思,教师有强烈的表现欲,即使是敝帚,也十分自珍,总想把自己的钻研所得撒播到学生身上,忽视了严谨的态度和科学的方法。值得警惕!

不能总零打碎敲[1]

师：历史学家范文澜先生曾说，汉乐府中有双璧，两块美玉，一块是《孔雀东南飞》，一块是《木兰诗》。《孔雀东南飞》是我国古代一首优秀的民间叙事诗，全诗长达1 700多字，生动具体地叙述了焦仲卿和刘兰芝的婚姻悲剧，缠绵悱恻，感人肺腑。诗最早见于南朝徐陵编选的《玉台新咏》，题为"古诗为焦仲卿妻作"，后人习惯于用诗的第一句作篇名，叫它"孔雀东南飞"。诗前小序说明故事发生的时间、地点和写作缘由。因故事动人，在民间长期流传，不断被加工润色。

课文注释详细，仔细阅读，理清故事情节，有不解的问题请提出。

（生阅读课文，圈点批画）

师：尽管文字上可能有的地方有点障碍，但故事情节还是比较容易理清楚的。谁先讲？

生1：这首诗按照时间顺序叙述故事情节。第1～10段写刘兰芝在焦家受婆母虐待并被遣回娘家；第11～12段写遣归途中，二人立誓不负对方；第13～22段写刘兰芝回娘家后县令、太守一再求婚，阿兄逼嫁；第23～33段写反抗迫害，二人殉情而死。

生2：开头一句，末尾一段，好像也可单独列开。

师：情节梳理得比较清楚，抓住"遣归""立誓""逼嫁""殉情"即可，

---

[1] 本文发表于《语文教学通讯》（初中刊）2007年第9期。

当然,前二者也可归并。开头一句诗起兴,末尾以神话作结,不可单列。

生3:有些地方吃不准。"奉事循公姥","公"没有出来;"我有亲父母,逼迫兼弟兄","父""弟"均未见啊。

师:谁能说明这个问题?

生4:这类词叫偏义复词。理解时根据上下文只要取其中一个意思就行。

师:说得对。这种双音词由两个反义或近义的词组成,用在诗文中只取其中一个意思。诗中只取"姥""母""兄"的意思。又如刘兰芝说"昼夜勤作息",只取"作",没有"息","息"是休息的意思。

生5:诗中那么多"相",弄不清楚是什么意思。

生6:我不能理解的是,刘兰芝这么勤劳,这么美丽的女子,婆母容不得她,这个老太婆要什么样的媳妇才称心?莫名其妙!

生7:我不能理解的是,刘兰芝被遣回娘家,人们会另眼看待,怎么县令、太守接连派人来求婚,当时社会怎会允许呢?

生8:刘兰芝对府吏说:"便可白公姥,及时相遣归。"是兰芝主动提出要回娘家的,婆母不过是顺水推舟,完全说是婆母的逼迫,似乎说不过去。为什么作者要这样叙事,与主旨岂不矛盾?

生9:"东家有贤女,自名秦罗敷",怎么那么多"罗敷"?好像《陌上桑》中也有个"罗敷"?是不是古代美女都得叫这个名字?

……

学生阅读中发现那么多问题,我心怀喜悦,表扬他们读得细致,思维积极。有些问题我略作讨论,有些简单作答。现在衡量,原先的做法基本停留在就事论事、零打碎敲的层面,应把问题拎出来作综合性的思考,进行规律性的指导,扎扎实实提高学生阅读文言诗文的能力。

学生阅读文言诗文往往有两大障碍,一是文字上的,二是知识背景和历史常识。文字上的障碍我们往往重视虚词的应用,学生在死记硬背上花力气,对诗文中的活用考虑得不够。学生问"相"在诗中的确切理解正是他学习进程中的疑难之处。学生已有的知识只停留在"互相""相互"的理解,表示双方的彼此对待关系。诗中表示在双方对待关系中,由一方发出动作行为,涉及另一方,"相"在这儿兼有指代接受动作一方的作用。"相"虽是副词,但兼有指代作用,译成白话可根据文意补译出动作所涉及的对象。《孔雀东南飞》中有的"相"可代本人(我),有的可代对方(你),也可以代第三方(他)。如"及时相遣归""久久莫相忘"等代"我";"会不相从许""还必相迎取"等代"你";"好自相扶将""怅然遥相望"等代"他"。教学时就句解句常枝枝节节,学生易忘记;插讲一点规律性的知识,引导学生自己理解、判别,虽然多花点课时,但因是学生自己思维所得,印象深刻。规律性的知识掌握了,可切实提高阅读文言文的能力。

有些问题的产生纯属历史知识的欠缺。《孔雀东南飞》的故事发生在汉魏,那时的社会对女性束缚不像宋代"程朱理学"形成以后的严格、严酷,相对比较宽松,女性再嫁不受歧视。刘兰芝聪明能干,知书达理,别人慕名求婚,十分正常。至于"秦罗敷"也并非实有其名。"秦罗敷"是古代美女的通名,"秦"是诗歌中美女常用的姓。"东家有贤女,自名秦罗敷",只是笼统地说邻近有一个貌美的好姑娘。学生要读懂文言文,须补一点历史常识。一是结合课文教学,印一些有关资料供学生阅读,二是学一点文学史、文化史,对古代历史的社会、制度、风俗等有粗浅的了解。

有些困惑属于人物形象刻画和写作方法运用,指导学生对诗中语言前后联系起来思考,不难获得解答。有些问题解答千万不能拘泥于标准答案,不能一锤定音。较长时期以来,刘兰芝焦仲卿的爱情悲剧都归于封建礼教、封建家长制的罪恶。有学生认为可以这么理解:刘兰芝在婆家受到虐待自有她的个性特征,因为刘兰芝太美了,"腰若流纨素,耳著明月珰。指如削葱根,口如含朱丹。纤纤作细步,精妙世无双",婆母怎能容得下这个"世无双"的媳妇?本来儿子是自己的,焦仲卿对母亲百般依顺,而今,有了媳妇,儿子好像被抢走,她心态怎么平衡?故而对媳妇百般挑剔,鸡蛋里还要挑骨头。用弗洛伊德的话来说,是"恋子情结",这种恋子情结也是酿成悲剧的重要原因。

指导学生学习文言文,既要尊重文言文本意,掌握一定的语言知识、历史知识,又要宽容乃至鼓励学生的个性解读,后者往往呈现出时代的印记。

读懂还真不容易[1]

要指导学生正确理解课文中语言文字表达的情和意,体会语言文字的表现力和感染力,提高阅读能力,教师自己就要真正读懂课文,有较强的独立阅读能力。

我年轻的时候,那个年代没有教学参考书,语文专业杂志少得可怜。学校只发一本教科书,每位语文教师就凭自己的文化功底和聪明才智编导出一幕幕情趣盎然、风格迥异的教文育人剧,如果要评价的话,那真是高低上下,泾渭分明。

乍看起来,读懂课文岂不是轻而易举?读了那么多年书,甭说别的,单是小说、报章杂志就看了一摞一摞的,怎会读不懂?其实不然。个人阅读,是浏览,是猎奇,是休闲,是享受,可以浮光掠影,可以不求甚解。备课,钻研教材,却不能囫囵吞枣,障碍赛跑,不懂的地方跳过去,绕过去,眼开眼闭。自己稀里糊涂,学生怎可能洞若观火?"以其昏昏"是"使人昭昭"不起来的。

课文要真正读懂还真不容易。我碰到的第一难关是识字。说起来很好笑,碰到生字难词查字典、辞典好了,音序、部首、四角号码等,悉听尊便。难就难在认识而不会读,读不准。记得第一次教学鲁迅先生的《药》,第1段就卡住了。"秋天的后半夜,月亮下去了,太阳还没有出,

---

[1] 本文发表于《语文教学通讯》(初中刊)2005年第2期。

只剩下一片乌蓝的天;除了夜游的东西,什么都睡着。"一个"着"字四个读音,在这儿究竟怎么读？"zhāo""zhuó"当然不行。读"zhe"轻声,压不住;读"zháo"与现在的语言习惯有点不一样,现在往往在"睡着"后面要加上个词尾"了"。上课总不能蒙学生,必须一清二楚。于是查阅种种资料,竟没有一个注音的,最后好不容易查到鲁迅作品的英译本,这一句的译文是"all was asleep",是"asleep",不是"sleep",才吃准了应该读"zháo"。我想,英译者定仔细斟酌过。一个常用字的语音都那么讲究,那多音多义字、生僻的字、笔画繁多的字等更要仔细辨认,更来不得半点马虎。要不然,一不小心,课堂上就会读别字,写错字,学生笑话是小事,学生错把谬误当正确,贻误就大了。至于词的本义、引申义,词义的扩大、缩小、转移,词的色彩、褒词贬用、贬词褒用等在具体语境中的千变万化,非得下点功夫咀嚼、思考、品味不可。

读懂课文至少要清晰地回答三个问题:一是这篇课文写什么？二是这篇课文是怎么写的？三是为什么这样写而不那样写？大家熟悉的课文暂且不说,苏教版的《窗》是新篇目,不少语文教师很有兴趣,试着谈一谈。这篇澳大利亚作家泰格特写的短篇小说仅1 200多字,内涵丰富,寓意深刻。它到底写什么？有教师说写两个垂危的病人追求生活的美好,但私心重的人谋杀了另一个人;有教师认为通过两个垂危病人的不同表现,进行道德上的强烈对比,贬恶扬善;也有的认为作品的重点是写其中的某一个人,有的说是重点写死去的病人,有的则相反。显然,这种种说法都是经过思考的。如果深入探讨一下,这些看法似乎又不够妥帖。故事情节的聚焦点是"窗",一名垂危的病人日思夜想就是移到靠近窗的病床上,亲见窗外的美景,享受生活的欢乐。由于私欲的极端膨胀,发展到见死不救的地步,"窗"不仅是作品中的"物",结构情节,而且是心灵的窗户,映照出美与丑的迥然不同的灵魂。

特定的环境简笔勾勒,给人物心灵的展现提供了充分的空间。病房斗室笼罩死的阴霾,而窗外被口头描绘得绚丽多彩,充满生命的活力,给垂死人的心灵射进希望。美景本是共同享受的财富,一是创造者,对生命、对美好充满热烈的追求,化为栩栩如生的语言,自慰、慰人;一是由向往生活的美好而私欲抬头,产生邪念,一发而不可收,堕入丑恶的深渊。

　　虚实相生地写,对比效果强烈。然而,简单地归结为善恶的褒贬远远不够,它触及人性的深处。追求美是人的天性,但当私欲膨胀,把美的占为己有时,他的眼前只能是一片黑暗——"他看到的只是光秃秃的一堵墙",灵魂污染了,善良的天性泯灭了。这个不临窗病人的心理变化,"双眼盯着天花板""纹丝不动地看着",是灵魂的裸露,更是对天性泯灭的鞭挞。结尾戛然而止的手法既采用"欧·亨利手法",增强艺术效果,更是人生的警示,留下不尽的思考。

　　以上仅作了一点简述,每位教师尽可以有自己独特的认识和体会。五篇、十篇、几十篇、上百篇,独立阅读分析,就可尝到庖丁解牛的滋味。拿到课文,文字跳跃纸上,来龙去脉一清二楚,作者与你交谈,编者与你沟通,那种钻研教材的快乐难以言表。

岂能只消极地复制文本

上课从自述中国古代四大发明开始,学生七嘴八舌,颇有几分民族自豪感。

生1(振振有词地):别小看火药、造纸、指南针、活字印刷术,它们对人类文化做出了巨大的贡献。如果没有这些发明,人们还要在黑暗中摸索。

师(赞许):说得好。我国古代的四大发明驰名中外,对东方以至全世界的文化产生了深刻的影响。今天学习《活板》("板"同"版"),让我们具体了解是谁发明的,起何作用,谁最早记录了这个重大发明。

(学生默读,看注释,质疑,师根据学生质疑,对下列字词加以提醒。

盛:盛大,大规模。

五经:指《易》《书》《诗》《礼》《春秋》五种古书。五代时即印五经;后唐时冯道向官府建议,才开始印刷重要的儒家经典。

已后:"已"同"以",以后。

铁范:"范"是模子,此处"铁范"指铁框子。

每韵为一帖:按韵目分类排列,每一个韵帖一个标签。帖,作动词用。

奇字:生僻的字。

---

① 本文发表于《语文教学通讯》(初中刊)2007年第2期。

文理：木头的纹理。"文"同"纹"。……)

师：本文共三段文字，三段文字各说明什么内容，请同学们各用一句话加以概括。

生2：简述我国古代雕版印刷发展的情况……

生3：这是第1段。第2段介绍活版印刷的制作、使用等情况。第3段说活字的下落。

师：概括得比较准确。第1、3段是简述，第2段是详细介绍，不仅介绍了制作、使用的方法，而且还介绍了活版印刷功效神速。说明事物要"明"，要有序，纹丝不乱。请同学们仔细阅读，把这一段说明的层次正确地划分出来。

生4：分三层。

生5：分四层。先说明创造发明的年代、姓名、身份，再说明制作的方法，然后又说它的功效，最后说使用等情况。

生6：第四层还可再分，一事一分。

……

师：无须那么琐碎，××同学分四个层次已脉络清晰，现在请三位同学朗读，口译，概括。一位同学读，一位同学口译，一位同学概括有关内容。按照这一段说明的层次，一个层次一个层次地读、译、概括。

(生7、生8、生9按要求进行)

师：全体同学齐读第二层次，记住说明活版制作的方法，特别要记住说明制作步骤的关键词"刻""烧""布""炀""按"。

(学生齐读活版制作的方法与步骤)

当时觉得这样教，语言文字落到实处，学生对活字印刷印象深刻，说明的条理性也有所领悟；今日看来，颇值得商榷。教学生学课文，特别是学古代作品，是否只是停留在复制文本的层面？传统的阐释学尽信书，总以为能一丝不变地领会作者的原意，而忽视人的理解的历史性。历史记载只是人生道路上留下的"迹"，一定要超越时空距离，通过生命的表现，才能获得对文本及其作者的真正理解。对文本加以阐释就是要帮助学生把握文本及作者的原意。作者创作时有其时代性的先入为主的"成见"，阅读者对它们的理解也有其时代性的先入为主的"成见"，他们各有其"视界"。理解就是文本作者的过去视界与领会者主体现在视界的融合。理解不是消极地复制文本，而是一种积极的创造性活动。

活字印刷术是先人毕昇留下的历史陈迹，"迹"是走出来的，不能只看到是"鞋印"，要看到是从生命走出来的"道"。只把鞋印复制一遍，作者的深意、文本的精神所在，就会在不经意中流失。最早记录这项重大发明的是沈括的《梦溪笔谈》。作者详记了这种印刷的方法、步骤、功效，可为什么在详述前要简述我国古代雕版印刷的情况？显然有其深意。三言两语说明雕版印刷的经典之功，但稍加思考，就可知道印一页就得刻一块版，雕印一部大书，往往需几年工夫，人力、物力和时间都很不经济。这正是创造发明活字印刷的真正原委——现实需要。而我教的时候却一笔带过，学生几乎没有多少印象。历史上人们看布衣毕昇往往定位在能工巧匠上，那也许就是那个时代的先入为主的"成见"，今日看来，仅以匠人来看待，实在是委屈他了。他的这项发明，开创了世界活字印刷的新纪元，是真正的发明家。历史上人们看活字印刷，往往认为有利于学子读书，与追求功名联系；今日看来，对文化事业的发展以及文化的传播与交流，起着至关重要的作用。毕昇生活在雕版印刷的全盛时代，经过长期的亲身实践，才有此创造。离开了一定的历史条件，离开了生命的投入，就不可能有此奇迹。这项发明创造比德国人谷登堡用活字印刷《圣经》要早 400 多年。文本中的简述与详述，实际上蕴含着这项发明的创造之路。

带领学生学语文,不能满足于对文本某些内容的复制,而是应把过去的看法与今日的视界融合起来,既不脱离文本,而认识又向前发展了,发展本身就是在创新。今日先进的激光照排也是雄视世界印刷之举。

鼓点一个也不能少[1]

课堂上常会有学生突如其来地提出一个让你始料未及的问题,怎么办?有的与课文讨论的内容无多大关系,可暂时搁置在一边,或课后个别交谈。有的则不然,提出来直逼教师,非弄出个水落石出不可。

现代作家鲁彦的《听潮》,是一篇以景抒情的优美散文。作者描绘了海睡、海醒、海怒三幅画面,突出海潮的凶猛是"伟大的乐章"。文章的主要特点是用文字塑造声音的形象,着力在"听"字上。既然是听觉形象鲜明,当然是难得的朗读材料。在理解的基础上朗读,绘声绘色,能领略到大海的美。

生1(朗读):"海在我们脚下沉吟着,诗人一般。那声音仿佛是朦胧的月光和玫瑰的晨雾那样温柔;又像是情人的蜜语那样芳醇;低低地,轻轻地,像微风拂过琴弦;像落花飘在水上。"

师:她读得细声细气,把形容海的哪个词的味道读出来了?

生2:"沉吟",诗人一般的沉吟。

师:"沉吟"是声音的形象,作者巧妙地把它转化为视觉形象,让读者体会、感受。谁能说说转化为哪些视觉形象?从这些形象中你感受到了什么?

---

[1] 本文发表于《语文教学通讯》(初中刊)2006年第3期。

生3：月光，晨雾，情人，微风，琴弦，落花，水……

生4：风看不见。晨雾还有色彩。

生5：描绘得非常轻柔，而且"芳醇"，还有香味，美极了！海熟睡的形态是很美的，是那么温和，那么平静。

师：看来你也陶醉其中了。海从酣梦中醒来可就是另一番风景……

生6：我有一个问题，文中写"我们脚下的岩石上就像铃子、铙钹、钟鼓在奏鸣……""铙钹"，书上注释说是一种铜制的打击乐器，小的叫"铙"，大的叫"钹"；《现代汉语词典》中解释是大型的钹，请问老师，我相信书，还是相信词典？

生7：我查过《新华字典》，说得也不一样。

（生8、生9等附和，说字典查过不一样）

师：同学们学得积极主动，即使书上有注释，也要去查字典弄个究竟。我只知铙钹都是打击乐器，尺寸有大小，没研究过怎样诠释是正确的。课后每位同学都去查查字典，比较一下正误。……

（第二天上课，学生纷纷讲述查阅情况，有的还得意地说查了《康熙字典》）

师：查《辞海》艺术分册"音乐·乐器"部分的"铙""钹"就十分清晰。"铙"有两种形态，一是有柄的古代乐器，是青铜制品，文中说的"铙"是与"钹"形近的打击乐器，圆形，中部隆起，两片一副，相击发声……

生6：这个我已知道。（并出示纸上画的铙钹图形）我要弄清楚的是书上说得对不对，老师没有回答。你要记住作者说海潮来时是"伟大的乐章"，交响乐啊，鼓点一个也不能少，乐器都弄不清楚，奏什么乐啊！

众：是，是……

学生对知识执着追求的精神让我怔住了，这名同学要求的是水落石出,一清二楚,而不是含含糊糊。事实上"铙"与"钹"都有多种形制,大小不一。大小相当的铙与钹,铙所发的音低于钹而余音较长。原本想文中不过以此比喻海水击岩石之声,不必下功夫去查去考,没想到学生不罢休。注释确实有不周之处,含糊过去实际上是对学生的一种搪塞,不负责任。

今日想来,至少有两点值得深思。(1)钻研教材时缺少寻根究底的良好习惯,自以为知道,读起来就一晃而过。有时也看看注释,但思维总定式在"相信"二字上,求异、质疑比较少,这样备课往往停留在文字的表面,而且连文字上的事也是只知其一,不知其二。这篇课文既然在听觉形象上用功力,为什么不把作用于听觉的各种各样声音推敲一番,感受一番?只看到眼前的文字,脑中没有音响,更没有乐章,自己没有进入作品描绘的境地,又怎能引领学生进入?对文字的有些表述,自己已形成条件反射,不去深入体会。如文中写海潮汹涌,"音响就越大了。战鼓声,金锣声,呐喊声,叫号声,啼哭声,马蹄声,车轮声,机翼声,掺杂在一起,像千军万马混战了起来",我当即的反应是这儿用博喻的手法写,至于究竟是怎样的声响,没有想象过,遗憾!(2)对有的问题含糊其词,说得不清不楚。含糊其词又有两种情况:一是自己有知晓,说出来有不方便之处,免得节外生枝,还是不说为好;二是自己本来就不清楚,课前忽略了,未深思熟虑,学生陡然一问,且不说回答得是否准确,是否科学,有时连自圆其说都难以做到。出现这种情况,有文化底蕴问题,有思维的敏捷、周密问题,但也有教学品质问题。教师教学应该是知之为知之,不知为不知,切不可蒙学生。教学应该是要言不烦,一语中的。只有自己对课文的来龙去脉、内容、文字深入理解,才能用明确、易懂的语言表述出来,进入学生的心中。故作高深、佶屈聱牙的话只能使学生如堕五里雾中,找不到北。

切记:教学鼓点一个也不能少,自己昏昏,学生不可能昭昭!

生命的赞歌[1]

课堂上精彩瞬间的鲜活形象常在不经意中浮现眼前。学生得意，教师欣慰，师生沉浸在求知的氛围中的醉态可掬，是教学中一道亮丽的风景线——

师：春草图景是绿的世界，春花图又是怎样的呢？默读这一段，谁能用一个词形容一下？

（学生默读）

生1：繁花似锦。

生2：姹紫嫣红。

生3：蜂蝶争春。

生4：花香扑鼻。

……

师：你们说的，有的是通过视觉获得的形象，有的是通过听觉获得的信息，哪个词用得特别传神？这个词哪个诗句里见过？（学生插话，"闹"，"红杏枝头春意闹"的"闹"）有的是通过嗅觉获得。感觉器官全部调动起来，因而展现在读者眼前的是一幅立体的春花图。再读课文，谁能用生动的语言把这幅立体的春花图描绘一番？

---

[1] 本文发表于《语文教学通讯》（初中刊）2006年第1期。

生： 我说，我说，我说……

生5： 春天来了，繁花似锦。桃树、杏树、梨树枝头开的花红的、粉的、白的，不仅色彩鲜艳，而且还带着甜味；树丛中蜜蜂、蝴蝶穿梭着，喧闹着，遍地野花撒落在草丛里，树头、树中、树下都春意盎然，热闹非凡。

师： 说得很有条理。

生6： 我有补充。文中还有虚晃一枪的写法。"树上仿佛已经满是桃儿、杏儿、梨儿"，这是作者的想象，写出来更丰富。

生7： 我也有补充。野花"像眼睛，像星星，还眨呀眨的"，为什么呢？有太阳啊，"太阳的脸红起来了"，有风啊，"东风来了"，所以野花才会像眼睛、像星星那样眨呀眨。

师： 说得好。读得精细，想得美妙，才会说到点子上。作者确实用了虚实结合的写法，实写花，虚写果，使画面更为丰满，更为诱人。写景物无须笔笔明写，一个比喻就把太阳、风的形象寄寓其中。

（学生带着得意的神情读这一段，尽管是齐读，但读得很有层次）

应该说，整堂课学生学得很欢畅，春草、春花、春风、春雨，春天里人的活动，学生都能进入课文描绘的景色中体悟、感受、品尝到描写景物的委婉细致，用词的准确生动，比喻的形象鲜明。学生写作中有明显反映。原本叙事写人时，不少学生写得粗粗拉拉，学了这篇课文后，竟然细致起来，有的文句很生动。然而，这堂课不想则已，想想总觉得缺了些什么。

缺什么呢？朱自清先生这篇散文是专为中学生写的，他只是为了教中学生写作方法？只是为了用比喻、拟人的修辞手法让学生模仿？只是为了用词准确、生动，让学生积累美词佳句吗？这些意图大概都有，为中学生提供写这类文章的范例，如果仅仅局限于此，似乎又有悖文章的深意。

作者从盼春入笔，迎春、绘春，直至颂春收笔，目的何在？绘春时，用并列法结构广泛地写春景，不是定点观察，而是一个镜头一个镜头摇过去，这是为什么？贯串这些景的起灵魂作用的思想感情是什么？在哪些语句中特别传递了这个消息？

　　文章的最终落脚点是赞颂春天。既然是"赞颂"，就要把春天的美好写足，描绘得栩栩如生，渲染得如诗如画，使中学生如临其境，看到春天的美景，感受到春天的气息。春风拂面，细雨沾衣，绿草、繁花为伴，快乐充盈胸际。描绘春景的喜悦心情洋溢纸上。仅仅是喜悦心情吗？不，字里行间再深入咀嚼一番，发现文中有一股强劲的力量在涌动。那力量来自生命，生命的涌动，你看："小草偷偷地从土里钻出来"，一个"钻"字，显示了顽强的生命力；"你不让我，我不让你，都开满了花赶趟儿"，生命的灿烂奔放，蜜蜂闹，蝴蝶飞，鸟儿呼朋引伴，牧童短笛嘹亮，城里乡下，老老小小也赶趟儿，这是大自然中演奏的生命交响曲，是生命的礼赞，那么和谐，那么温馨，那么美丽，那么执着，连无生命的春风、春雨也如此善解人意，善解造化的用心，恩泽万物，催发生命成长。春之所以为春，受到千古以来世人的钟爱，恐不啻是春风和煦，暖雨濡润，花红叶绿，草长莺飞，更在于恢复生命的活力，催发新生命的诞生。成长，才是这篇文章的"魂"。离开了生命的赞颂、讴歌，景色只是纸花，不可能"逼"你的眼，动你的心。

　　原本教文章结尾三段时，尽管对同学说，"像刚落地的娃娃""像小姑娘""像健壮的青年"比喻得很形象很生动，以排比的形式出现，读起来也很有气势，然而，心里却并不十分认同，和文章的开头比，就不是自然流淌出来的。懂得了《春》是生命的涌动，生命的赞歌，作者笔下用词为何带彩，为何含情，为何万象更新，生机盎然，给人以希望，以激励，以力量，才略知一二。

　　教课不容易，要沉到教材中，不能浮在水面打漂。

别忘了从大处着眼[①]

课的起始,我是这样激发学生学习兴趣的。

欧阳修的《醉翁亭记》所记的醉翁亭在滁州。据《滁州志》记载:"欧阳公记成,远近争传,疲于摹打,山僧云:寺库有毡,打碑用尽,至取僧室卧毡给用。凡商贾来,亦多求其本,所遇关征,以赠监官,可以免税。"从这段记载中可知这篇游记受人们欢迎的程度以及在当时的影响。争传,摹打,摹打到寺庙库房里的毡子都用尽,商贾用以赠监官,还可免税。这究竟是篇怎样的文章,会对人们产生如此大的吸引力?

学生对照注释,阅读全文。在文字疏通后,谈阅读的初步印象。

生1:全文给我的印象就是"乐"。

生2:山水乐,人乐,鸟乐。

生3:给我的印象是"美"。不美,哪里来的"乐"?山也美,水也美,看到的景色都美,心里高兴,所以"乐"。

生4:给我的印象是"醉"。我认为山水游记写美、写乐的不少,但以"醉"来写,没读过。有个"醉"字,味道不一样了。

[①] 本文发表于《语文教学通讯》(初中刊)2008年第12期。

……

师：初步阅读，印象就有差异，而且还说出各自的理由。究竟谁的第一印象最准确，还得进一步阅读推敲。阅读时请思考以下问题：

（1）醉翁亭是怎样逐步引出来的？采用什么方法？

（2）醉翁亭命名的由来是什么？

（3）"醉翁之意不在酒"，又说"山水之乐，得之心而寓于酒"，矛不矛盾？原因何在？

（4）着力描写四时景色，意图何在？

（5）"滁人游"与"太守宴"并写，有怎样的写作意图？

（6）结尾写了几个"乐"，谁最乐？

师：可以思考以上问题，也可择其中某些问题思考，还可完全用另一种思路，只要能说明谁的第一印象最准确。说明时必须运用文中语句。

（学生阅读思考，继而发表意见）

生5：我认为文章的眼睛是"乐"，但这个"乐"是由美而来。"亭"的出现就很美，"峰回路转，有亭翼然临于泉上"，像鸟展翅飞翔的亭子形象一下子映入眼帘，而它的出现又是在"蔚然而深秀""水声潺潺"的背景下。诸峰美、林壑美、溪水及酿泉美，山水美，因而有山水之乐。

生6：我同意。山间朝暮美，四时景色美，我读两遍，大家想象。（大声朗读）正因为美，所以"乐亦无穷也"。

师：这样处理很好，大家读一读，背一背。

（学生读背）

生7：不能只写景，景中有人，有灵气，就美上加美了。所以第3段写人。

这一段直接写"乐"。"歌于途""休于树""伛偻提携，往来而不绝"，描写滁人游的快乐，游的欢乐心情。老老小小，或歌或休，前呼后应，景色不美，来游什么？如果再用笔墨写景，就多此一举。

"太守宴"也是直接写"乐",既有从自然获得美食之乐,又有酣饮游戏之乐。与"滁人游"并在一段写,民乐,官乐,主人乐,"众宾欢",景美,美到"太守醉也"。"美"到"乐"到"醉",三个印象全有,不全部连起来了吗?

师:你倒是一下子囊括了!是这样吗?

生8:我仍然弄不清楚。刚才同学们说的内容全部围绕"醉翁之意不在酒,在乎山水之间"这一句,显然是山水给他的快乐,既然"不在酒",怎么又"寓于酒"呢?

"饮少辄醉",饮一点儿酒立即就醉了,说明是真醉;但又"醉能同其乐"。醉了,能和游人一起乐,似乎又没醉,到底是真醉,还是假醉呢?

生9:真醉。"饮少辄醉","宴酣"当然"醉"了。

生10:又真又假,我总觉得山水之间虽有乐,但其中还有一下子读不懂的东西。

(学生争论难分上下,我不得不补充介绍以下背景材料。

尽管文章用了十个"乐",但这种"乐"是在特定条件下表述的。欧阳修27岁时已"文章名冠天下",但仕途上却波波折折,两次被宋仁宗贬职。第一次贬职几年后被起用,第二次又因替范仲淹等朝臣辩护,遭政敌坑害,被贬到滁州,令其"就差知滁州军州,兼官内勤衣使"。《醉翁亭记》就是欧阳修第二次被贬职后写的。

"醉翁"自号缘由:一是"饮少辄醉",二是"年又最高",高到"苍颜白发"。事实是:年仅40,尚在中年。欧阳修曾写诗《赠沈遵》,在"小序"中说:"余昔于滁州作醉翁亭,于琅琊中有记刻石,往往传人间。"诗中有"我时四十犹强力,自号醉翁聊戏客"之句。

两个背景材料一介绍,有的学生再阅读时立即有所悟)

生10:我总觉得文章不是一般的游记,里面有个东西摸不到,这一下清楚了。作者被贬官后写的,虽说有山水之乐,但心中仍有被贬之苦,寄情山水,饮酒至醉,也都是消除心中愁闷。

师:理解得很好。朝廷重臣被贬为滁州太守,又是为政敌所害,心中不可能没有郁闷。但他写的"乐"又不是假的,山水乐,禽鸟乐,游人乐,这是为何?他到滁州后,"与民不扰",发挥才能,短期内把滁州治理得官清民乐,透露出治理政事取得绩效的得意,因而,心中真有"乐"。为何"寓于酒",又为何夸张地称中年的自己为"翁",也反映了他受贬谪的心情。

生11:(高兴地大声说)复杂的心情用"醉"来表达最好了,醉中有醒,醒中有醉。"醉"是一种形态,无奈;"醒"也是难得糊涂。真是妙不可言,怪不得当时要争传,摹打。

(学生朗读,背诵,体会作者遣词造句、谋篇布局的奥妙,获得学习的快乐)

课后,我一直心怀愧疚。学生学习过程中兜了一个圈子,弄不清"美—乐—醉"之间的关系,责任在我教学中的缺失。知人论世、知世论人,是读懂文章、把握作者写作意图的必要条件。写作的时代背景,相关的人和事未梳理清楚,学生对文章的来龙去脉当然不甚了了,理解时或失之肤浅,或失之偏颇,或以偏概全,也就不足为奇了。知人论世、知世论人,是常识问题,教学中我怎么会忘却而丢在一边呢?《醉翁亭记》是名作,当时影响之大令人叹止。教学时我只想到从哪儿切入可激发学生学习积极性,而不顾其他。其实,切入后可以作点背景介绍,又怕要学生学习的内容多,课时来不及,于是直奔文章中心,结果弄巧成拙。

教学是艺术,更是科学。备课时必须从整体到局部到细部,再从细部到局部到整体几个来回推敲,必须从文字形式到思想内容,从思想内容到文字形式,脑子里过几遍,教学时才能做到准确把握,纹丝不乱,而不是一厢情愿,忘记从大处着眼。

把握好应有的"度"[1]

《劝学》是《荀子》三十二篇中的首篇。"学不可以已",学习不能够停止,开宗明义揭示主旨;紧接着展开议论,纵横捭阖,气势浑厚,设喻取譬,气象万千。无论从观点还是文字表达而言,均可作为学生学习的典范。教材只节选了三段,但连缀在一起,仍气势不减,给人以整体之感。

教学中,先疏通文字,要求学生认认真真读文章,仔仔细细看注释,然后离开注释译成白话。

在学生了解文章大意的基础上,思考回答以下两个问题。

(1) 荀子主张"学不可以已",强调学无止境,不可须臾停止;"学"当然指的是学习,他"劝"人们学习什么?

(2) 为了阐明自己的观点,文章通篇采用了什么方法?举一二例说明。

在初步理解文章内容与写作特色的基础上,朗读全文。要求朗朗上口,并熟读、背诵。

以上三个教学环节中,均出现了一些意想不到的情况。

译例略举一二。

生1:"虽有槁暴,不复挺者,輮使之然也。"虽然晒干,不再直,是輮

---

[1] 本文发表于《语文教学通讯》(初中刊)2008年第9期。

使它这样的。

生 2:"吾尝终日而思矣,不如须臾之所学也;吾尝跂而望矣,不如登高之博见也。"我曾经整天想,不如片刻的所学;我曾经提起脚跟望,不如登上高处见得广。

生 3:"假舆马者,非利足也,而致千里。"借助车和马,不是脚步快,而能到达千里。

讨论略举。

生 1:"学不可以已",劝人学什么?当然是学习文化,这还用说。

生 2、生 3:(附和)

生 4:没有说学习文化啊!"君子博学而日参省乎己,则知明而行无过矣",清楚地告诉我们学习什么。"博学",广泛地学习,不仅仅是文化知识,"日参省乎己",每天检查省察自己,这样才高明,有智慧,行为才无过错。

生 5:荀子劝"学",学什么呢?天天检查自己吗?

生 4:学习做人,懂得做人的道理。荀子认为人性是恶的,只有通过学习,才能由恶向善,改变人的本性,成为有学问有道德的人。

生 5:那玄啊!

师:玄不玄,再阅读,看作者是怎样论述的。

生 6:用了一连串的比喻。第1段中"知明而行无过",是学习的最终目标,要实现这个目标,就要不停地学习。为了说明学习的重要,一下子就打了几个比喻:青出于蓝,冰寒于水,𫐓木为轮。很具体,很生动。还有"金就砺则利"。

师:这是比喻论证的特点。这种论证方法叫喻证法,把抽象的道理说得具体生动,把深奥的道理说得浅显易懂。

生7：全是比喻，弄不清楚。

……

课总算在朗读、讲述中结束，大部分学生也能基本背诵，尽管疙疙瘩瘩不通畅。

课上得很不舒服，问题还不在于教学内容如何组织，而是总觉得缺了一点什么。学生经过初中阶段的学习，为什么连"虽""之""……者……也"这些最为基本的文言虚词和句式都不甚了了，译成白话不是译错，就是遗漏。原因何在？教师都是尽心教的，为什么有些学生就记不住呢？

回想起来，平时教学确实常有就事论事的情况。就某篇课文中某个句子讲解、翻译，学生往往只是感性上理解，字词搬个家，搬到别的文中，就又陌生起来。文言词句有其自身的规律，学生接触文言文少，一鳞半爪学一点，知识不成串，不可能认识和把握规律。阅读翻译不到位，或出这样那样的差错，在所难免。这不得不迫使我思考这样一个问题：语文知识要不要教？哪些要教，哪些不教？什么场合教？教到什么程度？如文言虚词，随文学习有其易学易懂的优点，不必专门讲授古汉语知识。但随文学习，学生偏重于感性，而且这种学习是散点的，散在文章之中。学到一定阶段，必须把有关的字、词、句加以归纳、梳理，提高到理性认识，思考其意义及运用的规律。规律一旦掌握，遇到新的文章、新的文句，脑子里就会立即出现有关字、词、句意义与功能的多种可能性，联系上下文推敲、比较，可迅速作出正确的判断。在散篇阅读积累的基础上，认识和掌握规律，文言文阅读能力就会明显提高。

由此，我联想到《劝学》中比喻的运用。通篇设喻，一气呵成。阐述学习的终极目标，喻人性是可以改变的；阐述要善于学习，要利用有利条件充实自己，一连串比喻阐明"假物"之利；阐述学习的方法与态度，用一连串的比喻使之具体生动。种种议论，着眼于一个"劝"字；而议论之所以不空泛,既循循善诱,又说理精辟,得益于比喻的巧妙运用,张弛得法。写作手法如此清晰,学生怎会有"弄不清楚"的感觉?小学生就知道比喻,初中生对比喻的本体与喻体有所了解,但对运用中的千变万化知之甚少,整篇文章寓论于喻,缺少直接的分析说理,学生弄不清楚,也在情理之中。高一学生只有初中的底子,未碰到如此复杂的设喻,教学时讲述必要的知识,不是外加,而是有效的阅读指导。

可以先让学生找出三段中各自的中心句:"君子博学而日参省乎己,则知明而行无过矣","君子生非异也,善假于物也","积善成德,而神明自得,圣心备焉"。让学生从比喻的构成角度看,是本体还是喻体。学生弄清楚三者是本体,一串串比喻说明的道理就比较清晰了。本体三个,喻体十多个,论证时方法不一,因而论证方法的介绍又必不可少。第1段是正面设喻,青蓝、冰水、𫐓轮、金砺等喻体从正面阐明学习的重要性;第2段是反复设喻,"跂而望""登高而招""顺风而呼""假舆马""假舟楫",反反复复用比喻,反复论证学习的重要作用;第3段正反对比设喻,为"积"与"不积"、"骐骥"与"驽马"、"锲而舍之"与"锲而不舍"、"蚓"与"蟹"等,通过正反对照的手法进行论证,道理就说得更加具体、明白。不讲述这些,只笼统说比喻论证,面对一大堆比喻,有的学生脑子里确实乱得无头绪,像"一锅粥"了。至于如何用比喻说理,形式也不一。有的先设喻,后说理;有的只设喻,不说理,喻中隐含道理;有的先设喻,引出道理,再设喻,进一步论述道理,等等。喻理结合多种形式,学生阅读思考,稍加点拨,也就一清二楚。

语文课不是语文知识课,更不是某项知识或语言或文学或辞章等知识体系课,但必须重视语文知识的传授,因读懂文章的确需要适时适度的讲解、讨论,能增长见识,增添积累,提高阅读能力。不分青红皂白,对知识一味淡化,恐非教学的上策,关键在把握好"度"。

至于"学"什么?只想到文化知识,那是思维惯性,需另作讨论。

独立思考勿乱"套"[1]

记得教韩愈的《师说》时,我以柳宗元《答韦中立论师道书》中几句话引入。"今之世不闻有师。有,辄哗笑之,以为狂人。独韩愈奋不顾流俗,犯笑侮,收召后学,作《师说》,因抗颜而为师。世果群怪聚骂,指目牵引,而增与为言辞。愈以是得狂名。"从这段话中可知:"为师"竟要"抗颜",并且遭到"群怪聚骂,指目牵引",可见当时"耻学于师"的风气盛行到什么程度,韩愈的《师说》就是针对这种时弊有感而作的。

苏洵曾赞韩愈的文章如"长江大河,浑浩流转",文气豪迈,风骨独立,《师说》是韩愈的一篇代表作,学习后就可体会一二。

"歌行起步,宜高唱而入",用高唱入云的手法导入新课,学生积极性高涨,不少人高声朗读起来。接着,学生议论开来。

生1:《师说》到底说老师什么啊?

生2:"古之学者必有师",开宗明义,文章第一句就提出论点。议论文有中心论点,这第一句就是中心论点。

生3:我不同意。第2段"师道之不传也久矣!欲人之无惑也难矣"也论证"古之学者必有师"吗?明明说的是当时的社会实际——耻于从师,韩愈批判这种耻于从师的错误态度。

---

[1] 本文发表于《语文教学通讯》(初中刊)2008年第11期。

生4：这也是啊！第3段好像写的是从师要向多方面学习，能者为师，以孔子从师举例，怎么能扣到"古之学者必有师"的论点上呢？

生5：这样说来结尾一段也不能说直接论证"古之学者必有师"，而是说明写作本文的原因，"余嘉其能行古道，作《师说》以贻之"，是嘉奖李蟠不受当时耻于从师的不良风气的影响，而向作者求教，才写了这篇文章。

师：（称赞）还未深入阅读，已能大体抓住每一段的要点，说明读文言文能力提高了。究竟怎样论述的，还需进一步阅读，把每一段每一句的意思弄清楚。

……

师生逐段讲述、推敲，语句熟悉了，三个对比三个层次也弄清楚了，问题又兜回来了。

生1：这篇文章的中心论点究竟是哪句话呢？"古之学者必有师"确实不像，它统摄不了全文；"师道之不传也久矣"也不像啊，到底是哪句啊？

（学生又议论纷纷）

这个问题其实早就困扰着我。冠名为议论文也好，冠名为论说文也好，既然是"论"，作者总要发表观点，说明道理。文章无论长或短，总应有个中心论点，各部分聚焦于此分析说理，才会有说服力。《师说》是传统名篇，唐代以来评说很多，清代文史大家章学诚在《文史通义·内篇六》中就概括韩愈《师说》的主要论点，肯定它针砭时弊的作用，但也指出其不足之处。语文教学当然不是作品评论，要在教学生学懂学会上下功夫，于是教学参考书作了种种指导。20世纪80年代初权威教学参考书(那时"教参"少,不可随便编)指明《师说》中反复论述的有两点:一是"必有师",二是"道之所存,师之所存"。到80年代中期,这本权威教学参考书作了修改,指出:本文的中心思想是论述从师学习的必要性和正确途径,批判上层士大夫之族耻于从师学习的恶劣风气。显然中心思想和文章中心论点之间不能画等号。不管是前一种说法,还是后一种说法,都难以自圆其说。

论点、论据、论证,是议论文的三要素。论点把握不准,论证岂不架空?论据又为谁作支撑?议论文总要提出问题、分析问题、解决问题,这篇《师说》到底论述什么问题?实在使人困惑。

第1段从"古之学者必有师"引出"必有师"的论点,然后阐释教师的职责:"所以传道、受业、解惑也"。接着说明"人非生而知之者,孰能无惑",解惑必须从师,突出"师"和"惑"的关系;最后阐明如何从师,择师的标准:"无贵无贱,无长无少,道之所存,师之所存"。这一段是从教师的作用、从师的必要、择师的标准层层推进,阐述"必有师"的论点。

第2段揭示"师道之不传也久矣"的时弊,进行针砭批判。从三个方面进行论述:今之众人耻学于师,为父者耻学于师,士大夫之族嘲笑相师,与古之圣人"为子择师""巫医乐师百工之人"从师而学形成鲜明的对比,结句发出"其可怪也欤"的感叹。这一段论述点十分清晰,连用三个对比批判士大夫之族耻于从师学习的恶劣风气。

第3段从批判转入正面论述。"圣人无常师",从师应向多方面学习,以孔子的行为及言论为证,最后指出师与弟子之间互相学习的关系:"弟子不必不如师,师不必贤于弟子,闻道有先后,术业有专攻",也回应了第1段"道之所存、师之所存",能者为师。

第4段说明写作本文的原因,并再借此抨击当时不良风气,提倡师道的重要。

纵观全文,每一段论述的问题都很清晰,论述得有理有据,但是要从文中找出一句现成的语句来统摄全文，确实没有。因此，这是一篇没有中心论点的议论文。

学生问："《师说》，到底说老师什么？"文章清楚明白地告诉我们：阐述了教师的作用、从师的重要、择师的标准，批判耻学于师的恶劣风气。易言之，论述了教师的好几个方面，每个方面立论清楚，观点鲜明，并非用一个总观点来统率。

由此，我联想到这篇文章的标题——《师说》。为什么叫"说"？为什么不用"论"？《文章辨体》序中这样指出："说者，释也，述也，解释义理而以己意述之也。"说，是解释、说明的意思，解释义理，不管怎样横说竖说，纵横抑扬，都必须说出自己的意思、自己的观点。以此辨别文体的知识来衡量，《师说》不完全是"议"，是"论"，也有相当分量的说明。如说明教师的职责、作用，说明择师应具有的标准等，目的在使人"知"，使人知晓、明白。而在说明的同时又展开议论，如第 2 段的对比论证，反复论证，清晰地表露自己的观点，目的在使人"信"，使人认识到、体会到耻学于师的荒唐、愚蠢，从而信服作者的观点。

文有法，而无定法。各类文章写法有它一定的规则，但规则不是僵死的，可以突破，可以灵活运用。而我们自己却往往有一种思维定式，一看到议论文，脑子里立刻跳出"中心论点是什么"，从文中找现成的句子，如没有现成的句子就从结论中推断，力求用精练的语言加以概括。《师说》阅读中的困惑，就来自这种思维定式：用现成的文章模式去"套"，而缺乏阅读自信，缺乏深入的独立思考。

当然，文体界定也是可深入探讨的问题。有人认为"论说文"比"议论文"的内涵包容更丰富，提法更科学，也不无道理。

精微之处不可漏[1]

中国的建筑艺术闻名于世,而园林建筑更是独树一帜,苏州园林又是园林建筑的杰出代表,因而,对苏州园林介绍、说明,不仅增加人们对它的了解,更可以培养艺术鉴赏力和审美情趣。

对苏州园林建筑要介绍得精彩晓畅十分不易,叶圣陶先生就有此功力。他写的《苏州园林》一发表,就好评如潮,苏州园林中的种种美景在文字中凸显出来,眼前美景如画。他是怎么写的呢?

三言两语导入课文以后,要求学生默读全文。在初读的基础上,思考回答以下问题。

(1) 说明建筑结构的说明文,一般是按空间顺序介绍,抓住总体布局和局部形体特征来写,给读者以清晰、完整的印象。这篇文章是否也按空间顺序说明?原因何在?

(2) 有个语句对文章的内容与结构均有统摄作用,请准确地加以圈画。

(3) 有个比喻贯串全文,一而再,再而三地运用,是什么比喻?用了多少次?如此频繁地运用,是妙笔?还是败笔?如果换用别的修辞手法行不行?

---

[1] 本文发表于《语文教学通讯》(初中刊)2008年第10期。

学生阅读,圈画,交头接耳。

请学生根据学习所得畅所欲言。

生1:这篇文章不是按空间顺序说明,因为它不是介绍某一处的建筑物。

师:对。不是说明某一个建筑实体。那按照什么顺序来说明的呢?

生2:说不清楚。

生3:好像先总的说一说,然后一个方面一个方面说,什么亭台啊,假山啊,等等。

生4:先总后分,按总分的顺序。

师:原因何在?

生4:它不是写一处园林,而是说明好多园林,把它们的共同特点抽出来,拎出来。

师:如果选择其中最著名的园林介绍几处,也说共同特点,可不可以?

生4:当然可以,不过具体的园林只能作为举例,否则不是对苏州园林作总的介绍了。

师:思路清楚。这样,统摄全文的句子也就一清二楚了。大家说说看。

生(齐说):务必使游览者无论在哪个点上,眼前总是一幅完美的图画。

生5:"图画"这个比喻用得最多。我数了一下,用了10次。

师:请你把找到的有关语句朗读一下,并谈谈你对这样运用的看法。

生5:朗读"一切都要为构成完美的图画而存在……"等10个语句。(略)

反反复复用"图画"作比喻,就是为了突出一个"美"字,表现一个

"美"字。比喻是好的,但有点单调。

生6:尽管用得多,但不用又不行。我试着不用"图画"比,还真找不到合适的。要让"游览者得到'如在图画中'的实感",把"图画"换成"影视",换成"仙境",就不是那么一回事了。"风景"和"画"有不解的缘分,讲到风景美,总是"美景如画"。至于用别的修辞手法,如拟人、夸张,杂七杂八,反而不协调。

师:看来是作者放出眼光精选出的最合适的一个。尽管用得多,但并未给人累赘的感觉,是何原因?

生7:运用时有很多变化。有的是直接比为完美的图画,有的对图画剖析,是美术画,不是图案画,有的从欣赏效果的角度打比方,有的重点在实景,从可入画的角度写,有的着眼于画意,有的落实在"美"上。在文中各不一样,所以不感到累赘。

师:读得很仔细,表达得也很清楚。一个比喻的运用就可体会到作者使用文字说明的功力。

……

课在师生共同讲读中把握了苏州园林最主要的特点,也理清了分说的内容——亭台轩榭的布局、假山池沼的配合、花草树木的映衬、近景远景的层次、园林角落的配置、雕镂琢磨的匠心、色彩调配的协调,语言的凝练也推敲了一番。当时觉得教学目的基本达成,心感愉悦。今日细想,不到位之处不少,特别在细微的地方漫不经心地疏漏了。

例如文章的说明顺序,只看到总分顺序,先总后分,这是粗线条的,对很多学生来说,只要认真阅读,不"点"自"明"。其实在总说之前有个"分"——"设计者和匠师们因地制宜,自出心裁,修建成功的园林当然各个不同"。"各个不同"说的是实情,正由于有自出心裁的迥异,找其共同点才显得难能可贵。然而,这种"分"又不是形式上的罗列,而是多彩的"分",可用一句话加以概括。如果无这句话的交代,"共同点"的出现就给人以突兀之感,读者脑海里也不可能立即有各具一格、异彩纷呈的直觉印象。这种用笔之精妙正是学生阅读不留意之处,不注意,不点拨,资源就流失了。

又例如分说中假山与池沼的配合。先假山后池沼,再其他景物配置,学生较易一目了然地把握说明的内容与顺序,但对说明的精致程度与创造的审美效果往往不甚了了。"配合"是这一段的关键词,用文字来配置园林中的景物也与园林设计者和匠师们一样煞费苦心,配合的类属、位置、色彩、形态各不相同。有异类配合,如石头与花草;有中心与周边,如池沼与其他景物;有高低起伏,如重峦叠嶂、小山与竹木花草;有斑斓色彩,如金鱼与各色鲤鱼;有动静配合,如往来游鱼与荷花、睡莲;至于桥梁与河道的映衬,池沼边沿与石岸的顺势配合,无不是匠心独运。阅读这一段,就应引导学生目视文字,心展想象,脑中浮现一幅幅具体而美丽的图景,感受物与物的搭配构思是如何的神奇,体悟文中"游览者无论站在哪个点上,眼前总是一幅完美的图画"如何在分说中具体体现,使园林特点落到实处,景致配合中的布局美、层次美、映衬美、色彩美如何创造审美效果,愉悦阅读者与游览者。应该指出,文中起统摄作用的语句出现以后,就要实实在在的"统摄"。显显隐隐、隐隐显显,方显文章浑然天成的功夫。这一点也正是学生阅读理解和文字表达时不够注意的地方。

还有一些,就不一一列举了。教说明文,常易犯的毛病是粗线条地拉,力求骨架清楚,精微之处不注意推敲。说明文佳作不仅眉目清楚,结构完整,语言明晰,而且在细微之处蕴藏奥妙,醒人耳目,教学时须精心把握,呈现其中的魅力,使学生从中受益。推敲细微之处,切不可支离破碎,烦琐不堪,而仍然要从文章的全局出发,择其要进行,否则,效果适得其反。

《苏州园林》这篇说明文写得如此平实、清晰、具体、生动,特点凸显,虽说是文字功力,但归根到底是作者生活的积淀丰厚。苏州这座历史名城可以说是集历代江南园林建筑艺术的大成,叶圣陶出生在苏州,对家乡的山水建筑了如指掌,因而运笔如走蛇,蜿蜒自如。生活积淀的重要也须让学生从文中体会一二。

千万不能冷落文字[①]

最近听了一些课,发现了一个怪现象,就是:整堂语文课,黑板上没有一个汉字。多媒体课件做得十分漂亮,一幅幅更替,比几十年前的拉洋片不知要精美多少倍,学生享受着声、光、形、色的浸染。还有一种情况是"茶馆店",从学生质疑中挑一个或几个有兴趣的问题开展讨论,如"'油蛉在这里低唱,蟋蟀们在这里弹琴',怎么低唱?怎么弹琴?蟋蟀怎么斗才有劲?"

我愕然了,这就是语文课?而且美其名曰改革的课?语文就是语文,语文课就是要尽心尽力与语言文字打交道。一篇篇课文是用书画同体的汉字组成,其中倾吐着作者认识世界、感悟人生的思想、情感、智慧,文质兼美,相辅相成,是学生学习祖国语言文字的凭借、样本,须认真解读、品味、体悟,从中领悟表情达意的规矩、奥妙。语文课就是要和语言文字亲近、亲密、亲爱,而不是把它冷落在一旁,让学生"看电影";更不是把课文甩在一旁,拎空地讨论所谓的"问题",言不及义,胡扯乱说。一节课下来,课文内容是什么,要点何在,精彩之笔在何处,学生心中茫茫然,谈什么质量?

由此我联想到我们年轻时当教师的情景。从备课到教课,对语文课本,对一篇篇课文的语言文字,充满了学习的愿望、尊重的心意和敬

[①] 本文发表于《语文教学通讯》(初中刊)2005年第11期。

慕的感情，不敢有丝毫的马虎与怠慢。凭借它们，学生认识一个个汉字，和佳词美句做朋友；织锦成文的种种技能技巧伴随着一篇篇有个性特征的文章，开阔学生的视野，打开学生的思路，训练学生的能力，和作者心灵沟通，激发学生旺盛的学好语文的欲望。

对课文的反复阅读，仔细推敲，自不必说，就是黑板上写哪些字，先写什么，后写什么，怎样设计，也是颇费心思的，有时简直是煞费苦心。板书不是随便涂写，想到什么就写什么，杂乱无章。课前须有总体思考。板书设计须紧紧扣住教学目的。组织学生学习这篇课文，如果目的在理清故事情节，那就要斟酌选择哪些词语写在黑板上，让学生一目了然。以时间为线索的，以空间转换为线索的，各具特点，要把词语抓准。可以是课文中现成的词语，也可以是教师经过阅读，自己提炼的，也可以是顺着课文的脉络师生共同推敲的。板书推敲的过程，学生也就梳理了故事情节，怎样开头，怎样展开，怎样发展，怎样掀起高潮，结局怎样，深入课文之中，亲近文字，积极思考，理解，辨别，学有收获。

板书可因教学重点不同而取舍详略。可侧重课文内容，可侧重课文框架结构，可侧重课文中人物形象的塑造，可侧重课文中多彩的语言，可侧重课文的写作方法。有的课文，时代背景比较复杂，要用关键词语呈现；有的课文，作者形成独特的创作风格和语言风格，也需要言不烦地点出来；等等。板书助学生学课文，理头绪，抓要点，品精彩，思维能力也伴随着对语言文字的理解与运用得到了锻炼与发展。

板书可呈现课文的一两个侧面，也可是综合性的、全景式的，从思想内容到结构安排，从语言运用到写作方法，从背景材料到现实意义，是整篇课文的缩影。好的板书往往给学生留下深刻的印象，想到它，课文就如在眼前，甚至一二十年以后还会如数家珍般地与过去任教的教师交流。这也反映了文字的魔力，文字的渗透力，点点滴滴在心头。

拎起课文要点的板书切不可繁杂，一要清，清晰；二要明，明白。是骨架，是核心，不能枝枝蔓蔓，主要的、次要的纠缠在一起。如果不精心设计，糊成一片，教学效果就适得其反。

　　黑板上有些字可随写随擦，如难写的字，易错的字，容易混淆的词语，在讲述过程中估计学生不易掌握的词汇，等等。写，是为了帮助学生辨别，帮助学生认知，帮助学生增添词汇，克服疑难障碍。擦，是为了凸显板书的总体设计，不要冲淡印象。语文课中，字、词、句、篇的教学不能丢。现在学生作文中的错别字多得吓人，多一笔，少一笔，笔画搬家，笔顺颠倒，张冠李戴，比比皆是，许多常用字，笔画多一些的已遗忘，不会写。这与电脑键盘有关，与短信、网络有关。如果语文课也不写字，黑板完全被多媒体课件所占领，师生对汉字日益生疏起来，岂不是莫大的悲哀？据说，冷落文字，不写板书还有一个原因，就是教师自己的字写得歪歪扭扭，不美观，所以，凡要出现的词句一律用多媒体表达。其实，因噎废食是不可取的，多练练字，下点功夫亲近它，"不好"就向"好"转化。

　　人类发明了文字，才彻底摆脱野蛮人的生活方式，启动人类的文明创造，传承思想、情感、智慧。汉语言文字是中华文化的根，语文教师切不可漠视、小视。

"导入"也要会"导"[1]

清人沈德潜在《说诗晬语》中说:"歌行起步,宜高唱而入,有'黄河落天走东海'之势。以下随手波折,随步换形,苍苍莽莽中,自有灰线蛇踪,蛛丝马迹,使人眩其奇变,仍服其警严。""歌行"是古代诗歌的一种,音节、格律一般比较自由,句法也不求严整,且富于变化。如果起步时能"高唱而入",有黄河入海的气势,就能极具吸引力,瞬间吸引住听众。

由此,我联想到教课。下课时,学生的思想放松,情感漫游,如果课的起始,三言两语就把学生注意力集中起来,兴味盎然地进入学习状态,也是一种教学艺术。于是,我在课的导入环节作了相当程度的斟酌、推敲。

带领学生学习《孔乙己》课文时,我采用设置悬念的方法激发兴趣,引入课文。我说:

本文写于1918年冬,发表于1919年4月的《新青年》,后收入短篇小说集《呐喊》。

凡读过鲁迅小说的人,几乎没有不知道《孔乙己》的。凡读过《孔乙己》的人,无不在心中留下孔乙己这个遭到社会凉薄的苦人儿的形象。

---

[1] 本文发表于《语文教学通讯》(初中刊)2008年第1期。

鲁迅先生自己也说过,在他创作的短篇小说中,最喜欢《孔乙己》。他为什么最喜欢《孔乙己》呢?孔乙己究竟是一个怎样的艺术形象?鲁迅先生是怎样运用鬼斧神工之笔来精心塑造这个形象的?学习本文之后就可得到明确的回答。

过去有人说,古希腊索福克勒斯的悲剧是命运的悲剧,莎士比亚的悲剧是主人公性格的悲剧,而易卜生的悲剧是社会问题的悲剧,从某种意义上说,是有道理的。那么,孔乙己的悲剧是什么样的悲剧呢?悲剧,往往令人泪下,然而,读了孔乙己的悲剧,眼泪常向肚里流,心里有隐隐作痛之感。这又是为什么呢?学习之后,请同学回答。

连续制造了两个悬念,学生注意力立即凝聚,沉浸到这篇情深、意深、含蓄、深沉的文本之中。我好得意!

教《最后一次讲演》,上课,"起立""坐下"后,我一言不发,立即转身在黑板上写下:

红烛·序诗

请将你的脂膏,
不息地流向人间。
培出慰藉底花儿,
结成快乐的果子。

聪明的学生立即翻开笔记本抄录。我激发学生思考:这首诗是谁写的呢?表达了怎样的思想感情?又是谁的写照?与此同时,出示《闻一多传》,将该书的封面图案——黑色大理石的花纹,正中上方红烛一支,十分醒目,与《红烛·序诗》对照讲解,指出该诗乃闻一多先生所作,也是先生的自我写照。然后,指导学生读注释,介绍作者生平。学生了解到这位青年时期的新月派诗人,中年时期的旧经典研究的学者,晚年成为争取和平民主、反对发动内战、昂头作狮子吼、遭反动派杀害的民主战士,将"脂膏"流向人间,很受感动。面对这位千古文章未尽才的学者、战士,学生听讲演录音,看课文,圈圈画画。这篇讲演距今虽已数十年,但那鲜明的立场,爱憎分明的感情,一泻千里的气势,慷慨献身的红烛精神仍然深深地叩击学生的心弦。学生全神贯注,心怀敬意,我很欣慰,"高唱而入",收到了预期的效果。

然而,事情从来不是想象的那么简单,有时殚精竭虑,设计课的导入,虽无凤头之美,也想能做到"凡起句当如爆竹,骤响易彻",抓住学生的心,激发求知欲。其实不然,学生非但不领情,常会旁枝横逸,须花力气收拾。

学习《记一辆纺车》时,我用出示纺车的图画来引入课文。纺车,对今天生活在大城市里的学生来说,十分陌生。于是,我找了一幅周总理纺线的油画,请一名有点丹青才能的学生把纺车临摹下来。课一开始,我就把纺车图挂在黑板上,请同学们观看,并简单介绍纺车结构,车架、轮子、锭子。我介绍的目的,是让学生初步感知这普通的、简单的纺车,在革命战争年代、在抗日战争最艰苦的年月里,发挥了巨大作用,创造了物质和精神上的财富。我话音还未落地,有的学生就嚷起来了:

生1:我乡下外婆家有纺车,轮子比这个大,轮子大纺起来才有劲,这轮子不行。

生2:纺车上少一颗钉子,没有钉子,纺车一动,就要坍下来了。

生3:怎么纺成线?不可理解。

……

七嘴八舌,注意力都集中到图上了。这篇回忆性的叙事散文,一开头就充满了深切的怀念,车留心系,一往情深,用一唱三叹的笔法去叩击读者的心扉。而我想用形象化的手法找一个漂亮的开头,让学生在直观演示中进入课文的阅读,更何况直观演示的效果是有实验根据的。据国外一些实验证明:用语言介绍一种物品,识别它的时间为2.8秒,用线条图介绍,识别时间为1.5秒,用黑白照片介绍,识别时间为1.2秒,用彩色照片介绍,缩短为0.9秒,如果让学生看实物,识别时间只为0.4秒。我从绝大部分学生未见过纺车的实际情况出发,用彩图介绍,应该说无可厚非,怎么会出现事与愿违的状况?当时真有点委屈。

今日看来,运用纺车的图画没有错,用这种方法作为课的导入,学生一目了然,为深入阅读课文创造条件。学生年少,有强烈的好奇心,对不熟悉、未见到过的事物分外有兴趣,喜欢评是说非,也是常情。关键在备课时要考虑周到,预计到学生可能作出的种种反应。如遇意想不到的情况,也会应付自如,左右逢源地积极引导。

研究课的起始,抓住导入课文的环节,为后面的课铺路、搭桥,是有价值的。就好比提琴家上弦、歌唱家定调,第一个音定准了,就为演奏或歌唱奠定了良好的基础。导入的方法可多种多样,如直观演示、开拓想象、激发感情、制造悬念、展现意境、运用成果等,调动学生的学习热情,让他们求知的细胞活跃、跳荡起来,积极主动地获取知识,锻炼语文能力。然而,采用任何一种方法须牢记两点。一是把握课文的个性和要实现的目标。引用资料,拓展知识,要贴近、贴切,做到无缝焊接。二是目中有学生。对学生学习某篇课文的知识基础、学习心理、学习需求,考虑得细一些,深切一些,周到一些。适合的,才是最佳的。

"导入语"不是静态的,一与学生接触就流动起来,活跃起来,因而,"导入"也要学会在各种情况下的"导",使它充分发挥应有的积极作用。

至于那种低俗的、卖弄噱头的、花里胡哨的、追求轰动效应的所谓"导入",对课堂教学是亵渎,不在此文讨论之列。

拿什么直指人心[1]

每年3月5日这个值得纪念的日子,我们开国元勋周恩来的光辉形象总是在我心中升腾,敬仰和缅怀之情难以言表。特别是想到1976年1月那令人悲痛欲绝的日子,寒风中长安街万人伫立送总理灵柩的场景仍历历在目,泪水横溢,哀思如潮。也就是在那个"四人帮"压制人民悼念活动的日子里,我们年级组师生在学校礼堂举行了隆重的悼念活动,夜晚排队徒步到五千米之外的郊区电影院观看第二天就被禁放的周恩来同志追悼大会的新闻片。那时,心里揣着悲,揣着恨,揣着忧。悲总理的逝世,恨"四人帮"的邪恶,忧国家前途的命运。

苍天有眼,阴霾消除,春回大地,"四人帮"终于被粉碎。一个星期日的中午,开收音机,突然听到歌唱家李光羲唱《周总理,你在哪里》,我赶紧把歌词记下来,激动万分,我深切地感到这全是我埋在心里要说的话,苦于表达不出。第二天语文课上,我就和学生一起学习作家柯岩写的这首诗。那时,还没有新编的像样的教材,我经常选择优秀的诗文作为学习材料。来不及刻印,课前把诗——已谱成歌,抄写在小黑板上,一上课,学生看到诗句就震住了。经历过年前周总理逝世悲壮场景的洗礼,诗的起笔一下子就吸引了学生,在学生胸中掀起波澜。"周总理,我们的好总理,你在哪里啊,你在哪里?"由衷的爱戴,无限的思念,胜利

---

[1] 本文发表于《语文教学通讯》(初中刊)2008年第5期。

的喜悦,都要向总理倾诉,千言万语并一句,并作深情的激荡人心的呼唤,把压抑胸口已久迸发出来的真情强有力地表达出来,汹涌澎湃,冲击心灵。读、思、诵,高山、大地、森林、大海,一个个画面更替,学生被周总理的高尚品质和革命精神所感动,有的流下了眼泪。课后不少学生说:"这堂课我终生难忘。"对我而言,这堂课也使自己精神提升,情感净化。

20世纪80年代,我又一次教这首诗。这时,这首诗已编入教材。我同样怀着对周总理的崇敬与思念用心教这篇课文。课的起始阶段,我描述周总理灵柩过十里长街的场景。如赵朴初先生在《金缕曲》中所描绘的:"念年前伤心情景,谁能忘记?缓缓灵车经过路,万众号呼总理,泪尽也赎公无计。"十里长街送总理,冒着凛冽的寒风,爷爷抱着孙子,老泪纵横;母亲搀着孩子,失声痛哭。男女老幼,万户千家,无不沉浸在巨大的悲痛之中。这是人民的悼念,是古今中外从未有过的人民的悼念。人民失去总理,人民需要总理,想念总理,要把自己的总理找回来,诗人就是在这样广阔的历史背景下,代表人民的强烈意愿,写下了这首感人肺腑的优美诗篇。作如此的教学设计,意在重新展现悲壮的场景,激发学生感情,沉入到诗歌之中。

诗的总起,让学生懂得诗人在热情奔放地呼唤总理之后,立即用传神之笔描绘了一幅幅感人的画面。学生朗读全诗,把握寻找总理的一幅幅画面。然后再把有关画面连缀起来推敲,师生交流讨论,明确每幅画面均由一呼一应,一喊一答构成。喊,发自肺腑,"——",表示延长,把声音送得很远很远,震天撼地,强烈地,急切地,一定要把总理找回来。答,形象鲜明,感情真挚,不仅展现一幅幅生活气息浓郁的图画,而且重复着一句共同的语言,那就是"他刚离去,他刚离去"。"刚"指时间的短暂,离去的前提是"在",这就极其深刻地表明总理和人民心连心,处处留下总理的光辉业绩,是总理爱人民为人民的见证。连串画面的线索是"我们寻找总理",关键词是"找"。总理究竟在哪里呢?天涯海角都找遍,最后连用几个"在这里""在一起",反复咏叹,原来总理就在我们身边。思念、崇敬、爱戴的感情如开了闸的水奔腾向前,一泻千里,不运用这种反复的手法就难以表达此种强烈的感情。

学生感动了,讲述对"周总理,我们的好总理"一句的理解时,一学生颂扬说:"自古丞相多功勋,我们的总理是'万古云霄一羽毛'。"有学生歌颂说:"周总理是'横眉冷对千夫指,俯首甘为孺子牛'。"有学生激动地说:"我对'好总理'的'好'这样理解,我们的周总理文能治国,武能安邦,功高盖世,万古流芳。"学生们在脑子里搜索最美好的语言歌颂总理在政治、军事、外交等方面的丰功伟绩,情感浓郁,气氛热烈。教学本该就此戛然而止,收余音缭绕之效。可我不放心,又讲了大大的一段诗的艺术构思。作者如何抓住"寻找"这根线索,从时间讲,涉及过去、现在、将来;从空间讲,自祖国心脏到整个世界,思想长上翅膀,遨游七大洲四大洋,放开去。又如何收回来,回到天安门中南海,在收放自如中倾注对总理的爱戴与思念。知识是传授了,可学生燃烧起来的激情却在不知不觉中降低了温度。我好后悔。

今日看来,不是教学内容、教学环节处理当不当的技巧问题,而是这类植根于现实生活土壤,作者用激情与生命歌唱的诗文,究竟拿什么来指向学生的心?语文知识当然须传授,并要在与内容的"融合"上下功夫,但直指人心的应该是情感的激荡。列夫·托尔斯泰阐述艺术时,认为艺术是联系人与人的情感的一种手段,艺术活动的基础是"把他(即作家、艺术家)体验到了的情感传递给他人(即读者、观众),使他人也被这情感感染"。文学作品"感人心者,莫先乎情",真情的作品品格高,能浸润人的心灵,怎能不牢牢把握?

要作一点理性思考[1]

学习《在烈日和暴雨下》,通过阅读、圈画、朗读重点描写段落,学生对文中细致描写景物的特点有所理解,但怎样把景物描写与人物刻画天衣无缝地结合起来,学生未认真思考。于是就"烈日、暴雨描写与主人公心理、神态刻画相结合,写景为表现人物与主题服务"的问题展开探讨。这是这篇课文写景最重要的特征,对人物,对主题的表现起"以绿扶红"的作用。

师:请同学再阅读、思考,在烈日和暴雨的描写段落中寻找刻画祥子心理和神态的语句,举例具体说一说,二者是如何融合在一起的。无须面面俱到,挑选你自己最有感觉最能表述清楚的加以说明。

(生翻阅课文,再次圈画)

师:请同学谈自己的学习所得。

生1:第1、2段描写烈日发威,"因为中了暑,或是发痧,走着走着,一头栽到地上,永不起来",看到此情景,第3段一开始就写"祥子有些胆怯了",尽管"连手背上都流了汗","可见了座儿他还想拉"。"那毒花花的太阳把手和背脊都要晒裂",所以"他的裤褂全裹在了身上",茶喝下去"身子已经是空腔的","他不敢再动了"。坐了好久,想

[1] 本文发表于《语文教学通讯》(初中刊)2008年第4期。

出去,"可是腿真懒得动,身上非常软",又坐了一会儿,还是要"出去试试"。一出来,"才晓得自己错了","从上至下整个地像一面极大的火镜,每一条光都像光镜的焦点,晒得东西要发火","走一会儿,坐一会儿",折腾得连看见食物都恶心,但在最热的一天最热的正午一点,"他又拉上个买卖"。确实,景物描写和人物刻画密不可分,浓墨写烈日,目的是刻画祥子的悲苦,"胆怯","不敢动","又拉上个买卖",矛盾心理,不能自控的行动,都是为生活所迫的现状,景物描写起了渲染的作用。

生2:也是铺垫。

师:读得仔细,说得很清楚。请一位同学讲一讲暴雨描写与人物刻画的关系。是否可说得简明扼要一点?

生3:文中极力描写暴风雨的狂虐,和祥子在暴雨中的痛苦结合起来写。"水过了脚面,湿裤子裹腿,雨直砸他的头和背,横扫他的脸","砸""横扫"是写雨的狂暴,也写被砸被扫的祥子拉车的难以忍受。如果没有对暴雨的描写,祥子的苦难就不可能深刻地显现。

师:说得好,"狂虐"这个词用得好。

生4:我认为说得不完整。"不能抬头,不能睁眼,不能呼吸,不能迈步"这个排比句很重要,他已经不知道哪是路,不晓得前后左右是什么,全是水,全是水,"空中的水往下倒,地上的水到处流",人已经"半死半活"还在拉车,真是挣扎在死亡线上,惨不忍睹。

生5:我早就想说了。这样的暴雨、烈日,为什么还要去拉?车是不是他自己的?

(生一愣,交头接耳议论)

生5:他那么穷,哪来自己的人力车,还不是向人家租的?租,就要交租费,不拉不行。

生6:好像是自己的,他有过车,被反动军队连人带车抓走,后来逃了出来,后来又拼命拉车,攒钱买了车,我看过介绍,忘了。

……

学生争了又争,最后以我讲述小说概要了结争论。

争论是不必要的,问题出在教学前我考虑得不周到。课文是老舍《骆驼祥子》小说的节选。节选部分往往是小说的精彩片段,教材编写者作裁剪必有语文能力培养、语文素养提高的特定要求。学生阅读要深深体味节选出来的课文的佳妙,须首先对小说全貌有大致的了解。胸中有较为清晰的框架,就可扫除不少障碍,避免很多误解。如果课前我印发一些资料,让学生了解该小说是老舍的代表作,描写了军阀统治下北方人力车夫的生活;了解车是祥子的生存宝贝,是饭碗,是希望,祥子与车子的关系三起三落,尽管拼命苦干,攒钱两次买车,可先被抓,后被诈。这天拉的车虽是虎妞私蓄买的,但生活艰难,非拼命干不可。提供与课文内容相关的材料,不是上公开课、展示课专用,日常的课同样应认真思考。提供必要的材料,目的在对学好课文起切实有效的帮助,因而,要精选,不能滥。

学生提出的车属于谁的问题,不是空穴来风,而是为文中描写祥子的苦难所感动,出于同情说出来的一句话。小说呈现的社会贫苦百姓在生死线上挣扎,学生没有概念,更缺乏体验,误认为有车,自己就可主宰,就可不在烈日暴雨下拉车。殊不知孤立的个人奋斗,逃脱不了失败的命运,车很快又被吞噬,祥子从不是车的主人。他们痛苦地活着,委屈地死去。文学作品是生活的教科书,学习这类小说,要引导学生不仅在感情上产生激荡,还应紧扣文本提升他们理性思考的能力。不认识苦难,难以真正品尝今日的甜蜜。这类经典作品要推荐学生好好读。

岂能食而不化[①]

课进行到下半课时。

师：刚才我们已把情节梳理清楚，现在来学全文最精彩的部分——拳打镇关西。鲁提辖是怎样拳打镇关西的？在这段描写中，作者运用了什么手法？表现了作者怎样的思想感情？

请同学们齐读"郑屠右手拿刀，左手便来要揪鲁达……红的、黑的、紫的都绽将出来"这一段，然后请你们发表对这一段描写的看法和体会。

生(齐读)："郑屠右手拿刀……红的、黑的、紫的都绽将出来。"

师：哪位同学先说？

生1：这段描写把"拳打"写得淋漓尽致，痛快，痛快，痛快。

师：这是你的感觉。

生2：这三拳打得妙。鲁达第一拳打在郑屠的鼻子上，第二拳打在郑屠的眼睛上，第三拳打在郑屠的太阳穴上。这三拳选的部位好，鼻子、眼睛、太阳穴，都是要紧之处，这一打，打得郑屠连招架之功都没有了。这是作者的高明之处。如果手啊、脚啊、胳膊啊，打打，就没意思了。

[①] 本文发表于《语文教学通讯》(初中刊)2007年第3期。

师：说得好。选择打郑屠的部分，老师没有想得那么清楚。为什么说描写得淋漓尽致，如在眼前呢？

生3：用了一连串的比喻。像开了"油酱铺"，开了"彩帛铺"，像是做了一个"全堂水陆的道场"，这样一比，就具体生动了。

生4：这样还不行，这里所以描写得淋漓尽致，是从郑屠的感觉来写的。"油酱铺"里有"咸的、酸的、辣的"，鼻子挨重揍，这些东西都好像从鼻子里"滚"了出来。"彩帛铺"里五彩缤纷，眼睛挨重揍，眼珠出毛病了，这些乱七八糟的颜色糊成一片，都"绽"将出来。"水陆的道场"是叮叮咚咚奏鸣，太阳穴挨重揍，耳朵坏了，脑子出毛病了，所以，"磬儿、钹儿、铙儿一齐响"。

师：从郑屠的感觉来写，这一点你体会得很好。

生5：有两点补充。讲比喻手法时，定要看到作者先描写的郑屠被打的形象。先是"鲜血迸流""鼻子歪在半边"，再是"眼棱缝裂，乌珠迸出"，最后写太阳穴，打太阳穴，脸上看不出，所以直接写各种声音"一齐响"。这样描写表现了作者对郑屠的憎恨，对鲁达狠揍恶霸、严惩恶霸感到高兴、痛快。

师：这两点补充很重要。比得是否贴切、自然，是否合情合理，一定要注意和"本体"之间的关系，否则，喻体就会游离，达不到用这种修辞手法的表达效果。

刚才我们讨论了拳打郑屠的形态描写，有了活灵活现的感觉。其实，人物的语言十分重要，如果没有颇具个性特点的人物语言的胶合，场景就不可能如此鲜活。鲁达最初为了仗义救人，军官做不成了，做了和尚；后来又为了仗义救人，连和尚也做不成了，只好落草。他毫无顾虑，敢作敢为，疾恶如仇。现在请几位同学朗读，把鲁达的气势读出来。一位同学读叙述的语句，一位读鲁达说的话，一位读郑屠的。从"郑屠右手拿刀"读起，到"谁敢向前来拦他"为止。

（生6、生7、生8朗读。"洒家始投老种经略相公"读破句，师进行指导。"眼棱""迸出""咄"，读不准，师纠正。疙疙瘩瘩自不必说。

生9、生10、生11再读。"做到关西五路廉访使"读破句，声音、气势、语势都不理想。倒是郑屠的一句"打得好！"读出点痞子、恶霸的味道）

本想让学生在理解分析的基础上通过朗读来加深体会，没想到效果适得其反。读，没有锦上添花，反而降低精彩的气氛。问题何在？对朗读的功能与作用食而不化。读文章就是学习作者的语言。读的人把文章朗读出来，可使书面语言还原为口头语言。朗读进入角色，读者就站在作者的地位，读者就好像是作者，文章中的语言犹如出自自己的口，自己的心。此时此刻，文中的词汇、句式、表达方式、思想感情进入了自己的脑里，消化吸收为自己的语言储存、语文素养。古往今来，朗读从来都是学好语文的一种有效方法，课堂教学中适当地安排朗读，无可厚非，更何况分角色朗读能激发学生的学习兴趣，尤其是低年级的学生，有了表现自己的机会，确实兴味盎然。

朗读的功能显而易见，毛病出在我的粗疏，食而不化。文章不是每一篇都经得起朗读的，这是就文章的质地与语言而言；文章的语言尽管有特色，也不是都可以让学生还原为口头语言，进而成为自己的语言的，这是就学生对象而言。因而，课堂上让学生朗读什么，教师须深入思考，精心选择。即使是经典著作，也不是每一段都适宜朗读的。《鲁提辖拳打镇关西》是白话小说，但那时的白话与今日的白话距离甚大，基本看懂和朗朗上口是两码事，此其一。朗读得流畅，不仅是字句的问题，还牵涉历史知识，学生对这些不熟悉，读破句就难怪了。尽管课本中对"小种经略相公""关西五路廉访使"加了注释，但学生阅读时一晃而过，未认真思考，没往心里去，此其二。其三是鲁达这种掌管练兵和捕盗的武官身份,说话不仅有地域特色,而且有职业特点,学生与这位文中主人公相距约千年,怎能一下子就揣摩得到?不是学生读不好,而是自己欠思考。

由此我联想到课堂教学中人物对话的朗读问题。似乎人物对话分角色朗读已司空见惯,其实,效果有时却大相径庭。究其原因,往往是食而不化,对某种教学手段、教学方法相信到迷信的程度。任何教学手段、教学方法都有其积极作用,但也都有其局限性,不顾时间、条件,不顾文本的个性特征和学生的认知特点、实际水平,生搬硬套,没有不事与愿违的。当前,课堂上风行运用多媒体,声、像、色俱全,这本是好事,激发学生学习兴趣,增强感性知识,有利于提高教学质量,但用得不当,效果同样适得其反。例如,一位小学教师教《山行》,课起始立即用多媒体打了一幅国画,色彩鲜艳,真是"霜叶红于二月花",而且画的顶端画了几间白墙黑瓦的小房子,以示"白云生处有人家"。这么好的培养与发展学生想象力的小诗,就让一幅画给框死了。原本"白云生处有人家"可让学生展开无限的想象,而今荡然无存,太可惜了。

教学方法用得得当,可助春风化雨;不得当,就成为赘疣。

该怎样拓展[1]

师：古希腊哲学家亚里士多德在《动物学》里说："人是唯一能笑的动物。"笑是最流动、最迅速的表情。笑，眼睛会忽然增添明亮，唇吻间会闪烁着牙齿的光芒。

我们自己都有笑的体验，也都有观赏别人、享受别人笑的乐趣。今天，我们学一篇《笑》的美文，相信大家对笑的内涵、笑的魅力会有新的认识与体会。

《笑》的作者是冰心。谁能把这位作者介绍一下？

（生举手）

生1：冰心姓谢，原名谢婉莹，她最有名的作品是《寄小读者》。

生2：我读过她的《繁星》，她爱大海，爱母亲。我还记得她一点写大海的诗句：

大海呵，

哪一颗星没有光？

哪一朵花没有香？

哪一次我的思潮里，

没有你波涛的清响？

师：真好！把作品中的佳句存放在心里，日积月累，就构成了你的

---

[1] 本文发表于《语文教学通讯》（初中刊）2008年第2期。

文化素养。

生3：我有补充。冰心是一个儿童文学家，她懂得少年的心理，所以作品中温情脉脉，亲切动人。

师：说得真好。看《笑》这篇文章中是怎样温情脉脉、亲切动人的。请同学们认真阅读全文，找出文中三个美丽的笑的画面，并思考这三个画面是如何连缀在一起的。

（生阅读，圈画）

生4：三个"向着我微微地笑"。第一幅是安琪儿，第二幅是道旁的孩子，第三幅是茅屋里的老妇人。

生5：他们手里不是拖着花儿，就是拖着一堆灿白的东西。

生6：三个破折号后面都是"拖着花儿"，"向着我微微地笑"。

师：读得仔细。三幅画怎么连缀起来的？

生7：看到墙上画中的安琪儿，联想到第二幅、第三幅，连缀的语言是"默默地想"。

师：从眼前的看，触发到心幕的拉开，5年前、10年前一个个美好的印象涌在眼前。请同学们朗读最后两段，体会这种微笑、这种微妙的神情蕴含着怎样的感情。

（生朗读）

生8：最后一句已告诉我们，"融化在爱的调和里看不分明了"，笑里是浓浓的爱。

生9："如登仙界，如归故乡"，这种爱纯净、无邪，这种爱执着、真诚。

师：年轻的冰心在她的《悟》中说，她要"肩起爱的旗帜"，"爱"和"美"是她早年作品的主旋律，她憧憬着"爱"与"美"的和谐、融合，故能给读者爱的熏陶、美的享受。在别的作家作品中，笑的描述就可能是另一番意味。

于是，我出示了胡适的《一笑》、林徽因的《笑》，乃至黎巴嫩诗人《笑与泪》中的关于"笑"摘引段落。学生阅读很有兴趣,发表了不少看法。有的说那"一笑"是永远的鼓励,永远的温馨,虽然文字那么平实——"十几年前,一个人对我笑了一笑。我当时不懂得什么,只觉得他笑的很好。那个人不知后来怎样了,只是他那一笑还在:我不但忘不了他,还觉得他越久越可爱。我借他作了许多情诗,我替他想出种种境地:有的人读了伤心,有的人读了欢喜。欢喜也罢伤心也罢,其实只是那一笑。我至今还不曾寻着那笑的人,但我感谢他笑的真好",但意味十分醇厚,历久弥新,给人以不尽的遐想。有的说林徽因的笑是画笔的描摹,"笑的是她的眼睛,口唇,和唇边浑圆的漩涡。艳丽如同露珠,朵朵的笑向贝齿的闪光里躲。那是笑——神的笑,美的笑;水的映影,风的轻歌。笑的是她惺忪的头发,散乱的挨着她的耳朵。轻松如同花影,痒痒的甜蜜,涌进了你的心窝。那是笑——诗的笑,画的笑;云的留痕,浪的柔波",绘形、绘态、绘声、绘色,轻轻的、淡淡的、雅雅的、甜甜的,把"笑"的美不胜收凸显出来,告诉人们"笑"是宝贝,与她为伴,快乐无比。至于《笑与泪》中的"笑",贵公子为博得青年女子的微笑与爱情,满嘴财产、珠宝、黄金的承诺,在他眼中,就连情人的微笑也只是黄金珠宝的反光。这种"微笑"丧失本来意义,是与金钱的交换,带着邪恶的色彩。

当时,这样拓展性的阅读,很有几分得意。那时无电脑,更不必说下载什么材料,要找到合适的扩展阅读的诗文,得花相当的气力。今日看来,是不是要作如此的拓展,值得探讨。首先是教学目的不明,是学生学冰心的《笑》,感受她文笔的细腻、情思的温柔、爱意的浓郁,学习她文字运用的精细、生动,还是进行"笑"的专题的教学?如果是进行专题教学,材料单薄,同样是目的不明,学生难以受益。带领学生学课文,目标定位至为重要。教什么,如果含糊,如果随意性很大,学生收获必七折八扣。

教课文,恰当的拓展无可非议。问题在拓展什么,在什么情况下拓展,文本的解读应放在怎样的位置,让学生理解、体悟到怎样的程度,均应认真考虑。冰心的《笑》,我采取了粗线条拉一拉的教法,与课文细腻的基调相左;再说,这样的粗线条,学生自己也看得出来,又何必要我教?三幅画面显现的景物描写的背景,无论是清光幽辉、古道湿烟,还是茅檐土阶,景语中蕴含的情,学生未必在字里行间感受到。三幅画面,"天使"降临人间,撒向人间都是爱;孩子也好,老妇人也好,都"向着我微微地笑",在人间撒播爱意。天上人间,笑里飘漾着爱,爱里融化着笑。作者对这种"爱"的追求,"美"的憧憬,学生未必能体会,须点拨。一幅幅画面是通过清新的、精美的语言点染、勾画的,应引领学生默读、想象、朗读、吟诵,让语言的美、画面的美、纯净的爱伴随着朗读吟诵流入学生心田。以上这些,都未在课内引导学生赏析、推敲、品味、感悟、积累,而是急于扩展,把课文只作为一个由头。

由此我联想到当前一些课的状况:文本三言两语学一学,然后抓住其中某一点或某几点,一拓三千里,课的内容杂而乱,貌似博古通今,实则有点卖弄,值得警惕。课要扎扎实实让学生学有所得,这是教学的基本原则。课内要准确定位,有些材料可印发给学生,供课外阅读。

节外生枝要不得[1]

师(出示一枚船形桃核)：这是什么？

(生全神贯注)

师：这是我在豫园商场好不容易觅到的一枚桃子的核，请传阅一下，上面刻了些什么？

(三四名学生传阅后说：船底磨平了，上面刻的是小篷船的样子)

师：今天要学的《核舟记》就是介绍明代微雕艺人王叔远以桃核为材料创作的一件雕刻作品。此桃核与彼桃核有天壤之别。我手里这只是给孩子玩的，粗糙不堪。文中介绍的却是工艺品中的精品。请同学们阅读，文中是用一个什么词来形容这种技艺的？作者又是用怎样一个词来形容刻制的人的？看了注释还有不明白的地方可提出来。

(生阅读，师在黑板上画长"八分"多、高"二黍许"的长方形)

师：请同学们说说这是怎样的技艺？制作者又是怎样的人？刻的是什么内容？

生1：技艺"灵怪"，人"奇巧"，刻的是苏轼泛舟游赤壁。

师(赞扬)：准确无误。王叔远这位技艺奇妙精巧的人，在桃核上雕刻了苏子游赤壁。这是一件令人叹为观止的作品，不得不以技艺灵怪奇妙来赞叹。灵怪到什么程度呢？先计算一下，刻了多少人与物？用

---

[1] 本文发表于《语文教学通讯》(初中刊)2007年第11期。

文中的语句回答。

生 2(朗读最后一段的第一句):"通计一舟,为人五;为窗八;为箬篷,为楫,为炉,为壶,为手卷,为念珠各一;对联、题名并篆文,为字共三十有四。"

师:有一个字的读音须注意,"手卷"中的"卷",在此作为名词,读 juàn;作动词,读 juǎn。"手卷"是横幅的书画卷子,右侧为"端",左侧为"末",请看第3段"东坡右手执卷端……鲁直左手执卷末……"核舟仅"八分有奇,高可二黍许",要刻这么多的人与物,且排列得十分有序,情态跃然。请一位同学上来,就黑板上的长方形标明所刻的人与物。画是画不下的,只能在图的四周用简明的文字标出。上面同学写,下面同学说,要秩序井然。

生(众):中部有舱、箬篷、小窗八扇,右刻"山高月小,水落石出",左刻"清风徐来,水波不兴"。

师:八个字是苏轼《后赤壁赋》和《赤壁赋》里的句子。

生 3:黑板上只要写"八字"就行。

生(众):船头,三人。一手卷,一佛珠。

生 4:只是数字,灵怪特点出不来。要把人物之间的关系与各自的神态刻出来,才算奇妙。

师:说得好。刻的是一幅生动的画面,大家边谈边想象当时的场景。

(生分散谈,有的做手势比画着)

师:我读几个字,大家把句子接完整,弄清人的位置和他们之间的关系。

师:船头坐——

生(众):三人。

师:中——

生(众):峨冠而多髯者为东坡。

师：佛印——

生（众）：居右。

师：鲁直——

生（众）：居左。

师：苏、黄共阅——

生（众）：一手卷。

师：东坡右手——

生（众）：执卷端。

师：左手——

生（众）：抚鲁直背。

……

师：左臂——

生（众）：挂念珠倚之。

师：珠可——

生（众）：历历数也。

生1：了不起，这一丁点儿的地方刻三个人，不要说神态，连两个人靠近的膝盖在衣褶中都看得出来，真是神了。

生2：这就是微雕艺术，比桃核小的还有。

师：你了解微雕？说说看。

生2（得意地）：头发微雕，一根头发上能雕一首诗；一粒米大小的正好雕《红楼梦》……

（于是，生七嘴八舌，争说自己听到的或看到的微雕工艺品）

看起来，课堂气氛活跃，热热闹闹，稍作思考，就可知犯了节外生枝的毛病，而毛病的根源在教师不恰当的引导。让学生学这篇课文，目的在于培养其阅读浅近文言文的能力。在培养其能力的同时，让其了解这枚核舟精美奇妙的雕刻技艺，增强其审美的情趣；不是广泛性地谈微雕、研究微雕的工艺。教学目的是教学行为的主宰，课堂里组织的教学活动应该为实现教学目的服务，而不是随意地节外生枝，追求热闹。

这篇课文不仅是雕刻者技艺非凡，巧夺天工，撰文者同样是观察入微，写作技艺达到"灵怪"的境界，生动传神，栩栩如生。例如，"鲁直左手执卷末，右手指卷，如有所语"，把人物专注的神态刻画无遗；而"佛印绝类弥勒，袒胸露乳，矫首昂视"，那种闲散的状态如在眼前。至于二舟子在船尾的情态也是十分逼真。一舟子"仰面""倚一衡木""攀右趾""若啸呼状"，在动态上着力，如见其形，如闻其声；而另一舟子则"视端容寂，若听茶声然"，凝神屏息，在静态上下功夫。动静相衬，妙趣横生。

且不说舟中五个人物形象的精妙，就是文中数词的使用也很有特色。有的数词在名词的后面，如"尝贻余核舟一""又用篆章一""为箬篷，为楫，为炉，为壶，为手卷，为念珠各一"等；有的数词在名词的前面，如"通计一舟""高可二黍许""共八扇""舟尾横卧一楫"等。古代以数词修饰、限制名词有以上两种情况，现代汉语继承了后者，古今相同，前一种用法现在基本不用，阅读文言文时须多加注意，翻译时，不仅数词要移到名词前，且须补上量词。

由此，我联想到当前有些语文课有类似的毛病，喧宾夺主的状况比比皆是。课文本身学习的目的不清晰，甚至蜻蜓点水，快速阅读捋一捋，然后就拓展开来，或就全文拓展，或就某一内容、某一写法拓展，有时真可谓一拓三千里，飘忽不定。名为发展思维，开阔视野，实则就应理解与掌握的课文本身来说，在浅层次上浮游。学了，又好像没有学；懂了，又好像没有懂。学得不扎实，不深入，知识能力又如何真正地有效迁移？当年，我是心血来潮，教学效果由随意性造成；而今，往往是精心预设，每课必拓展，有无必要？语文课要朴素、自然、扎扎实实，节外生枝要不得。

答疑也须慎选[①]

　　学生学了柳宗元《捕蛇者说》第 1 段，对"永州之野产异蛇"的"异"有所理解：异形——"黑质而白章"；异毒——"触草木，尽死；以啮人，无御之者"；异效——"然得而腊之以为饵，可以已大风、挛踠、瘘、疠，去死肌，杀三虫"。由此，引出"岁赋其二"的税事，捕得这种毒蛇，能抵税收，于是"永之人争奔走焉"，永州人争着去做这件事。

　　接着，文章聚焦于"专其利三世"的姓蒋的人。我要求学生阅读理解：为什么蒋氏始则"貌若甚戚"，继则"大戚，汪然出涕"？"汪然出涕"时说的内容在表达上有什么明显特点？你能把相关的语句准确地圈画出来，并通顺地译成白话吗？

　　（生有的默读，有的小声读，都注意查看课文下面注释）

　　师：有什么不明白的请提出来。

　　生 1："几死者数矣"中的"几"与"数"怎么理解？

　　生 2："几"是"几乎""差不多"，"数"是"许多次"。多看两遍，就懂了，意思是"好多次差点儿被蛇咬死"。

　　师：多读几遍，多看几遍的方法很好。

　　生 3："君将哀而生之乎"中的"生之"怎么理解？"生"，"活"；"之"是不是指代"我"，"生之"就是"活我"，说起来很难受。

[①] 本文发表于《语文教学通讯》（初中刊）2008 年第 3 期。

师：理解得基本正确，"生之"是"使之生"，"使我活下去"。文言词语的使动用法须记住。

生4："哗然而骇者"，是谁"哗然"？好像是"骇者"，"受到惊吓的人，哭啊，叫啊，喊啊"；又好像是"悍吏"，"他们张牙舞爪，哇啦哇啦叫喊"，怎么理解才正确？

师：能这样认真思考，读书就慢慢入门了。这一句理解历来有分歧，关键在"哗然"是谁发出的。有人认为是"悍吏"发出，刻画出吓人的气势；有人认为是"骇者"，受悍吏惊吓的人发出的喊声，哭声。其实，不管怎么理解，抓住悍吏扰民的要点即可。现在请同学思考并回答我刚才提出的问题。

生5：蒋氏"貌若甚戚"是因为他的祖父、父亲都死于捕蛇，所以脸上好像非常忧伤。作者同情他，想告诉管这事的人，"更换你的差使，恢复你的赋税"，他就更加伤心，眼泪汪汪了。可见赋税比毒蛇还厉害。

师：表达得很清楚。三个"若"毫无障碍地讲对了。第一个"若"是好像，第二、第三个是指代——你。蒋氏通过什么方法说明"则吾斯役之不幸，未若复吾赋不幸之甚也"？

生（集体）：对比。

师：几个对比？把圈画出来的句子读一读。

生6：三个对比。

第一个对比是60年来的情况。交赋者，"乡邻之生日蹙"，"死者相藉"，"非死则徙尔"。捕蛇者，"吾以捕蛇独存"。

第二个对比是悍吏来吾乡情况。交赋者，"哗然而骇者，虽鸡狗不得宁焉"。捕蛇者，"恂恂而起"，"弛然而卧"，"甘食其土之有"。

第三个对比是一岁中的情况。交赋者，"旦旦有是"。捕蛇者，"一岁之犯死者二焉"，"其余，则熙熙而乐"。

师：是这样吗？你怎么会看出三个对比？

生6：读这一段话，我分了五个层次，开头与末尾是前后呼应。当中三个层次，我抓了时间和事件："积于今六十岁矣"，"盖一岁之犯死者二焉"。"悍吏之来吾乡"是六十年来经常发生的事，就把它单独列开。

师：行不行？有无不同意见？

生7：行。"悍吏之来吾乡"描绘的是特写镜头，说明官府爪牙搜刮老百姓财物时凶狠残暴。

师：你们都是善读者，阅读就要学会运用旧知识，认真思考，在理解上提升。

生8：我圈画的句子比他多。"叫嚣乎东西，隳突乎南北"，为什么不说"东南""西北"？

生9：我回答。圈画句子只要抓要点就可以，具体述说的可简略，越简略，眉目越清楚。"东西""南北"就是到处的意思，为什么这样用不清楚。

师：圈画可多可少，抓要点抓关键最为重要。

古诗文中用"东南西北"方位词屡见不鲜。如《木兰诗》中"愿为市鞍马，从此替爷征。东市买骏马，西市买鞍鞯，南市买辔头，北市买长鞭"，并非实写商业区东市西市，而是用铺陈的手法描写木兰替爷从军准备的繁忙。又如《楚辞·招魂》："魂兮归来！东方不可以托些……魂兮归来！南方不可以止些……魂兮归来，西方之害，流沙千里些……魂兮归来！北方不可以止些……"这是屈原的招魂之作，"东南西北"是方位词，意思是楚国之外四方均险恶，还是回到美好的楚国来。再如汉乐府《江南》诗："江南可采莲。莲叶何田田，鱼戏莲叶间。鱼戏莲叶东，鱼戏莲叶西，鱼戏莲叶南，鱼戏莲叶北。"后四句重复运用，不一定指方位，而是表现到处鱼戏的活泼生动的情景。"东南西北"或"东西南北"可两两连用，表示到处的意思。怎么用，应根据上下文，根据特定的语境来定。

……

现在想来,学生问的这一个问题,教师有无必要作如此的生发?一个例子接一个例子,探讨的是方位词在诗文中的用法与作用。不是这些材料不佳,而是时机不当,自作多情。

有几名学生学得不错,特别是对文中蒋氏"汪然出涕"说的话,对初中学生而言,理清脉络,抓住要点,还要克服文字上的障碍,不是易事。教学中应抓住机会让他们充分表达,至少要起两个作用:一是让他们把对文字的正确理解传递给其他同学,让理解尚模糊或有差错的同学受到启发;二是将阅读学习的清晰思路传递给其他同学,给同学以阅读方法的启迪。第4段是文中的重点,用词造句、修辞手法运用有诸多须敲打之处,而我却被学生的一个问题牵着鼻子走,把教学内容扯开了。

教学是一门艺术,学生学习积极性高涨之时,会出现各种各样的疑问,提出各种各样的问题,有时是很有质量的问题。面对众多问题,教师喜悦的同时,须头脑清醒,立即分清主次、轻重,围绕教学目的与教学的重点难点进行筛选,择最需要的加以解答,否则,枝枝节节,跟着大大小小问题转,碎不成章。答疑是教学中的重要环节,解答什么须慎选,不能"全面出击"。

品尝写作的欢乐[1]

从小练就一支灵动的笔,提起来思绪如小河淌水,叮叮咚咚,自然,流畅,美不胜收,不仅能与别人心灵相撞、交流,更可乐在其中,享受精神的愉悦。

笔的灵动绝非一蹴而就,它受到众多因素的制约。然而,对初中学生而言,最为重要的是激发和培养他们写作的兴趣,消除他们对写作的恐惧感、神秘感、无所适从感、无所作为感。破除这些心理负担,写起来无压力,手中的笔就在无形中逐渐"失重",变得轻快无比。

经常以榜样激励,在思想上引导。学生都崇拜苏东坡,苏东坡的写作热情能起感染作用。苏曾这样说:"某生平无快意事,惟作文章,意之所到,则笔力曲折无不尽意,自谓世间乐事,无逾此者。"意思是说:自己生平没有痛快、高兴的事,只有写文章,想到什么,笔下就能曲曲折折充分地加以表达,自己认为人世间快乐的事,再也没有超过写文章的了。这种炽热的写作热情、写作冲动,可说是到了登峰造极的地步。正由于他把写诗作文升华到人生欢乐的境界,把人生欢乐融化于写诗作文之中,因而他的作品气势恢宏,畅达淋漓,挥洒自如。学生阅读课文中契诃夫的作品,可顺势介绍他小说创作中的大月亮小星星的形象体系,阐明他对写作的执着追求。鲁迅先生说过:"无论爱什么,——饭,异性,

---

[1] 本文发表于《语文教学通讯》(初中刊)2005年第12期。

国,民族,人生,等等,——只有纠缠如毒蛇,执着如怨鬼,二六时中,没有巳时者有望。"经常以古今中外名人的写作热情、写作实例教育学生,激起他们感情上的涟漪、波澜,促使他们写作愿望倍增。学生写作冲动感一经形成,就会思绪纷呈,妙语连珠,写作进入佳境。

写作材料就在我们的身边,如空气一般无所不在。学生对此往往缺乏具体的认识和真切的体会,因而,动笔时常有搜索枯肠之苦,硬做、硬凑,乃至说一些自己也看不懂的话。材料是文章的质地,生活中源头活水流淌,笔下的文章就生意长流。指导学生、鼓励学生从五光十色的生活中学会捕捉材料的本领,是写作教学的要义之一。记得鲁迅说过:"如果创作,第一须观察。"学生写作是练笔,不是创作,但同样首先要有一副敏锐的目光来观察生活中的事物。学生观察生活往往大而化之,浮光掠影,有时甚至视而不见,听而不闻。眼前的人和事,经历过的事,也只留下模模糊糊的印象。指导写作,就要着力锻炼他们的眼力,身入生活,心入生活,特别注意有价值的细节。比如确定观察对象,大家用眼力看,既注意整体,又注意局部,还要注意细部;既观其静态,又了解其变化;既按一定的顺序,又多角度多侧面观察;尤其是要学会捕捉鲜活的、带着生活露水的、令人眼睛一亮的特征。经常进行这样的训练,一生二,二生三,三生许多许多,脑子里储存的人、事、景、物丰盈起来,一个个具体生动的形象在脑海中跳跃,下笔时就会滔滔滚滚奔涌笔端。用心捕捉,进入事物里层,带着感情摄取,挖掘寻找,就能在极其平凡极其普通的事物中发现一般人所看不到的生动、新鲜的东西,就能在平凡之中见深意。

当然,书是不可不读的,书报杂志像长流水,推荐、介绍、交流个人阅读所得的精彩可成为大家的财富。从佳作精品中汲取语言精粹、思想养料,开阔视野,提升认识能力、思维能力。

学生中的佳作、有进步的文章要一片挚诚地加以表扬。或全篇,或局部,或某些词句,或某些构思,只要是学生自己独特的看法,有创意的表达,都要给予一定的评价。表扬忌浮皮擦痒,忌抽象地说"好""较好",而是要追根究底,好在哪里,为什么好,比较分析,具体生动,表扬得学生心中热乎乎的。有学生谈习作体会时写道:"有了好文章,老师就讲评。讲评时,我常发现有些美词佳句自己用时往往稀里糊涂,根本没想到评讲时所分析的效果。开始有点吃惊,然后又觉得好笑,稀里糊涂写,哪会有那么些优点?课后,特别是成语、引文我就尽量去找它的出处,看看它在原文中是怎样写的,再看看自己作文中又是如何用的,为什么要用,用了有哪些好处,今后可以怎样再用。解决了这些问题,自己就有了收获,以后也就比较自觉地按文章的需要去寻觅去组织恰当的语句了……"学生们是同龄人、同窗学友,知识储存、生活积淀等大同小异,表扬时会一石激起千层浪,引起许多共鸣。评得作者心里暖洋洋的,听者心里很羡慕,评得欲罢不能,评出写作劲头和写好作文的信心,课就可以自始至终有笑的潜流在起伏前进。

写作中品尝到倾诉思想情感的乐趣,就会和语言文字成为莫逆之交,情深意合。

"弓足"的波澜[①]

因培养青年骨干教师的需要,我被调去教初中语文。初中学生心态开放,课上劲头来了,什么都敢问,什么都敢说。一次教《木兰诗》,两节课,学生兴趣盎然,背诵出来。下课铃声响了,我赘言了一句:"你们这是强记,强记易忘;只有熟读成诵,才会经久不忘。"一名同学扑哧一笑,不以为然。请他站起来发表意见,他说:"好是好,不过都是吹牛。"说得那么正经,那么严肃。话音刚落,教室里立刻炸了锅。

"何以见得呢?"我问。"你想啊,同行十二年,不知木兰是女郎,军队里的人都是傻子啊?""别的不说,'关山度若飞',引军打仗,跋山涉水,总要洗脚,一洗脚就露馅,小脚怎么藏得住?中国古代女子是裹小脚的啊!"其他学生七嘴八舌,也十分赞同。我在一片喧嚷声中随口说了一句:"那时妇女还不缠脚。"学生还是不罢休,追着问:"那么,从什么时候开始裹小脚的呢?"我被问懵了,回答不出。我只能老老实实告诉学生:"不知道,没研究过,去查找,估计正史上是查不到的,要去查野史,查风俗史。"

我被学生问住,挂黑板了。自认为当时的态度是正确的,知之为知之,不知为不知,没有强不知以为知,蒙学生。课后查阅了好些书,最后在清代史学家赵翼写的《陔余丛考》中查到了"弓足",裹小脚的事。妇

[①] 本文发表于《语文教学通讯》(初中刊)2006年第4期。

女弓足起于五代,"李后主令宫嫔窅(yǎo)娘以帛绕脚,令纤小作新月状,由是人皆效之"。《木兰诗》是南北朝时北方的一首民歌,大约写于北朝后魏时期。那时女子确实还未缠足。查得有根有据,才回答了学生,心里才踏实。

其实,何止是"弓足"一事?类似这种情况时有发生,自己未沉下心来深入思考、深入探究。如教学生学习冰心的《我们把春天吵醒了》一文时,学生就问了不少问题,至今有一个问题我还记得:"为什么叫'春幡',不用'春旗','幡'和'旗'有什么区别?"当时我只能引导学生粗略区别,让他们明白"幡"一般指狭长的、垂直悬挂的旗子,而"旗"形状多样,可三角形、方形、长方形,一般张挂在杆子上或墙壁上,深一层的意思就茫然无知了。课后再去查书,在《汉书·礼仪志》中查到:"立春之日,夜漏未尽五刻,京师百官,皆衣青衣;郡国县道官下至令史,皆服青帻,立青幡,施土牛耕人于门外,以示兆民。"据说,这样做是劝农的意思。在古代,立春是一个相当重要的节气。土牛也称为"春牛",后来又发展成为"鞭春""打春"的风俗习惯。衣青衣、服青帻、立青幡,是因为青色象征春天,"像春物之初生"。历代有关风俗、时令的书均会涉及上述内容。如宋代《东京梦华录》一书中写到"立春",就有"春幡雪柳,各相献遗"字句。"春幡""青幡"是当时普遍的说法。这些都是教后才去钻研,教学前备课时怎么就没有考虑到呢?

有的问题牵涉文化积淀,有的并不如此,为何课前也没想到?学习《谁是最可爱的人》时,学生进入描述的场景,有的小声嘀咕,有的握紧拳头,有名学生猛地站起来问:"老师,志愿军思念祖国而又不愿回来,是因为朝鲜还半边红半边黑;现在还是这种状况,怎么又回来啦?"我简述了当时的形势,剖析班师的缘由,自以为解答了学生的疑问。今日想起,有两点颇值得深思。

一是教以后总是比教以前清楚一点,为什么?备课,钻研教材,总的来说,比较认真,为什么在课堂上实践,总有这样那样的问题冒出来。学生学得积极主动,这是可以欣慰的,但有些问题自己根本没有想到,这就不可原谅了。替父从军的木兰是不是小脚的问题,一点也不深奥,为什么会在自己的意料之外?说明自己备课时粗疏,就文论文,脑子化不开,发散性思维能力欠缺。更有甚者,是自己的立足点定得不准。备课总是考虑从教者出发,教什么,怎么教,很少转换位置,站在学生的位置上多想想。学生想问题与成人有区别,他们好奇心强,更直觉,更喜追根究底。教课,必须目中有人,但要真正做到,谈何容易?每篇课文的教学为学生着想,思维就有活水,会变得聪明一点。

二是教然后知困。由于时代在前进,社会在进步,学生思维活跃,视野开阔,想得宽,想得深,也想得杂。涉及的问题五花八门,这就大大增添了教者"困"的程度。"困"在哪里?文化积淀薄弱,相关的知识贫乏。"知困"远远不够,更重要的是下决心解"困"。怎样才能逐步解"困"?怎样才能在有限的课堂教学时间内,正确而及时地解答学生提出的各种各样的问题呢?关键在于必须开拓备课的广阔天地,下双倍三倍,甚至更多倍的功夫。狭窄的溪流经不起小雨的灌注,汪洋大海才能容纳千江万河,自己知识浅薄,满足不了学生旺盛的求知欲,只有教师自己学而不厌,才能引导学生在知识的海洋里破浪远航。

要经得起问[1]

师者,所以传道、授业、解惑也。"解惑"是教师应尽的责任。学生在学习过程中总会碰到这样那样的问题,有些问题自己一时难以解决,只得向教师请教。因而,"问"是学生学习积极性主动性的表现,是学生学习的基本权利。

我这名教师既喜欢学生问,又害怕学生问。看到学生求知欲旺盛,对一些问题寻根究底、欲罢不能的态势,感到后生可爱、后生可畏,打心眼里喜欢。怕的是学生积极性高涨,提的问题上自天文,下至地理,海阔天空,我怎能对付得了?有些问题与课文有关,有些毫无关联,问你教师,是对你的一种信赖,一种尊重,你怎能拒他们于千里之外?下课铃响了,有些学生涌到讲台前,把你团团围住,这个同学口袋里拿出个小条儿,那个同学口袋里取出个纸片儿,问啊,争论啊,笑啊,简直是一种幸福。要不是下节课铃声敲响,还"赶"不走这些生气勃勃的求知者。

既然"问"是学生学习的基本权利,教师就要在文化积淀上下功夫,经得起问。

记得初教语文时,学生在学《过秦论》过程中提出不少自己备课中没想到的问题,怎样回答得正确无误,心中确有几分紧张。贾谊的这篇文章开史论的先河,铺陈有力,气势不凡,没想到对文中的有些史实,学

---

[1] 本文发表于《语文教学通讯》(初中刊)2005年第4期。

生提出异议。有名学生问:"山东九国,'尝以十倍之地,百万之师,叩关而攻秦',听我父亲说,没有'九国',您的看法呢?几个国家'叩关'?"还好我教过历史,从魏、赵、韩三家分晋,到联合伐秦,略知一二。据历史记载,有说三国伐秦,也有说五国伐秦。但是,"九国之师"也不一定是实指,泛指东方诸国。由此,我认识到教文言文,涉及历史的诸多复杂关系,要仔细梳理清楚,不能稀里糊涂蒙学生。由此,我也联想到平时广泛阅读的重要。鲁迅先生在《汉文学史纲要》中曾高度评价这篇文章是"西汉鸿文","疏直激切,尽所欲言"。贾谊的政论文确实很有气势,分析形势,切中时弊。

备课时,有些语句眼睛一扫而过,顺畅得很,没任何疑义。学生不同于教师,他们只要注意力集中,就会有所发现。如学《藤野先生》一文时,一名学生突然问:"'东京也无非是这样','也'是关联词,前面没有句子,跟谁关联?为什么文章第一句要这么写?"问得很有道理。文章第一句的前面有潜台词,省略了,尽在不言中。清国日暮途穷,腐败不堪,作者东渡重洋,留学日本,寻求救国救民的良策,没想到到了日本,发现东京的留学生如此浑浑噩噩,醉生梦死,失望与不满之情充盈胸际,难以抑制,因而浇铸出"东京也无非是这样"的话。这句话看似平常,但内涵丰富,感情浓烈,留给读者想象的空间。要经得起学生问,就要把文章的来龙去脉梳理清楚。文章是在什么背景下写的,作者对事物的认识,思想发展的进程如何,均要有所了解,不能含糊。

有些老作家写文章由于功底好,遣词造句信手拈来,毫不费力。今天读起来,有的却成了障碍。冰心的《我们把春天吵醒了》是篇很优美的散文。文中讲春天像一个小孩一样,举着"春幡"在空中遨游。学生提出了什么是"春幡",我说"幡"是一根竹竿挑起一面长方形的旗帜,古时候酒店里往往有酒幡,死了人有"白幡"。学生又问:既然"幡"是旗帜,为什么不用"春旗"呢?《辞源》解释:旧俗于立春日挂春幡,作为春至的象征。《帝京景物略》记载：古时候祭春神——青帝时是着青衣举青幡的，因而"春幡"本身就表示"春"的意思。如果不事先准备，不阅读查找有关资料，又怎能回答？

教师不是万能博士，不可能解答出学生提出的所有问题。知之为知之，不知为不知，不能糊弄学生。但是，无论如何要注意学习，多读点书，增加自己的文化底蕴。厚实的民族文化是教师文化底蕴的基石。诺贝尔奖获得者杨振宁在回忆录中说道，小时候父亲要他把《孟子》背出来，他背了不少，从中懂得了做人的道理，受益终身。古圣先贤的博大胸怀和非凡智慧能给我们无尽的启示。如《论语》《孟子》对天地人的精辟论述，宋张载的"为天地立心，为生民立命，为往圣继绝学，为万世开太平"等。又如韩愈的《进学解》简直就是成语的宝库，言简意赅，言简意深。古人留传下来的丰富的文化遗产要学习，新的知识，包括本学科的、跨学科的，均要十分关注。教语文，就要关心语言、文字、文学，经典文学作品要读，走势也要清楚。

教海无涯学为舟，这是我的信条。

爱的奉献[1]

记得教育家乌申斯基说过:"教师缺乏了所谓教育机智,无论他怎样研究教育理论,都不可能成为一位优秀的实践的教师。"教师的教育机智是良好的心理素质和熟练的教育教学技巧的结合。然而,通常情况下,我们往往重技巧,忽略感知的敏锐性、思维的灵活性和意志的果断性。

师生学习都德《最后一课》结尾部分。

教室里鸦雀无声。"啊!这最后一课,我真永远忘不了!"小陆同学满怀深情的朗读深深地感染了同学。

"当、当、当……"录音机里突然传出了敲钟声,沉重,遥远。趁同学惊诧之际,我出示一张韩麦尔先生写完"法兰西万岁"五个大字后的彩色图片,要求学生图文对照,仔细观察,仔细阅读,要求学生在理解的基础上用饱含感情的语言描述课堂上庄严肃穆的场景,描述韩麦尔的神情、语言、动作以及他内心的痛楚和期望,描述此时此刻小弗朗士的心情和感受,说明这个场景在《最后一课》中的地位和作用。

学生观察,阅读,情不自禁地朗读,极其认真地寻找"惊人"的语言来表述自己的看法——

---

[1] 本文发表于《语文教学通讯》(初中刊)2006年第2期。

生1：这是一个令人心碎的场景,真的,令人心碎!

生2：教堂的钟声,祈祷的钟声,普鲁士兵的号声,是驱赶韩麦尔出课堂出学校的最后信号,所以他难过到极点,脸色惨白……

生3：他的心里乱极了,他要和同学们作最后的告别,但痛苦使他的喉咙哽住,不能用语言表达。"我的朋友们啊",说明他对同学、对镇上的人爱极了,留恋极了。

生4：他只向学生做了一个手势,话也不说,其实,坐在课堂里的人心里都明白,韩麦尔被迫离开学生,离开家乡,痛苦极了,我觉得这里是"此时无声胜有声"。

生5：写"法兰西万岁"五个大字的情景激动人心。这是韩麦尔使出全身的力量写的。他把丧失故土的痛楚,把对侵略者的仇恨,对自己祖国的热爱,对恢复失地的向往和信念,都聚在里面了。

生6：韩麦尔的神情、写的字使小弗朗士更加震动了,他一下子长大了,他从没有这样敬仰他的老师,老师对祖国故土一往情深的热爱使他感动不已。

生7：这个场景是《最后一课》的高潮,我要是小弗朗士,这一课我真的永远忘不了。

生8：我不是小弗朗士,我也忘不了。

……

一名学生突然站起来说：这个情景很感人。为什么韩麦尔在这一课上说："法国语言是世界上最美的语言——最明白,最精确。"我想不通,我们的语言才是最美的,字和画一样……

我表扬了这名同学的看法,并说明韩麦尔之所以这样说咱们在前面已做了讨论,课后再个别交换意见。

课原本有滋有味,声像并举,以形激思,探究主题,又以情激情,在学生心田弹奏爱国主义最强音。韩麦尔令人心碎的场景发生在19世纪的法国,然而,热爱祖国是人类最美好的感情,教学中着力"移情",能在学生心中激起强音。学生突然提出的问题似乎把气氛冲淡了。

而今回想起来,自己真蠢,三言两语就把学生的问题"打发"了,丧失了深入品味语言内涵的教育良机。心中想的只是预设的教学内容,想到如何激发学生畅所欲言,进入课文创设的情境之中,对课堂中生成的教学资源缺乏敏感,缺乏处理突发问题游刃有余的能力。

学生提出的问题不都是课堂上生成的教学资源,也不是所有的问题均必须在课上一一回答,或一一展开讨论,除非是专门的答疑课,否则,会由于问题的五花八门,枝枝节节而影响教学目标的实现。然而,有些问题确实是可贵的教学资源。一是学生进入学习的高度兴奋状态有所思有所感才可能提得出来,有时还要伴有一定的勇气;二是这些问题往往有一定的深度、难度,与课文的主旨有联系,但又不是显露的,而是较深层次的。这就需要教师头脑冷静,判断正确,不失时机地融入课中,尊重学生的意愿,鼓励学生的创意,使课文的学习充实、丰满起来。

这名学生提出的"我们的语言才是最美的,字和画一样",不是一个简单的对韩麦尔说的话理解不理解的问题,而是对祖国语言文字心灵的倾诉——爱的奉献。实际上在讨论民族语言的地位和特点,学习好母语的价值和意义时,这名学生已经是心潮涌动,出于对祖国语言文字的认识和热爱,有话要说。课将结束,他实在憋不住,站起来吐露。由于我的粗疏和教育机智的缺失,没有保护和赞扬他这种热爱祖国语言文字的赤诚,没有发扬他的民族自信心、民族自尊心、民族自豪感。民族语言是民族文化的根,侵略者对一个国家的侵略,第一是军事,第二就是语言。我国的语言文字有丰富的文化内涵和审美价值,热爱母语是热爱祖国的重要内容,是文化认同的问题,如果生发开来,引导学生思考、讨论,只会加强学习课文的主旋律,对学生的爱的奉献是极大的保护,并能辐射到其他同学心中。

技巧毕竟易学,难的是思想素质、心理素质的提高。

识字真正不容易[1]

识字教学当然是小学语文教学中的重头戏。中学有时重视,有时重视不够,常认为学生已学会查工具书,生字难词的障碍基本可解决。其实,教学中出现的种种状况很值得自己深思。

组织学生学习李健吾的《雨中登泰山》时,我有过这么一段经历。

师: 同学们说了,泰山是五岳之长。泰山有拔地通天之势,擎天捧日之姿,历代多少文人墨客写诗撰文讴歌、赞美。谁能背一首学过的非常有名的古诗?

(生1、生2、生3等举手)

师: 请第一个举手的同学。

生1: 杜甫的五言古诗《望岳》。"岱宗夫如何?齐鲁青未了。造化钟神秀,阴阳割昏晓。荡胸生层云,决眦入归鸟。会当凌绝顶,一览众山小。"

师: "一览众山小"的境界是令人神往的,只有登攀到"绝顶",才能领略那无限风光。今日请课文作者为向导,跟随他攀登游览高耸雄奇的泰山。

初读时,思考:全文是扣住哪个字来写的?把"起程""攀登""登上

---

[1] 本文发表于《语文教学通讯》(初中刊)2006年第9期。

绝顶"的层次画一画。

再次阅读,重点放在"攀登"的部分。把所见景物有条理地讲述出来,基本运用课文中的语言,但可作详略取舍的处理。不认识的字可提出来。

(学生沉浸在阅读中,初读仅是浏览,问题易解答;重点阅读有难度。一是字词障碍,二是口述与朗读不一样,有创造成分)

生2:崚嶒。

生3:訇訇。

生4:匍匐。

生5:巉岩。

……

师:请同学把提出的生字难词一一注音,释义。

(生注音,释义,师补充)

师:我巡视了一下,同学们在文中都把"雨"这个字画了出来。全文紧扣"雨"字,细描细绘。雨中的山岚烟云,水墨山水似的层峦叠嶂,声喧势急的飞泉瀑布,水淋淋,湿漓漓,美妙绝伦,饱享"独得之乐"。

作者笔下的泰山,既奇美又壮观,活脱是一幅雄伟奇丽的立体画。自岱宗坊至南天门长约十千米的中轴线上,飞瀑、祠庙、翠松、古柏、洞天、云海,作者巧妙地牵线串球,编织出泰山美妙的画卷。现在请同学依次介绍所观景物。先请一位同学介绍飞瀑美景。

生6:过岱宗坊,首先映入眼帘的是七股大水,它们像七幅黄锦,闪亮发光,吼声震天,从虎山水库的桥孔奔涌而出,水拍石响,浪花四溅。绕过虎山,站到坝桥上,两边景色迥然不同,一边是湖水平静,"迎着斜风细雨,懒洋洋只是欲步不前",一边是"喑噁叱咤,似有千军万马"……

师:听不懂,一边一边,再说一说。

生6:一边湖水平静,一边"喑噁叱咤"。

生7：错了！"喑"（yīn），不是 àn，偏旁不同。"噁"，好像也不对，好像不读 è，字典上未查到。

生8：应该和"厌恶"的"恶"（wù）一个读法。

师：应该是 yīn wù chì zhà，形容水势极大。

生9："喑"，可不可读 yìn？

师：不清楚。

……

下课后如骨鲠于喉。"喑噁"虽不如"叱咤"常用，但也不算生僻，可自己却吃不准，无以应答。一般字典只标 yīn，无第二种读法。追根溯源，翻到《史记·淮阴侯列传》中有："项王喑噁叱咤，千人皆废。"这是出处。它的音读、释义根据《汉书》："项王意乌猝嗟，千人皆废。"《汉书》作"意乌"，"意乌，恚怒声也。"汇而正读，"喑"乃于禁切，读音为"荫"。"喑噁"则读作 yìn wù，意思是恚（huì）怒声，愤怒的声音；看来，"喑"是可读第四声去声的。然而，司马贞《索隐》说："上于金反，下乌路反。"则"喑"应读平声，与"阴"同音。然而，后人认为以《汉书》读《史记》最为可靠。

仅一个字的读音就有那么多的学问，我深切体会到当语文教师，识字最难。经常的状况是只知其一，不知其二。多音字误读，再加上方言的干扰，走音走调的不少。释义也是如此，不是大而化之，欠精确，就是缺这少那，不完备。与文章分析比较，显然是教学中的软肋。如上文说到的"雨"字，我可一口气说："全文用了 12 个'雨'字。下笔点雨，'淅淅沥沥'妆笔点雨，'有雨趣而无淋漓之苦'，前注后顾，浑然天成。明写三幅水景，暗写花草松石，无不显示雨趣……"为何能滔滔不绝？那是浮在字面上的东西，归纳一下，概括一下，说起来就驾轻就熟。识字不同，需要的是硬功夫。我这名半路出家的语文教师，没有扎实的小学（汉代称为文字学）底子，清代段玉裁的《说文解字注》也不过是翻翻而已，没下过功夫。作为语文教师，教语言文字是专业，有些字自己含含糊糊，实在愧对学生。

  当今社会，错别字比比皆是，原因多种多样，我们语文教师教学生识字更是责无旁贷。

习惯成自然[①]

为学贵慎始。清代文学家刘蓉在《习惯说》一文中讲述了一件非常耐人寻味的事。他住的一间屋子里,"室有洼,径尺,浸淫日广。每履之,足苦踬焉。既久而遂安之"。屋里有坑,每走到那儿,脚总要被绊一下,不自在,难受。然而,时间久了,习以为常,没什么感觉了。后坑填平,刘蓉"复履其地,蹴然以惊,如土忽隆起者","已而复然,又久而后安之"。坑填平,刘蓉走在上面反倒被绊了一下,吓了一跳,好像屋里地面突然高出一块,过了一会儿,走在这里仍然是这种感觉,时间久了,也就习以为常。于是,他感叹地说:"习之中人甚矣哉!"习惯一旦养成真厉害啊!

这个故事给我们的启发至少有以下几点:一是习惯具有巨大的惯性,一旦养成,就成为人的自然而然的心理状态、行为状态;二是习惯可以改变;三是"养成"与"改变"的条件都是时间——"久",要长时间的,坚持不懈的。

由此我联想到我们的语文教学。传授知识、培养能力,这已经成为我这名语文教师的本能,兴奋点总是集中在如何把课上得精彩,而未将学生学习语文良好习惯的培养放在应有的位置。正因为不着力培养,教学中事倍功半的现象时有发生,不良习惯冲淡了乃至冲走了教学的

[①] 本文发表于《语文教学通讯》(初中刊)2005年第9期。

痕迹。例如,学生习作中常出现这样那样的错别字、不规范的字,乍看,似乎是写的问题,于是,要学生在习作本上订正;遗憾的是下次还会照旧,出现类似的错误,要学生订正,再抄写五遍十遍。一般说,就事论事不解决问题,须剖析出错的原因,把现象背后的东西抓住,持久而有序地进行训练,才可收到实实在在的效果。

错别字多,往往与阅读的不良习惯有密切关系。阅读时浮光掠影,只求大致了解,字的读音、笔画、与前后字的搭配等,不思考、不推敲,于是动笔时就张冠李戴,随意搬动字的结构,任意增减笔画,自己造字。还有一个不良的习惯就是障碍跑,遇到不认识的字、不理解的词就跳过去,绕过去,不愿停下来查一查字典、词典。想用的时候虽曾见过面,但眉目不清楚,于是,多一笔,少一笔,点错位置等,就不足为怪了。要改变这种马虎的习惯,就得既讲道理,又着力于语文实践中培养。

道理要从正反两个方面讲。宋朱熹在《训学斋规》中讲到凡读书"须要读得字字响亮,不可误一字,不可少一字,不可多一字,不可倒一字,不可牵强暗记,只是要多诵数遍,自然上口,久远不忘"。如果"心不在此,则眼不看仔细,心眼既不专一,却只漫浪诵读,决不能记,记亦不能久"。显然,读书要眼、口都聚焦在"心"上,用心专一,字才识得真,文章才读得顺,才能真正理解,有所收益。道理讲了,阅读实践中要反复训练,在阅读的准确性上下功夫。有些字的字形要指导学生辨别,看来事情细小,但改掉大而化之的毛病,严谨细致起来,养成认真的良好习惯就是大事情。记得指导学生精读时,说到精读须熟读深思,"须一棒一条痕,一掴一掌血",心领神会。要求学生读一读黑板上写的 11 个字,竟然有同学读成"一捆一掌血",把"掴"(guāi)读成(kǔn),显然是未仔细辨清字形,把"国"看成"困"。默读或朗读课文时,经常会发生类似情况。教师要不厌其烦地组织学生分析、辨别,在"细"上下功夫。

没有规矩,不成方圆。学习习惯的培养有基本要求,但学生的具体情况不一样,整齐划一,刻板行事,往往无补于事。要灵活,机动,因人而异。比如同是书写潦草,不规范,但呈现的问题却迥然有异,得寻找其中的不同规律,有针对性地指导。如有的字顺风斜,似乎在刮8级大风,你得风趣地对他说:写字要风正一帆悬,整天刮8级、9级大风,人都刮晕了,字当然也不堪其重。有的是爱美,有些笔画总爱扭一扭,弯两弯,笔尖还带个小钩,你得与他一起学习,研究汉字的基本笔画,汉字的美是部大学问,不能凭个人的主观想象。有的字与字之间"零距离",挤作一团难以辨认,你得告诉他眉毛两道之间有距离,否则像什么样子?对学生阅读、写作中的不良习惯,不是简单地责备,而是要充满呵护之情,让学生感受到纠正不良习惯也是温情脉脉的。

培养良好习惯,"恒"字千万不可少。比如书写格式,从小学讲到中学,仍然有不空天头,没有地角,左右一直顶到中缝,顶到纸边。于是,你得在他本子上画好线,让他写在框子内,再要求他每一页纸上都画好,坚持一个学期,养成习惯,就成了自然。

细,活,恒,都得用水磨的功夫。学习中养成良好习惯,一辈子受用不尽。

从此不借班上课[1]

正是"寂寞梧桐深院锁清秋"的季节。校园里花树凋零,萧条肃杀,饭厅里却人声喧哗,正在开批斗大会,向"修正主义教育路线"开火,批判传授知识的罪行。饭桌、板凳已残破不堪,人头在昏暗的灯光下攒动。

我是被批判的对象,别的不说,单是上公开课就是一大罪状。问题不在课的内容与教学方法,而在借别的老师的班级。时间会使记忆消失,但有一位老教师激动万分的语言仿佛还在耳边回响:"这叫上课?你了解我们班级的学生?连名字也叫不出来吧!这是表演!你想过没有,借别人班上课给别人带来多大的困难?不管怎么上,换个教师,学生总会感到新鲜,学生学得积极,都是你的功劳吗?别人天天要进教室,你教完一课就走了,给别人留下难题,你于心何忍?不仅借同年级的,还借别的年级的班,美其名曰教学改革,是这样改的吗……"这些话,当时作为青年教师的我是不能接受的。改革教学方法上公开课不是我的要求,我自己只教两个班,领导要我上公开课,不放心,就要我先借班试教,试一次,乃至试两次,班转不过来,只好借。有的课效果比较好,听课的由区到市,自己班教过了,只得再借班。我觉得这些话不符合事实,很委屈。

---

[1] 本文发表于《语文教学通讯》(初中刊)2005年第5期。

随着时间的推移,对教课的艰辛过程越来越有深切的体会,也越来越感觉到这位老教师的话有几分道理,值得反思。

首先,教学的实效性与教学的针对性密切相关。对教育对象未作任何了解与研究,很难做到从他们的实际出发,因材施教。无可讳言,学生学习语文有共性,但不把握个性的差异,又怎能做到确有成效?这种差异,有地域的,有学校的,有班级的,有个人的,差不多的表象下面隐藏着差得多的实质。上课不是表演,不是追求轰动效应,课要教到学生身上,教到学生心中,成为他们素养的一个部分。教课必须目中有人,有一个个各有特点的鲜活的学生形象。

教师工作不是百米冲刺,而是万米赛跑,乃至是马拉松赛跑。教语文也是如此,集中精力,动用各种辅助工具,上几节出彩的课并不难,难的是学生有持久的学习语文的积极性,每堂课都能有切切实实的收获,在学习中品尝到求知的快乐。借别的教师的班级上课,由于教学内容经过特别研究,教学方法精心设计,学生又有新鲜感,获得肯定或好评是情理之中的事。无形中就给原任课教师带来巨大的压力,造成了种种本不该有的师生矛盾。自己到别班上课,扮演的是票友角色,票一票,当然要拿出最拿手的戏,平时上课,不见得都是如此。别的老师每天也要上课,各有各的教学思路,各有各的教学风格,自己去插一杠子,实际上给别人增添了不少麻烦。

想到这些,心中涌上对被借班级教师的几分歉意。教学中须研究一些问题,上点研究性的探讨性的课,本是教师应做之事,大家集思广益,促进教学改革,促进教学质量的提高,人人皆有此权利和义务,无须个别教师包打天下。教师上课总是各有所长,各有不足,尽善尽美的课大概天下少有,更不可能某堂课的处理、做法、对教学内容的理解与把握,"放之四海而皆准",关键还在每位任课老师对教学的专心、精心。

基于这样的认识,"文革"以后我就再也不借班上课,以求心安,以求尊重每位授课的教师,以求身体力行,遵循教育原则。这样做,我也承受着巨大的压力。特别是1978年被评为首批特级教师后,同行们出于对我的厚爱,邀我赴外地上课,我都一一婉言辞谢了。从20世纪80年代起公开课风行,云游各地上课成为时尚,我因不借班上课,当然不去云游。于是,有了种种说法,其中有一条是:不会应变,没有本事。经过"文革"中的挫折,这点闲言碎语我全不放在心上,相反,却催我反思,催我奋进。

  1978年以来,回顾一下,上了近2 000节的公开课,几乎是堂堂公开,听课的少则二三十人,多至五六百人,特别是带教的青年教师连早读课都听,一切教学活动,包括批改作文、考试命题都在全国的专家、同行的监督之下,因而,不敢有丝毫的懈怠。由于社会工作兼职多,后来只教一个班级的语文,只要上课,就是公开,都是一次性的,没有条件先在别的班级试一试,琢磨琢磨,更不用说几十次的锤炼。压力极大,但压力可变成动力,在练就教学的真本领上下功夫。在长期的教学实践中,我悟到了:把每堂日常的课都作为公开课教,每堂公开课又都是日常的课,聚焦在求真务实、严谨的作风、钻研的精神,教学能力可扎扎实实提高。